रवीन्द्रनाथ त्यागी

यशस्वी व्यंग्यकार और समर्थ कवि रवीन्द्रनाथ त्यागी का जन्म 4 मई, 1930 को उ.प्र. के बिजनौर जिले में स्थित नहटौर नामक क़स्बे में हुआ। भयंकर ग़रीबी के कारण बचपन में उन्होंने मात्र संस्कृत ही पढ़ी और बाद में इलाहाबाद यूनिवर्सिटी से एम.ए. की परीक्षा में सर्वप्रथम स्थान पाया। उसके बाद वे देश की सर्वोच्च सिविल सर्विसेज़ की प्रतियोगिता में बैठे और इंडियन डिफेंस एकाउंट्स सर्विस के लिए चुने गए। 1989 में वे कंट्रोलर ऑफ डिफेंस एकाउंट्स के पद से सेवा-निवृत्त हुए।

लिखने का शौक उन्हें बचपन से था। अब तक 6 कविता-संग्रह, 19 व्यंग्य-संग्रह और विशिष्ट रचनाओं के 4 संकलन प्रकाशित। 'उर्दू-हिन्दी हास्य-व्यंग्य' पुस्तक का सम्पादन।

डॉ. कमलकिशोर गोयनका द्वारा सम्पादित 'रवीन्द्रनाथ त्यागी : प्रतिनिधि रचनाएँ' प्रकाशित।

सरस्वती सम्मान, शरद जोशी पुरस्कार, हरिशंकर परसाई पुरस्कार, चकल्लस पुरस्कार, टेपा पुरस्कार, व्यंग्यश्री पुरस्कार आदि से सम्मानित।

निधन : 4 सितम्बर, 2004

उर्दू-हिंदी हास्य-व्यंग्य

रवीन्द्रनाथ त्यागी

राजकमल पेपरबैक्स

पहला पुस्तकालय संस्करण
राजकमल प्रकाशन प्राइवेट लिमिटेड द्वारा
1978 में प्रकाशित

राजकमल पेपरबैक्स में
पहला संस्करण : 1991
सातवाँ संस्करण : 2025

राजकमल पेपरबैक्स : उत्कृष्ट साहित्य के जनसुलभ संस्करण

राजकमल प्रकाशन प्रा.लि.
1-बी, नेताजी सुभाष मार्ग, दरियागंज
नई दिल्ली-110 002
द्वारा प्रकाशित

शाखाएँ : अशोक राजपथ, साइंस कॉलेज के सामने, पटना-800 006
पहली मंजिल, दरबारी बिल्डिंग, महात्मा गांधी मार्ग, प्रयागराज-211 001
1, अनमोल सोराबजी सन्तुक लेन, धोबी तलाव, मरीन लाइंस, मुम्बई-400 002
वेबसाइट : www.rajkamalprakashan.com
ई-मेल : info@rajkamalprakashan.com

बी.के. ऑफसेट
नवीन शाहदरा, दिल्ली-110 032
द्वारा मुद्रित

मूल्य : ₹250

URDU-HINDI HASYA-VYANGYA
A anthology of satires compiled and edited
by Ravindra Nath Tyagi

ISBN : 978-81-267-0459-0

प्रिय शारदा के लिए

प्रस्तावना

काफ़ी लोगों का खयाल है कि हास्य-व्यंग्य लेखन की परम्परा मात्र उर्दूभाषा में ही रही, हिंदी में नहीं। कुछ और लोग हैं जो सोचते हैं कि हिंदी में यदि हास्य-व्यंग्य है भी तो वह उतने ऊँचे दर्जे का नहीं जितना कि उर्दू का। मेरा खयाल है कि ऊपर दिए गए मत शायद गलत हैं और इसी कारण इस पुस्तक का संपादन मैंने अपने हाथों में लिया। वैसे मैं उन लोगों में से हूँ जो समझते हैं कि कम-से-कम अब यह स्थिति ज़रूर आ गयी है जब कि लिपि को छोड़कर उर्दू और हिंदी, दोनों भाषाओं में और कोई अंतर नहीं रहा। पर फिर भी यह एक सच ही है कि न जाने कितने वर्षों से दोनों भाषाएँ अलग-अलग फली-फूलीं और उनकी पृष्ठभूमि, उनका दर्शन, उनके मुहावरे और उनका रूप अलग-अलग ही रहा।

इस पुस्तक में उर्दू और हिंदी हास्य-व्यंग्य की श्रेष्ठ रचनाएँ संकलित की गयी हैं। कोशिश यही की गयी कि दोनों भाषाओं के सभी प्रतिष्ठित रचनाकार आ जाएँ। पर स्थान की कमी से यह आशा पूरी तरह पूरी नहीं हो सकी। यह भी ध्यान रखा गया कि लेखकों की जो रचनाएँ यहाँ ली जा रही हैं वे ऐसी हों कि श्रेष्ठ होने के साथ-साथ उनकी प्रतिनिधि रचनाएँ भी हों और ऐसी भी हों जिन्हें और संकलनों में बार-बार शामिल न किया गया हो। काफ़ी कोशिश के बावजूद इस शर्त को शत-प्रतिशत निभाना मुश्किल रहा। खैर।

उर्दू हास्य-व्यंग्य

उर्दू के प्रारंभिक हास्य लेखकों में रतननाथ सरशार का नाम सबसे पहले याद आता है। उनका 'फसानए-आज़ाद' हास्य-व्यंग्य की एक क्लासिकल कृति है। प्रेमचंद ने हिंदी पाठकों के लिए 'आज़ाद कथा' नाम से इस महान् उपन्यास का अनुवाद किया। मुल्ला रमूज़ी, ख्वाज़ा हज़न निज़ामी, नियाज़ फतेहपुरी, सज्ज़ाद हैदर यल्दरम, मिर्ज़ा अज़ीम बेग चुगताई, पतरस बुखारी, रशीद अहमद सिद्दीक़ी और मंटो ने उर्दू हास्य-व्यंग्य को बड़े ज़ोर-शोर से एक शान और अदा दी। पतरस का हास्य और मंटो का व्यंग्य किसी भी भाषा से टक्कर लेने में समर्थ है। 'पतरस के मज़ामीन' विश्व-साहित्य की एक अमूल्य निधि हैं। बड़ी सादगी और शिल्प के साथ पेश किया गया नितांत कलात्मक और 'सूक्ष्म' हास्य। मंटो हथौड़े की चोट करता था— बगैर किसी की परवाह किए। चुगताई का हास्य विशुद्ध हास्य है हालाँकि व्यंग्य की उसमें एकदम कमी हो, ऐसी बात नहीं। 'फकीर', 'पट्टी', 'देखा जाएगा', 'टेलीफून' इत्यादि रचनाएँ इस सत्य को उजागर करती हैं। इम्तियाज अली 'ताज', हरिचंद अख्तर,

अब्दुल मजीद 'सादिक', इब्राहीम जलीस, अंजुम मानपुरी, ए. हमीद, गुलाम मुहम्मद फुरकत, शीन मुज़फ्फरपुरी, इक़बाल जाफ़री, और गुलाम अब्बास वे नाम हैं जो सदा के लिए अमर हो गए।

उर्दू के हास्य-व्यंग्य को आशातीत सफलता और लोकप्रियता देनेवाले कलाकारों में शौकत थानवी, शफ़ीकुर्रहमान, फ़िक्र तौंसवी और कन्हैयालाल कपूर सबसे आगे रहे। कृश्न चंदर, सलमा सिद्दीक़ी, राजेंद्रसिंह बेदी और मुज्तबा हुसैन ने उसे नया शिल्प और विविधता प्रदान की।

काव्य के संदर्भ में भी उर्दू हास्य-व्यंग्य ने बहुत शान हासिल की। नज़ीर अकबराबादी, दाग़, अकबर, मेंहदी अली खान, सैयद मुहम्मद जाफ़री, मजीद लाहौरी, फुरकत, इस्सत देहलवी, जरीफ़ लखनवी, ज़मीर जाफ़री, वाही, अफ़ज़ल परवेज़, काज़िब माल्वी, दिलावर फ़िगार, हाजी लकलक, जगत इलाहाबादी वगैरह कलाकारों ने वाकई बहुत ऊँचे दर्जे की हास्य-व्यंग्यात्मक शायरी लिखी। गालिब, मीर, हाली और इक़बाल वगैरह गंभीर कवियों ने जो हल्का-फुल्का लिखा वह अलग। उर्दू काव्य में हास्य व्यंग्य ने जो ऊँचाइयाँ छुई हैं वे वाकई लाजवाब हैं। संतोष की बात तो यह है कि यह परंपरा अभी भी टूटी नहीं। वह बराबर चली जा रही है, रफ्तार भले ही कभी कम और कभी ज्यादा रहती रहे।

हिन्दी हास्य-व्यंग्य

संस्कृत के शास्त्रकारों ने जो रसविधान निश्चित किया उसमें हास्य रस शामिल था। संस्कृत साहित्य में हास्य को स्थान दिया गया। वत्सराज ने 'हास्य चूड़ामणि' और जगदीश्वर ने 'हास्यार्णव प्रहसन' लिखे। पालि में 'धूर्तोपाख्यानम्' नाम का सशक्त व्यंग्य ग्रंथ लिखा गया। कालिदास तक ने भी नाटक में विदूषक रखने की परंपरा निभाई। करोड़ों लोगों द्वारा हज़ारों वर्षों से बोली गयी हिंदी भाषा में हास्य-व्यंग्य की जो छटा लोक-कथाओं और लोकगीतों में देखने को मिलती है वह शायद अन्यत्र दुर्लभ है। शादी-विवाह जैसी महत्वपूर्ण प्रथाओं में भी विनोद को पूरा-पूरा-महत्व दिया गया। कबीर ने कहीं-कहीं बड़े पैने व्यंग्य किए। तुलसीदास ने लक्ष्मण-परशुराम संवाद, रावण-अंगद संवाद और शिव-विवाह के संदर्भ में बड़ा सरल और शिष्ट हास्य रचा। रीतिकालीन और वीरगाथा-कालीन कवियों की अतिशयोक्तियाँ भी कहीं-कहीं काफ़ी शिल्पपूर्ण हास्य की बानगी पेश करती रहीं।

आधुनिक हिंदी साहित्य में सबसे प्रथम भारतेंदु हरिश्चंद्र ने 'अँधेर नगरी' और 'ताजीराते शौहर' नामक प्रसिद्ध हास्य-व्यंग्य ग्रंथ लिखे। उनके साथियों में प्रतापनारायण मिश्र ने सरल और ललित हास्य की अवतारणा की और

बालमुकुंद-गुप्त ने अत्यंत पैने व्यंग्य लेख लिखे। बालकृष्ण भट्ट, शिवपूजन सहाय, विश्वम्भरनाथ शर्मा कौशिक इत्यादि ने हिंदी को श्रेष्ठ हास्यव्यंग्य दिया। बाबू गुलाबराय ने इस क्षेत्र में एक नितांत नयी शैली और शिल्प को जन्म दिया। जी. पी. श्रीवास्तव ने अनेक हास्यपूर्ण उपन्यास लिखे हालाँकि शिल्प एवं कथा की दृष्टि से वे ज़्यादा अच्छे नहीं थे। हरिशंकर शर्मा एक सुरुचिपूर्ण हास्यकार थे।

इसके बाद की पीढ़ी में जो हास्यकार आए उनमें बाबू अन्नपूर्णानंद वर्मा का नाम अमर है। उन्होंने पहली बार हास्य को सीरियसली लिया। प्रेमचंद में हास्य-व्यंग्य की मात्रा कम नहीं थी। उनकी अनेक कहानियाँ और पात्र इसके गवाह हैं। भगवतीचरण वर्मा, अमृतलाल नागर, बेढब बनारसी, श्रीनारायण चतुर्वेदी और राधाकृष्ण ने अत्यंत सुन्दर व कलात्मक हास्य-व्यंग्य लिखा। अन्नपूर्णानंद के बाद राधाकृष्ण अगले महान् व्यंग्यकार हैं। अमृतराय ने हास्य-व्यंग्य को एक नयी शालीनता प्रदान की। प्रभाकर माचवे और अज्ञेय ने भी हास्य-व्यंग्य में काफ़ी सफल प्रयोग किए। भारतभूषण अग्रवाल की कुछ व्यंग्य रचनाएँ हिंदी में हमेशा याद रखी जाएँगी। उपेन्द्रनाथ अश्क ने कुछ बहुत अच्छे प्रहसन और व्यंग्य कथाएँ लिखीं। इंद्रनाथ मान ने विनोदपूर्ण ललित निबंध लिखे। रामनारायण उपाध्याय ने भी इस दिशा में काम किया। काका हाथरसी ने कुछ प्रहसन बहुत अच्छे लिखे।

"इसके बाद हिन्दी में हास्य-व्यंग्य का जो अगला दौर आया उसकी शुरुआत केशवचंद्र वर्मा से हुई पर उन्होंने अपनी प्रतिभा का पूरा उपयोग नहीं किया। फिर आए हरिशंकर परसाई, श्रीलाल शुक्ल, शरद् जोशी, रवीन्द्रनाथ त्यागी व लतीफ़ घोंघी। हरिशंकर परसाई ने हास्य-व्यंग्य को हिन्दी में स्वतंत्र प्रतिष्ठा देने का बड़ा लक्ष्य पूरा किया। श्रीलाल शुक्ल ने "राग दरबारी" नाम का उत्कृष्ट उपन्यास लिखा जिसे मैं हिन्दी-व्यंग्य का प्रथम क्लासिक मानता हूँ हालांकि वह पुस्तक नितांत निराशावादी है जिसके अनुसार सारे गाँवों के सारे निवासी धूर्त, पतित व स्वार्थी हैं। परसाई जी ने राजनीति को अपना क्षेत्र बनाया, श्रीलाल शुक्ल ने उसे उदात्त कलात्मकता दी, शरद् जोशी ने आम आदमी के जीवन की सारी विसंगतियों को नितांत नए रूप में निखारा, रवीन्द्रनाथ त्यागी ने साहित्य और लालित्य की ओर विशेष ध्यान दिया और लतीफ़ घोंघी ने क़स्बाई जीवन की विसंगतियों पर ध्यान दिया और मुस्लिम समाज की विसंगतियों और कुंठाओं को भी अपना लक्ष्य बनाया। यह एक ऐसा काम था जो मंटो को छोड़ कर उर्दू-व्यंग्यकारों ने भी नहीं किया था। ये वे मोटी प्रवृत्तियाँ हैं जो इन पांच कलाकारों को एक दूसरे से अलग करती हैं। वैसे परसाई जी व श्रीलाल शुक्ल ने साहित्य पर भी ध्यान दिया, त्यागी जी ने नौकरशाही को भी खूब पकड़ा और शरद् जोशी ने तो आम आदमी से संबंधित शायद ही ऐसा कोई मुद्दा छोड़ा जिस पर उन्होंने शानदार सफलता से न लिखा हो। उनकी असमय मृत्य ने एक बहुत ही बड़ा व्यंग्यकार हिंदी से छीन लिया।

हिंदी हास्य-व्यंग्यकारों की अगली पीढ़ी में मुद्राराक्षस कदाचित् सर्वश्रेष्ठ हैं। उनके अतिरिक्त के.पी. सक्सेना, शंकर पुणतांबेकर, नरेन्द्र कोहली और ज्ञान चतुर्वेदी ने हास्य-व्यंग्य लिखा और ज्ञान चतुर्वेदी ने अपना अत्यंत विशिष्ट स्थान बनाया। नई पीढ़ी में प्रेम जनमेजय व सुबोध कुमार श्रीवास्तव ने अपने प्रथम व्यंग्य-संग्रह बहुत बढ़िया लिखे पर उनकी अगली पुस्तकों ने उनकी महत्ता को घटाया। सूर्यबाला, कमलगुप्त, ईश्वर शर्मा व विनोदशंकर शुक्ल ने श्रेष्ठ व्यंग्य लिखा पर इन सब में सब से ज़्यादा प्रभाव ईश्वर शर्मा ने ही डाला। उनकी प्रतिभा अद्‌भुत है। हिंदी व्यंग्य का भविष्य ज्ञान चतुर्वेदी व ईश्वर शर्मा के हाथों में सुरक्षित है। और भी अनेक लोग व्यंग्य लिख रहे हैं जो हम सब के लिए एक सौभाग्य की बात ठहरी।"

पेशेवर हास्य-व्यंग्यकारों के अतिरिक्त बाकी कलाकार भी यदा-कदा हास्य-व्यंग्य लिखते रहे और उसमें से कुछ इतने ऊँचे दर्जे का है कि कुछ कहा नहीं जा सकता। वृन्दावनलाल वर्मा [मेंढकी का ब्याह], पं. सीताराम चतुर्वेदी [माननीय शिक्षामंत्री], धर्मवीर भारती [गुलीवर की तीसरी यात्रा : एक समुद्री कहानी], भीष्म साहनी [लेनिन का साथी, चीफ़ की दावत], मोहन राकेश [परमात्मा का कुत्ता], फणीश्वरनाथ 'रेणु' [अतिथि-सत्कार, राशिफल, अगिनखोर,], निरंकुश [साले के घर एक दिन], संतोषनारायण नौटियाल [नवाब साहब ने मोटर खरीदी], कमलेश्वर [लाश], विद्यानिवास मिश्र [मैंने सिल पहुँचाई], रामकुमार भ्रमर [जातक कथाएँ], रोशनलाल सुरीरवाला [एक मंत्री का भौगोलिक विवरण], मनोहरश्याम जोशी [दिल्ली : एक और तसवीर], ज्ञानरंजन [रचना-प्रक्रिया], ज़हूर बख्श [दवाई], मोहनलाल गुप्त [आर्य समाजी श्वसुर], बदी उज्ज़माँ [एक चूहे की मौत], यशपाल [चक्कर क्लब], विजयदेव नारायण साही [समय का व्यापार], शारदाप्रसाद श्रीवास्तव [चिमिरखी ने कहा था] और मदन वात्स्यायन [ग्रीष्म वर्णन] इस संदर्भ में विशेष रूप से उल्लेखनीय हैं। पदुमलाल पन्नालाल बख्शी, कुँवर सुरेश सिंह, बलराज़ साहनी और हज़ारीप्रसाद द्विवेदीजी की भी कुछ रचनाएँ बड़ा मुक्त हास्य और मौजी मन प्रस्तुत करती हैं। तमाम कोशिशों के बावजूद यह संभव है कि कुछ नाम छूट गए हों और उसके लिए मैं क्षमाप्रार्थी हूँ। मेरे विचार में किसी साहसी नवयुवक को उचित होगा कि वह पिछले दशकों की पत्र-पत्रिकाएँ और पुस्तकें देखे और हास्य-व्यंग्य की उन रचनाओं का संग्रह तैयार करे जो पेशेवर व्यंग्यकारों ने नहीं लिखी हैं बल्कि उन कलाकारों ने लिखी हैं जिनका प्रमुख क्षेत्र कुछ और था [जैसे निराला की कृति 'बिल्लेसुर बकरिहा' या महावीरप्रसाद द्विवेदी का निबंध 'दंडदेव का आत्म-निवेदन']। काम बड़ा है मगर

अगर पूरा हो गया तो एक बड़ी चीज़ होगी। कुछ लेखकों के तो पत्र ही इतने ऊँचे दर्जे के होंगे कि उनका संग्रह एक विशिष्ट आकर्षण रखेगा जैसे पंडित पद्मसिंह शर्मा के खतूत। शर्मा जी के पत्र व्यक्तिगत होते हुए भी नितांत ललित व विनोदपूर्ण होते थे और वे उन पत्रों में आते हैं जो यदि किसी विदेशी भाषा में होते तो उन्हें एक अलग प्रकार की साहित्यिक मान्यता प्रदान की जाती। इसी प्रकार गोविन्द मिश्र का उपन्यास [वह अपना चेहरा] व्यंग्य की दृष्टि से मुझे काफ़ी पैना लगा। यही बात प्रभात मित्तल की एक कहानी के संबंध में कही जा सकती है।

हिन्दी पत्रकारिता और हास्य-व्यंग्य

भारतेंदु की पत्रिका 'कविवचन सुधा' में कुछ ऐसे व्यंग्य छपे थे कि उसे ब्रिटिश सरकार का कोपभाजन होना पड़ा था। उनके मित्र पंडित प्रतापनारायण मिश्र ने 'ब्राह्मण' निकाला जो हास्य और व्यंग्य से भरपूर रहता था। कलकत्ता के 'सार सुधानिधि', कालाकांकर के 'हिन्दुस्थान' और काशी के 'भारत जीवन' व्यंग्य-विनोद के लिए काफ़ी लोकप्रिय थे। 'भारत मित्र' का तो संपादन ही प्रख्यात हास्यकार जगन्नाथप्रसाद चतुर्वेदी ने किया था। 'प्रयाग समाचार' में गोपालराम गहमरी हास्य-व्यंग्य का नियमित कॉलम लिखते थे। 'धूर्त पंच' एक विशुद्ध हास्य पत्र था जो 1891 में कलकत्ता से निकला था। 'मतवाला' में हास्य-व्यंग्य को विशेष आश्रय मिला। 'चांद' ने हास्य को प्रोत्साहन दिया और वही स्थिति 'माधुरी' और 'सुधा' के साथ भी रही। काशी के 'आज' के माध्यम से हिंदी व्यंग्य को बहुत प्रोत्साहन मिला। उग्रजी ने 'आज' में जमकर लिखा। 'वीर अर्जुन', 'तरंगिणी', 'विश्वबंधु', 'सारथी', 'लोकमान्य' आदि तत्कालीन पत्र हास्य-व्यंग्य का नियमित कॉलम रखते थे जिनके संग्रह पर यदि परिश्रम किया जाए तो हिंदी का महान् हित होगा। आजकल की पत्र-पत्रिकाओं में हास्य-व्यंग्य को विशेष प्रश्रय 'धर्मयुग', 'कल्पना' और 'साप्ताहिक हिंदुस्तान' ने दिया, जिन्होंने हास्य-व्यंग्य के लिए एक अलग पृष्ठ ही अलॉट किया। इसमें कतई कोई अतिशयोक्ति नहीं है कि 'कल्पना' से परसाईजी को ख्याति मिली और 'धर्मयुग' से शरद जोशी व रवीन्द्रनाथ त्यागी को। धर्मवीर भारती स्वयं भी कभी-कभी 'तीरभा' नाम से श्रेष्ठ रचनाएँ देते रहे जिनमें एक 'फगुनौटी' की याद मुझे अभी भी ताज़ा है। कमलेश्वर ने 'सारिका' के उत्कृष्ट हास्य-व्यंग्य विशेषांक निकाले। रमेश बक्षी ने हिंदी का 'शंकर्स वीकली' संपादित किया पर वह भी 'मतवाला', 'पंच', 'नोक-झोंक' इत्यादि की परंपरा के अनुसार बन्द हो गया। रामावतार चेतन के जीवन काल में 'रंग' नियमित रूप से

छपता रहा। मुकुल उपाध्याय ने 'हास्यम्' नाम से एक वार्षिकी निकालनी प्रारंभ की जिसके दो अंक बड़े शानदार निकले। यह वार्षिकी हर दृष्टि से अद्वितीय थी और हमारे हास्य-व्यंग्य साहित्य में मील का पत्थर थी। इसके अतिरिक्त और भी कितने ही पत्र हैं जिनके रविवार के अंक हास्यव्यंग्य को पाठकों के सामने रखने की कोशिश करते हैं। रचनाएँ कभी अच्छी होती हैं पर ज़्यादातर साधारण।

हिन्दी काव्य में हास्य-व्यंग्य

पता नहीं क्यों, काव्य के क्षेत्र में हिन्दी हास्य कुछ हास्यास्पद ही रहता आया। इतने विशाल साहित्य वाली भाषा के साथ यह दुर्घटना कैसे हुई, कहना कठिन है। बहरहाल स्थिति यह है कि जहाँ उर्दू में शिष्ट और स्तरीय हास्य-व्यंग्यात्मक काव्य की एक परंपरा रही, हिन्दी में हाल यह रहा कि कुछ अपवादों को छोड़कर बाकी कवि लोग या तो अपने बेहद उपनामों से या फिर विदूषक जैसे अपने व्यवहार से ही पब्लिक को सस्ती हँसी हँसाते रहे। निराला, भारतभूषण अग्रवाल, नागार्जुन, प्रभाकर माचवे, भवानीप्रसाद मिश्र और बेढब बनारसी को छोड़कर शायद ही किसी कवि ने ऐसा व्यंग्यात्मक काव्य लिखा हो जो मनोरंजन करने के साथ-साथ हमारे साहित्य को भी गरिमा प्रदान करता हो। काका हाथरसी में प्रतिभा थी पर वे लोकप्रियता के शिकार हो गए। केशवचन्द्र वर्मा ने कुछ काम इस दिशा में ज़रूर किया। रामावतार चेतन, मुद्राराक्षस और श्रीकान्त वर्मा ने कुछ व्यंग्य कविताएँ अच्छी लिखीं। नयी पीढ़ी को उचित होगा कि वह इस ओर ध्यान दे।

काव्य के क्षेत्र में हिन्दी-हास्य व्यंग्य वाकई पिछड़ा है। उर्दू में बड़े-बड़े शायरों ने बड़े ढंग से हास्य-व्यंग्य की रचनाएँ लिखी हैं और जो पेशेवर हास्य कवि थे उनके कलाम का तो वाकई जवाब नहीं।

समीक्षा और संदर्भ

जैसे-जैसे हिन्दी हास्य-व्यंग्य समृद्ध होता गया, समीक्षकों ने भी उस पर ध्यान देना शुरू किया। कुछ विद्वानों ने कुछ अति प्रश्न उठाने भी शुरू किए जैसे 'हास्य और व्यंग्य में क्या अन्तर है?' 'क्या व्यंग्य एक स्वतंत्र साहित्यिक विधा है या नहीं?' या 'हास्य-व्यंग्य की उपयोगिता क्या है?' गोष्ठियाँ भी होनी शुरू हो गईं और व्यंग्यकारों के साक्षात्कार भी लिये गए जो प्रतिष्ठित पत्रों में छपे। डॉ. विद्यानिवास मिश्र ने हिन्दी साहित्य सम्मेलन के लिए रामचन्द्र शुक्ल के बाद के निबन्धकारों का जो गौरवपूर्ण

संकलन तैयार किया उसमें हरिशंकर परसाई, शरद जोशी और रवीन्द्रनाथ त्यागी तीनों को सम्मिलित किया गया। डॉ. धनंजय वर्मा ने हास्य-व्यंग्य पर विशेष ध्यान दिया और बड़े ही विद्वत्तापूर्ण और रचनात्मक लेख लिखे। अश्कजी ने जो कृपा की वह अविस्मरणीय है; उन्होंने शायद पहली बार 'हिन्दी हास्य-व्यंग्य को प्रतिष्ठा देने-दिलाने की कोशिश की और 'हिन्दी कहानी : अन्तरंग परिचय' में एक पूरा-का-पूरा खण्ड इसी टॉपिक पर लिखा। 'हिन्दी के पचीस वर्ष' नाम के विशाल और 'बहुमूल्य' ग्रन्थ में गोपालप्रसाद व्यास ने एक अलग खण्ड हास्य-व्यंग्य को दिया। दिल्ली से निकलने वाले 'लोकराज' की 1976 में हास्य-व्यंग्य को लेकर एक वार्षिकी छपी जिसके लिए प्रसिद्ध पत्रकार जगदीशप्रसाद चतुर्वेदी साधुवाद के पात्र हैं। रामावतार चेतन ने बम्बई जैसे महानगर में व्यंग्यकारों के लिए एक भव्य मंच प्रस्तुत किया, जहाँ हिन्दी के प्रतिष्ठित व्यंग्यकार वर्ष में एक बार श्रोताओं के सामने खड़े होकर अपनी रचनाएँ खुद पढ़ सकें।

हिन्दी हास्य-व्यंग्य के अनेक महत्वपूर्ण संकलन भी प्रकाशित हुए। केशवचन्द्र वर्मा ने 'आधुनिक हिन्दी हास्य-व्यंग्य' का सम्पादन किया जो ज्ञानपीठ से छपा। डॉ. संसारचन्द्र ने 'हिन्दी हास्य-व्यंग्य : एक रूपयात्रा' नाम से एक संकलन सम्पादित किया जिसमें भारतेन्दु से लेकर अब तक के सब प्रकार के हास्य-व्यंग्य शामिल किए। कन्हैयालाल नंदन ने 'श्रेष्ठ व्यंग्य कथाएँ', 'श्रेष्ठ हास्य कथाएँ' नाम के दो संकलन पराग प्रकाशन के लिए सम्पादित किए जिसमें उन्होंने बड़ी निष्पक्षता के साथ नये-पुराने कलाकारों की चुनी हुई रचनाएँ संकलित कीं। इस तरह की और भी कुछ किताबें निकलीं।

हिन्दी हास्य-व्यंग्य को लेकर शोध का काम भी आगे बढ़ा। सर्वश्री डॉ. बरसानेलाल चतुर्वेदी, डॉ. गिरिराज शरण अग्रवाल, डॉ. शेरजंग गर्ग, डॉ. प्रेम जनमेजय और डॉ. बालेन्दुशेखर तिवारी उन लोगों में प्रमुख हैं जिन्होंने हिन्दी में हास्य-व्यंग्य को लेकर शोध की। विभिन्न विश्वविद्यालयों में और भी अनेक प्रतिभावान् लोग इस टॉपिक पर काम कर रहे हैं। हिंदी हास्य-व्यंग्य पर अब तक लगभग सौ विद्वान् डॉक्टरेट ले चुके हैं।

हिन्दी की अनेक श्रेष्ठ व्यंग्य रचनाओं का अनुवाद अन्य देशी और विदेशी भाषाओं में हुआ। विदेशी व्यंग्यों का हिन्दी में अनुवाद प्रस्तुत करने की जिम्मेदारी राजेन्द्र वोहरा ने सँभाली। योगेन्द्रकुमार लल्ला जैसे लेखकों की कृपा से बंगला व अन्य क्षेत्रीय भाषाओं के व्यंग्यकारों की रचनाएँ हिन्दी में आयीं। भारतीय ज्ञानपीठ ने बंगला के परशुराम की रचनाएँ हिन्दी में पेश कीं और राजकमल प्रकाशन ने मैथिली के

हरिमोहन झा की हास्य रचनाएँ 'खट्टर काका' के नाम से बड़े गौरवपूर्ण ढंग से हिन्दी में प्रकाशित कीं।

उपसंहार

जैसा कि डॉ. धनंजय वर्मा ने लिखा है—व्यंग्य-विनोद और 'विट' किसी भी भाषा की जीवन-शक्ति और पौरुष का लक्षण है। मार्क ट्वेन के शब्दों में समाज की सही और 'कन्सट्रक्टिव' तसवीर उतारने की ज़िम्मेदारी सबसे ज्यादा व्यंग्यकार पर ही रही। प्रत्येक हिन्दी-प्रेमी व्यक्ति का कर्तव्य है कि वह जानथन स्विफ्ट, सरवेंट्स, वुडहाउस, मार्क ट्वेन, हेनरी सिसील, रिचर्ड गार्डन, फ्राय, माइक्स, बैटी मैक्डानल, डिकिन्स, लीकाक, ज़ोशैंको, वाल्टेयर, पार्किसन, पीटर, जेरोम, गोल्डस्मिथ [शी स्टूप्स टु कांकर] और चेखव [क्लर्क की मौत, गिरगिट] इत्यादि विश्व-साहित्य के महान् कलाकारों को पढ़े ताकि व्यंग्यकारों की दुखद ज़िम्मेदारी और उनके बड़प्पन का एहसास हो सके और हिन्दी-उर्दू के व्यंग्यकारों के सही मूल्यांकन में मदद मिल सके। डिज़रायली के शब्दों में साहित्य की जितनी भी विधाएँ हैं उनमें व्यंग्य शायद सबसे कठिन है और इस कारण हमें यह ध्यान रखना है कि उसकी प्रगति निरन्तर होती रहे।

बात समाप्त करने से पहले यह उचित ही होगा कि मैं कुछ ख्यातिप्राप्त लेखकों के लेखों से कुछ महत्वपूर्ण अंश यहाँ उद्धृत करूँ ताकि समीक्षकों और विचारकों के मूड का पता लग सके। ये उद्धरण इस प्रकार हैं :

[अ] "हिन्दी में शिष्ट हास्य-व्यंग्य है ही नहीं, इस प्रकार का फ़तवा देने का फ़ैशन अब समाप्त हो रहा है। अपने समस्त व्यावसायिक लटकों और दाँवपेंचों के बावजूद हिन्दी में हास्य-व्यंग्य का लेखन अब अपने पूरे निखार पर है। लोग हरिशंकर परसाई, शरद जोशी, श्रीलाल शुक्ल, रवीन्द्रनाथ त्यागी, केशवचन्द्र वर्मा प्रभृति रचनाकारों को मात्र हँसी-मज़ाक का लेखक न मानकर जीवन को संजीदगी से जीने वाले और उसकी विसंगतियों को निमर्मता से उघाड़नेवाले रचनाकार मानते हैं। दूसरी बात यह है कि इस हास्य-व्यंग्य को शिष्टता अथवा अशिष्टता के खानों में बाँटकर नहीं, अपितु जीवन के यथार्थ को व्यक्त करनेवाली विशिष्टता की गरिमा प्राप्त करके और जीवन के समग्र अनुभव में लीन होकर ही समझा जा सकता है। स्वातंत्र्योत्तर हिन्दी साहित्य में हास्य-व्यंग्य किसी प्रकार के बुद्धि-विलास का औज़ार नहीं रह गया है; समूचे परिवेश के विरोधाभासों की ओर इशारा करनेवाला यह व्यंग्य, परिवर्तन की वांछा और आकांक्षा को जगाने का काम करता है . . ."

[शेरजंग गर्ग : 'हिन्दी के पचीस वर्ष']

[ब] "वस्तुतः हिन्दी में हास्य-व्यंग्य की विधा का विकास विशेषतः छायावादोत्तर काल में हुआ। व्यंग्यकारों ने स्वार्थ में लिपटे मानव की क्षुद्रताओं, वर्तमान जीवन की विसंगतियों, राजनीतिक पैंतरेबाज़ियों आदि को लेकर तीखी व्यंग्य रचनाएँ प्रस्तुत कीं। इसमें संदेह नहीं कि वर्तमान युग में हिन्दी व्यंग्य लेखन ने नयी ऊँचाइयों को छुआ…"

[सुधाकर पाण्डेय व डॉ. दर्शनलाल सेठी : 'साहित्य संगम']

ऊपर उद्धृत विचारों से यह प्रकट होता है कि श्रेष्ठ हास्य-व्यंग्य को नयी पीढ़ी के समीक्षकों ने गम्भीरता के साथ लेना शुरू किया। इस स्थिति से नये व्यंग्यकारों की हिम्मत और बढ़नी चाहिए।

और अन्त में

भूमिका में जो कमियाँ रह गयी हैं उनमें से कुछ तो मुझे ज्ञात ही हैं। उर्दू की अपेक्षा हिन्दी हास्य-व्यंग्य को लेकर ज्यादा पन्ने काले किए गए मगर इसकी वजह यह थी कि आरोप तो हिन्दी पर ही लगाया जाता है कि उसमें हास्य-व्यंग्य नहीं है या कम है। सरकारी वकील के सामने सफ़ाई का वकील हमेशा ज्यादा बोलेगा। दूसरी कमी यह है कि भूमिका मात्र परिचयात्मक ही रही, उसमें हास्य-व्यंग्य की परिभाषा और विवेचन इत्यादि नहीं दिया गया। यह मेरी क्षमता और स्थान की कमी के कारण हुआ। तीसरी खामी यह है कि इसमें मैंने अपना ज़िक्र कई जगह किया। मेरे खयाल से इस स्थिति से बचना मुश्किल था पर फिर भी आत्मश्लाघा—यदि कहीं नज़र आए—एक ऐसा जुर्म है कि उसके लिए माफ़ी माँगना ज़रूरी है। इन सब त्रुटियों के लिए मैं वाकई क्षमाप्रार्थी हूँ।

रवीन्द्रनाथ त्यागी

अनुक्रम

खण्ड एक : उर्दू

खण्ड दो : हिन्दी

खण्ड एक : उर्दू

पतरस बुखारी

सिनेमा का इश्क़

'सिनेमा का इश्क़' उनवान तो अजब हवसखेज है, लेकिन अफ़सोस कि इस मज़मून से आपकी उम्मीदें ज़ख्मी होंगी क्योंकि मुझे तो इस मज़मून में कुछ दिल के दाग़ दिखाने मक्सूद हैं।

इससे आप यह न समझिए कि मुझे फ़िल्मों से दिलचस्पी नहीं या सिनेमा की मौसीकी और तारीकी में जो अरमान-अंगेज़ी है मैं उसका कायल नहीं। मैं तो सिनेमा के मामले में अव्वल उम्र ही से बुज़ुर्गों के इताब का मुरीद रह चुका हूँ, लेकिन आजकल हमारे दोस्त मिर्ज़ा साहब की मेहरबानियों के तुफ़ैल सिनेमा गोया मेरी एक दुखती हुई रग बनकर रह गया है। जहाँ इसका नाम सुन पाता हूँ, बाज़ दर्द-अंगेज़ वाकयात की याद ताज़ा हो जाती है, जिससे रफ्ता-रफ्ता मेरी फ़ितरत ही कजबीं बन गयी है।

अव्वल तो खुदा के फज्ल से हम सिनेमा कभी वक्त पर नहीं पहुँच सके। इसमें मेरी सुस्ती को ज़रा दखल नहीं। यह सब कुसूर हमारे दोस्त मिर्ज़ा साहब का है, जो कहने को तो हमारे दोस्त हैं लेकिन खुदा गवाह है कि उनकी दोस्ती से जो नुकसान हमें पहुँचे हैं, किसी दुश्मन की कुदरत के कब्जे से भी बाहर होंगे।

जब सिनेमा जाने का इरादा हुआ, हफ्ता भर पहले से उन्हें कह रखता हूँ कि क्यों भई मिर्ज़ा, अगली जुमेरात सिनेमा चलोगे ना ? मेरी मुराद यह होती है कि वह पहले से तैयार रहें और अपनी तमाम मसरूफ़ियतें कुछ इस ढब से मुरत्तब करें कि जुमेरात के दिन उनके काम में कोई हर्ज पैदा न हो। लेकिन वह जवाब में अजब बेदिली से फ़रमाते हैं।

"अरे भई, चलेंगे क्यों नहीं ? क्या हम इन्सान नहीं ? हमें तफ़रीह की ज़रूरत नहीं होती ? और फिर कभी हमने तुमसे आज तक ऐसी बेमुरव्वती भी बरती है कि तुमने चलने को कहा हो और हमने तुम्हारा साथ न दिया हो ?"

उनकी तकरीर सुनकर मैं खिसियाना-सा हो जाता हूँ। कुछ देर चुप रहता हूँ और फिर दबी ज़बान से कहता हूँ :

"भई, अबके हो सका तो वक्त पर पहुँचेंगे। ठीक है न ?" मेरी यह बात आम तौर पर टाल दी जाती है, क्योंकि उससे उनका ज़मीर कुछ थोड़ा-सा जाग जाता है। खैर, मैं भी बहुत ज़ोर नहीं देता, सिर्फ़ उनको बात समझाने के लिए इतना कह देता हूँ:

"क्यों भई, सिनेमा आजकल छह बजे शुरू होता है।"

"अब तुम्हारे खयाल की कोई सनद तो है नहीं।"

" नहीं, मुझे यकीन है, छह बजे शुरू होता है।"

"तुम्हें यकीन है तो मेरा दिमाग क्यों मुफ्त में चाट रहे हो ?"

इसके बाद आप ही कहिए, मैं क्या बोलूँ ? खैर जनाब, जुमेरात के दिन चार बजे ही उनके मकान को रवाना हो जाता हूँ, इस खयाल से कि जल्दी-जल्दी उन्हें तैयार कराके वक्त पर पहुँच जाएँ। दौलतखाने पर पहुँचता हूँ तो आदम-न-आदमज़ाद। मर्दाने के सब कमरों में घूम जाता हूँ, हर खिड़की में से झाँकता हूँ, हर झिरी में से आवाज़ देता हूँ, लेकिन कहीं से रसीद नहीं मिलती। आखिर तंग आकर उनके कमरे में बैठ जाता हूँ। वहाँ दस-पन्द्रह मिनट सीटियाँ बजाता रहता हूँ। दस-पन्द्रह मिनट पेंसिल से ब्लॉटिंग पेपर पर तसवीरें बनाता रहता हूँ। फिर सिगरेट सुलगा लेता हूँ और बाहर ड्योढ़ी में निकलकर इधर-उधर झाँकता हूँ। वहाँ बदस्तूर हू का आलम देखकर कमरे से वापस आ जाता हूँ और अखबार पढ़ना शुरू कर देता हूँ। हर कॉलम के बाद मिर्ज़ा साहब को एक आवाज़ दे लेता हूँ, इस उम्मीद पर कि शायद साथ के कमरे में या ऐन ऊपर के कमरे में तशरीफ ले आए हों। सो रहे थे तो मुमकिन है जाग उठे हों। या नहा रहे थे तो शायद गुसलखाने से बाहर निकल आए हों। लेकिन मेरी आवाज़ मकान के चारों तरफ़ गूँजकर वापस आ जाती है। आखिरकार साढ़े पाँच बजे के करीब ज़नाने से तशरीफ़ लाते हैं। मैं अपने खौलते हुए खून को काबू में लाकर संजीदगी और अखलाक को बड़ी मुश्किल से मद्देनज़र रखकर पूछता हूँ :

"क्यों हज़रत, आप अन्दर ही थे ?"

"हाँ, अन्दर ही था।"

"मेरी आवाज़ आपने नहीं सुनी ?"

"अच्छा, यह तुम थे ? मैं समझा कोई और है ।"

आँखें बन्द करके सिर को पीछे डाल लेता हूँ और दाँत पीसकर गुस्से को पी जाता हूँ और फिर काँपते हुए होंठों से पूछता हूँ :

"तो अच्छा, आप चलेंगे या नहीं ?"

"कहाँ ?"

"अरे खुदा के बन्दे, आज सिनेमा नहीं चलना ?"

"हाँ, सिनेमा, सिनेमा । [यह कहकर वह कुर्सी पर बैठ जाते हैं ।] ठीक है, सिनेमा । मैं भी सोच रहा था कि कोई-न-कोई बात ऐसी है जो मुझे याद नहीं आती । अच्छा हुआ तुमने याद दिलाया, वरना मुझे रातभर उलझन रहती ।"

"तो चलो फिर, अब चलें ।"

"हाँ, वह तो चलेंगे हो । मैं सोच रहा था आज ज़रा कपड़े बदल लेते तो खुदा जाने धोबी कमबख्त कपड़े भी लाया है या नहीं । यार, इन धोबियों का तो कोई इन्तज़ाम करो ।"

अगर इन्सान का क़त्ल एक संगीन जुर्म न होता तो ऐसे मौके पर मुझसे ज़रूर हो जाता । लेकिन क्या करूँ, अपनी जवानी पर रहम खाता हूँ, बेबस होता हूँ । सिर्फ़ यही कह सकता हूँ कि :

"मिर्ज़ा भाई, अल्लाह के वास्ते मुझ पर रहम करो । मैं सिनेमा चलने को आया हूँ, धोबियों का इन्तज़ाम करने नहीं आया । यार, बड़े बदतमीज़ हो, पौने छह बज चुके हैं और तुम ज्यों-के-त्यों बैठे हो ।"

मिर्ज़ा साहब अजीब मुसकराहट के साथ कुरसी पर से उठते हैं गोया यह ज़ाहिर करना चाहते हैं कि अच्छा भई तुम्हारी बचकाना ख्वाहिशें आखिर पूरी कर ही दें । चुनाँचे फिर यह कहकर अंदर तशरीफ़ ले जाते हैं कि अच्छा कपड़े पहन आऊँ ।

मिर्ज़ा साहब के कपड़े पहनने का अमल इतना लम्बा है कि अगर मेरा इख्तियार होता तो क़ानून की रू से उन्हें कभी कपड़े उतारने ही न देता । आधा घंटे के बाद वह कपड़े पहने हुए तशरीफ लाते हैं । एक पान मुँह में और दूसरा हाथ में । मैं भी उठ खड़ा होता हूँ । दरवाज़े तक पहुँचकर मुड़कर जो देखता हूँ तो मिर्ज़ा साहब ग़ायब । फिर अन्दर जाता हूँ । मिर्ज़ा साहब किसी कोने में खड़े कुछ कुरेद रहे होते हैं ।

"अरे भई, चलो ।"

"चल तो रहा हूँ, यार । आख़िर इतनी भी क्या आफ़त है ?"

"और यह तुम क्या कर रहे हो ?"

"पान के लिए ज़रा तम्बाकू ले रहा था ।"

तमाम रास्ते मिर्ज़ा साहब चहलक़दमी फ़रमाते जाते हैं। मैं हर दो-तीन लम्हे के बाद अपने आपको उनसे चार-पाँच कदम आगे पाता हूँ, कुछ देर ठहर जाता हूँ, फिर आगे निकल जाता हूँ, फिर ठहर जाता हूँ। गरज़ यह कि गो चलता दुगुनी रफ्तार से हूँ लेकिन पहुँचता उनके साथ ही हूँ।

टिकट लेकर अंदर दाखिल होते हैं तो अँधेरा घुप्प। बहुतेरा आँखें झपकता हूँ, कुछ सुझाई नहीं देता। उधर कोई आवाज़ देता है, "यह दरवाज़ा बन्द कर दो, जी!" या अल्लाह ! अब जाऊँ कहाँ ? रास्ता, कुरसी, दीवार, आदमी—कुछ भी तो नज़र नहीं आता। एक कदम बढ़ाता हूँ तो सिर उन बाल्टियों से जा टकराता है जो आग बुझाने के लिए दीवार पर लटकी रहती हैं। थोड़ी देर के बाद तारीकी में कुछ धुँधले-से नक्श दिखाई देते हैं। जहाँ ज़रा तारीकतर-सा धब्बा दिखाई दे जाए वहाँ समझता हूँ खाली कुरसी होगी। कमर झुकाकर उसका रुख करता हूँ। इसके पाँव को फाँद, उसके टखनों को ठुकरा, औरतों के घुटनों से दामन बचा, आखिरकार किसी की गोद में जा बैठता हूँ। वहाँ से निकाल दिया जाता हूँ और लोगों के धक्कों की मदद से किसी खाली कुर्सी तक पहुँचता हूँ। मिर्ज़ा साहब से कहता हूँ, "मैं न बकता था कि जल्दी चलो ! ख्वाहमख्वाह में हमको ज़लील कर दिया न। गधा कहीं का !" इस शुगुफ्ताबयानी के बाद मालूम होता है कि साथ की कुरसी पर जो हज़रत बैठे हैं और जिनको मैं मुखातिब कर रहा हूँ वह मिर्ज़ा साहब नहीं, कोई और बुज़ुर्ग है।

अब तमाशे की तरफ तवज्जो देता हूँ और समझने की कोशिश करता हूँ कि फ़िल्म कौन-सी है, उसकी कहानी क्या है और कहाँ तक पहुँच चुकी है। समझ में सिर्फ़ इतना आता है कि एक मर्द और एक औरत, जो परदे पर बगलगीर नज़र आते हैं, एक-दूसरे को चाहते होंगे। इस इन्तज़ार में रहता हूँ कि कुछ लिखा हुआ सामने आए तो मामला खुले कि इतने में सामने की कुर्सी पर बैठे हुए हज़रत एक लम्बी-चौड़ी अंगड़ाई लेते हैं, जिसके दौरान में कम-से-कम दो-तीन सौ फ़ीट फ़िल्म गुज़र जाती है। जब अंगड़ाई की लपेट लेते हैं तो फिर सिर खुजाना शुरू करते हैं और उस अमल के बाद हाथ को सिर से नहीं हटाते बल्कि बाजू को वैसे ही मोड़े रखते हैं। मैं मजबूरन सिर को नीचा करके चायदानी के उस दस्ते के बीच में से अपनी नज़र के लिए रास्ता निकाल लेता हूँ और अपने बैठने के अन्दाज़ से बिलकुल ऐसा मालूम होता है जैसे टिकट खरीदे बगैर अंदर घुस आया हूँ और चोरों की तरह बैठा हूँ। थोड़ी देर के बाद उन्हें कुरसी के नीचे कोई मच्छर या पिस्सू महसूस होता है। चुनाँचे वह दायीं तरफ से ज़रा ऊँचे बायीं तरफ को झुक जाते हैं। मैं मुसीबत का मारा दूसरी तरफ़ झुक जाता हूँ। एक-दो लम्हे के बाद वही मच्छर दूसरी तरफ चला जाता है। चुनाँचे हम दोनों

फिर से पैंतरा बदल लेते हैं। गरज़ यह कि यह दिल्लगी यों ही ज़ारी रहती है—वह दाएँ तो मैं बाएँ, वह बाएँ तो मैं दाएँ। उनको क्या मालूम कि अँधेरे में क्या खेल खेला जा रहा है। दिल यही चाहता है कि अगले दरजे का टिकट लेकर उनके आगे जा बैठूँ और कहूँ कि ले बेटा, देखूँ तो अब तू कैसे फ़िल्म देखता है।

पीछे से मिर्ज़ा साहब की आवाज़ आती है, "यार, तुमसे निचल्ला नहीं बैठा जाता ! अब जो हमें साथ लाए हो तो फ़िल्म देखने दो।"

उसके बाद गुस्से में आकर आँखें बन्द कर लेता हूँ। और क़त्ल, ख़ुदकशी, ज़हर खाना वगैरह मामलात पर गौर करने लगता हूँ। दिल में कहता हूँ ऐसी-की-तैसी इस फ़िल्म की ! सौ-सौ कसमें खाता हूँ कि फिर कभी न आऊँगा और अगर आया भी तो इस कमबख्त मिर्ज़ा से ज़िक्र तक न करूँगा। पाँच-छह घंटे पहले से आ जाऊँगा। ऊपर के दरजे में सबसे अगली क़तार में बैठूँगा। तमाम वक्त अपनी सीट पर उछलता रहूँगा। बहुत बड़े तुर्रेवाली टोपी पहनकर आऊँगा, अपने ओवरकोट को दो छड़ियों पर फैलाकर टाँग दूँगा। बहरहाल मिर्ज़ा के पास तक न फटकूँगा।

लेकिन इस कमबख्त दिल को क्या कहूँ ? अगले हफ्ते फिर किसी अच्छी फ़िल्म का इश्तहार देख पाता हूँ तो सबसे पहले मिर्ज़ा के यहाँ जाता हूँ और गुफ्तगू फिर वहीं से शुरू होती है कि क्यों भई मिर्ज़ा, अगली जुमेरात को सिनेमा चलोगे न ?

अज़ीम बेग चुगताई

पट्टी

पट्टियाँ एक तो वे होती हैं, जो चारपाइयों में लगाई जाती हैं, दूसरी वे जो सिपाहियों के पैरों पर बाँधी जाती हैं। फिर और भी बहुत क़िस्म की पट्टियाँ हैं; लेकिन मेरा मतलब यहाँ उस पट्टी से है, जो फोड़ा-फुंसी और चोट-चपेट के सिलसिले में डॉक्टरों के यहाँ बाँधी जाती हैं।

मेरी स्त्री की मिलनेवालियों में लेडी डॉक्टर थीं—मिस ओरमा लिण्डसे। मैं ससुराल जानेवाला था। मिस ओरमा ने मुझसे कह दिया था कि जिस रोज़ तुम ससुराल जाओ, मुझसे ज़रूर मिल लेना। इसलिए मैं सुबह तड़के ही मिस साहबा के बँगले पर पहुँचा।

यह बतलाने के पहले कि बँगले पर क्या हुआ, दो-एक बातें मैं कुत्तों के बारे में कहना चाहता हूँ। वे छोटे-छोटे कुत्ते, जो खूबसूरत कहे जाते हैं और बँगलों में अदबदा के पाले जाते हैं, चाहे कटखने न हों, मगर इधर आप बँगले में दाख़िल हुए और इधर ये सीधे आपके ऊपर ज़ाहिरा तौर पर काट खाने के लिए, मगर वास्तव में आपको दौड़ा कर और रपटाकर चित करने की नीयत से निकलते हुए। आप सच मानिए कि यही हुआ। मिस ओरमा के तीन छोटे-छोटे कुत्तों ने इस बुरी तरह मेरे ऊपर हमला किया कि मेरे होश जाते रहे। गुलाब के एक काँटों भरे दरख़्त पर मैंने ऐसे पैर रख दिया, जैसे कोई रेशमी गद्दे पर रखता है। वहाँ फँसकर बदहवासी के साथ गमले फाँदा। एक फाँद गया, दो फाँद गया, तीसरे में पैर ऐसा लगा कि मुँह के बल गिरा और साथ ही कुत्ते सिर पर। जनाब, क्या बताऊँ, किस तरह बेतहाशा फिर उठा कि कुत्तों ने ऐसी

टाँग ली कि एक कुत्ते पर पैर पड़ गया, और अब की सड़क पर जा गिरा। वहाँ से घबराकर सीधा उठकर बरामदे में आया। कुत्ते पीछे-पीछे थे। चिक उठाने की मोहलत किसे थी; चिक समेत, तोप के गोले की तरह, कमरे में दाखिल ! उधर से मिस साहबा बदहवास चीखती आ रही थीं। मैं इस बुरी तरह मिस साहबा से जाकर टकराया कि वे कुरसी पर चीख मारकर गिरीं। मैंने सहारा देकर जल्दी से उठाया। कुत्ते खड़े अब दुम हिला रहे थे—वही मूजी, जो पलभर पहले मेरी जान लेने को तैयार थे।

ज़रा-ज़रा होश दुरुस्त हुए तो हम दोनों ने बातें करनी शुरू कीं। साहबा ने अपनी सहेली से मिलने का आग्रह प्रकट किया। कुछ और इधर-उधर की बातें कीं। इतने में मिस साहबा की निगाह मेरे हाथ पर पड़ गयी, जो सड़क पर गिरने से रगड़ खाकर अँगूठे की जड़ के पास से छिल गया था।

"अरे, यह क्या हो गया ?" यह कहकर उन्होंने मेरे इस नाममात्र के जख्म की परीक्षा की और कहा—"मैं अभी लोशन से धोकर ड्रेस किये देती हूँ।"

मैंने कहा—"अजी, रहने दीजिए, कोई बात भी हो।"

मिस साहबा परेशान सूरत बनाकर बोलीं—"मिर्ज़ा साहब, यह मामूली बात नहीं, इसको फौरन ड्रेस करना चाहिए, वरना कहीं . . ."

"वरना कहीं . . . ?" मैंने पूछा।

मिस ओरमा ने भौंहें चढ़ाकर और भयभीत-सी शक्ल बनाकर कहा—"टिट . . . टिटनेस।"

'टिटनेस'—यह मेरे लिए बिलकुल नया शब्द था। एकाएक खयाल गुजरा कि यह कहीं शेक्सपियर की नायिका टेटनिया का भाईबन्द तो नहीं है। खैर, मैंने तफ़सील पूछी, तो मालूम हुआ कि यह ज़हरबाद की किस्म का रोग है। सड़क की मामूली रगड़ से सम्भव है कि खराश में कुछ सूजन हो जाए, रात-ही-रात हाथ सूजकर डम्बल बन जाए और सुबह होते-होते ज़हरबाद शुरू हो जाए, और फिर रामनाम।

मैं कुछ सहम-सा गया। इस भयंकर रोग की दहलानेवाली बातें सुनता जाता था, और मिस ओरमा की नाजुक उँगलियों से पट्टी बँधवाता जाता था। बँगले से जो निकला, तो हुलिया यह था कि गले में एक झूला पड़ा हुआ था, और उसमें जकड़बन्द किया हुआ हाथ। खैरियत यह थी कि ताँगे पर आया था; अगर साइकिल पर होता तो और भी मुसीबत होती।

रास्ते में एक जान-पहचानवाले मिले। दुआ-सलाम के साथ ही उन्होंने ताँगा रुकवाया। "अरे मियाँ, यह क्या ? खैर तो है ?" उन्होंने कहा। मैंने इसके उत्तर में

पूरा किस्सा सुनाया कि जनाब, सड़क पर रगड़ लग गयी, और इस डर के कारण कि टिटनेस न हो जाए, यह कार्रवाई की है। "लाहौल विला कूवत!" उन्होंने ज़ोर से कहकहा लगाया, और टिटनेस तथा उसकी कल्पना पर लानत भेजते हुए कहा—"खोल-खाल के पट्टी फेंक दो, और इसकी जगह सिन्दूर और तेल रगड़कर लगा लो।"

इसके बाद एक साहब और मिले। उन्होंने भी ताँगा रुकवाया। वही बातचीत हुई। उन्होंने भी टिटनेस पर लानत भेजी। खूब हँसे, मज़ाक उड़ाया और कहने लगे—"टूटे हुए घड़े की मिट्टी रगड़कर नीम की छाल के साथ लगा लो।"

संक्षेप में यह कि रास्ते में चार आदमी और मिले। सभी ने टिटनेस पर लानत भेजी और मुझ पर हँसे। किसी ने काली मिरच बताई, किसी ने चन्दन बताया, किसी ने कहा कि कुछ न बाँधो, यों ही सूख जाएगा।

घर पहुँचा, तो पिताजी ने पट्टी का हाल पूछा। माँ ने पूछा, भाई-बहनों ने पूछा। गरज सबको हाल बताना पड़ा। फिर नौकरों की बारी आयी। घर की बूढ़ी नौकरानी ने सहानुभूति से सुने-सुनाये का ब्यौरा पूछा—"बेटा, यह 'टिटनेस' क्या है, जो तुम्हारे दुश्मनों को होने का डर है?" बूढ़ी ने जब लड़कों से सुना था, तो शायद टिटनेस को तरकारी की किस्म की कोई चीज़ समझा था। खैर, जिस तरह हो सका उनको भी समझाया। इतने में बाहर एक मिलनेवाले आ गए। उनसे किसी ने सुनी-सुनाई उड़ा दी थी। बहुत परेशान और सहानुभूतिपूर्ण स्वर में उन्होंने सारा ब्यौरा पूछा, जो बताना पड़ा। वे चले गए, तो खरबूज़ेवाला आया। रोज़ आता था। भला कैसे बिना पूछे रह जाता? मैंने कहकर टालना चाहा कि चोट लग गयी कि नौकर का लड़का बोल उठा, 'टींटस' हो गया। इधर मैंने लड़के की तरफ घूमकर देखा तो उधर खरबूजेवाला चकराकर बोला— "मियाँ, यह 'टींटस' क्या है? क्या कोई फुड़िया का नाम डॉक्टरों ने रखा है?"

मैंने जलकर कहा—"बेहूदा मत बको।"

इससे फुरसत पायी थी कि अन्दर गया, तो देखा कि माताजी दो-चार औरतों को टिटनेस पर लेक्चर दे रही हैं। मैं पहुँचा तो मुझसे भी प्रार्थना की गई कि मैं इस टिटनेस पर कुछ और रोशनी डालूँ। अब मैं तंग आ गया था। टिटनेस के नाम से गुस्सा आता था। खैर, ज्यों-त्यों करके बला टली।

शाम को चार बजे की गाड़ी से रवाना होनेवाला था। इस बीच में लोगों ने मेरा नातका बन्द कर दिया। अब मैं सिर्फ़ यह कहकर टालना चाहता था कि चोट लग गयी है; मगर जनाब, पूछनेवाला बिना टिटनेस की बातचीत के काहे को मानता? वह

फ़ौरन कहता कि फलाँ साहब से सुना कि टिटनेस होने का डर है। मजबूरन जिस तरह बन पड़ता, जान छुड़ाता।

ताँगा आया। असबाब लादा। ताँगेवाले ने भी पूछा—"मियाँ, हाथ में पट्टी कैसी?" मैं घुन्नाकर रह गया। स्टेशन पर अलबत्ता मेरी नाक में दम आ गया। बहुतों को यह कहकर टाला कि चोट लग गयी है। बहुतों को कुछ न कुछ टिटनेस का हाल बताना पड़ा। गाड़ी छूटने से पहले ही एक सज्जन से इस विषय पर कुछ बुरा-मनौअल भी हो गई।

"अरे मियाँ, यह हाथ में पट्टी कैसी है?" उन्होंने पूछा।

"मामूली चोट लग गयी है।"

"कैसे लग गयी?"

"सड़क पर गिर पड़ा था, खराश आ गयी।"

"फिर कोई बात तो नहीं?"

"कोई बात नहीं!"

"मगर अब्दुल हमीद साहब मिले थे, वे कहते थे कि खुदा न करे, टिटनेस हो जाने का डर है। यह टिटनेस क्या होता है?"

अब मुझे ऐसा गुस्सा आया कि उनका मुँह नोच लूँ, क्योंकि वे केवल मुझे तंग कर रहे थे। आप ही विचार कीजिए कि उन्होंने पहले तो शुरू से पूरी तफ़सील पूछी, यद्यपि वे अब्दुल हमीद साहब का अच्छी तरह मगज़ खा चुके थे, और फिर टिटनेस को पूछते हैं कि क्या होता है, गोकि खूब अच्छी तरह पूछ चुके थे।

मैंने जलकर कहा—"टिटनेस एक तरह का बुखार होता है, जिसमें छींकें आती हैं।"

"है?" वे बोले—"अब्दुल हमीद साहब तो कहते थे कि ज़हरबाद होता है।"

"माफ कीजिए," मैंने कहा—"तो फिर आप जब जानते हैं कि टिटनेस क्या बला है, तो मेरा दिमाग चाटने से फ़ायदा?"

प्रत्यक्ष है कि ऐसी बातचीत का फल क्या हो सकता है। वे बुरा माने, मैं और भी बुरा माना, जिससे वे और भी बुरा माने।

मेरे डिब्बे में वैसे तो कई आदमी थे, मगर बिलकुल पास ही बैठने वाले एक तो ज़मींदार थे जो सूरत से लखनऊ की तरफ के मुसलमान लगते थे, और एक साहब थे जो कुछ फौजीनुमा मालूम होते थे। खाकी कमीज़ और नेकर पहने थे। इनके पास ही एक मेरे शहर के मारवाड़ी महाजन बैठे थे। इनके अलावा दो-एक और सज्जन भी थे।

गाड़ी चली। दो-एक इधर-उधर की जबरदस्ती की बातें पूछकर इन फौजी सज्जन ने आखिर पूछ ही लिया, "आपके हाथ में यह पट्टी कैसी बँधी है ?"

मैं कह नहीं सकता कि मैं दिल में कितना भुन्नाया। मजबूरन कह दिया—"जख्म हो गया।"

"कैसे ?" उन्होंने पूछा।

मारे गुस्से के मैंने कहा—"बात दरअसल यह है कि मगर ने काट खाया है।"

"मगर ने ! मगर !··· मगर ने काट खाया ?"

"जी हाँ।" मैंने लापरवाही से कहा।

"कैसे ?" उन्होंने बड़ी उत्सुकता से अब ब्यौरा पूछना चाहा कि मैं किस तरह पानी या दलदल में घुसा, मगर से कैसे साबका पड़ा आदि। मगर मैंने तंग आकर दूसरी तरकीब सोची।

"मुँह से काट खाया।" मैंने कहा।

"जी हाँ"—उन्होंने सिर को कुछ हिलाते हुए कहा—"मुँह से तो काटा ही होगा, मगर कहाँ पर आखिर ··· ?"

जहाँ चोट लगी थी और पट्टी बँधी थी, मैंने दूसरे हाथ से वह स्थान पकड़कर कहा—"यहाँ पर काट खाया, और मुँह बाकर काट खाया।" मैंने हाथ से मुँह दबाने की नकल करते हुए कहा।

"नहीं, साहब ! " वह दूसरे ज़मींदार साहब बोले —"इनका मतलब यह है कि आखिर वह कौन मुकाम था, जहाँ मगर ने काट खाया; क्या घटना हुई थी ?"

मैंने उसी तरह रूखे मुँह से कहा—"मैंने कहा न कि इसी मुकाम पर हथेली के पास।" मैंने फिर दोबारा उस जगह को पकड़कर हिलाया—"इसी मुकाम पर मूजी ने काट खाया, और कोई घटना तो हुई नहीं।"

कुछ चिड़चिड़ाकर उन्होंने कहा—"अजी हजरत, किस्सा सुनाइए कि किस तरह, कौन-सी नदी या तालाब में, क्या मामला पेश आया, जो मगर ने आपकी हथेली पर काट खाया ?"

"अब मैं समझा, आपका क्या मंशा है।" मैंने कहा—"सुनिए, घटना वास्तव में यह हुई कि हमारे पड़ोस में एक नदी है। वहाँ एक बड़ा-सा मगर रहता था। एक रोज़ मैंने एक बड़ा ज़बरदस्त मछली का-सा काँटा कोई दस सेर वज़न का बनवाया। उसे एक मोटे तार के रस्से में बाँधकर पेड़ से बाँध दिया। काँटे में गोश्त लगाकर नदी में डाल दिया। उसमें मगर रात को आठ बजकर तीन मिनट पर फँस गया।"

इस संक्षिप्त वृत्तान्त को भला लोग काहे को पसन्द करते ? चारों ओर से सवालों की झड़ी बँध गयी।

किसी ने पूछा, "साहब, काँटा कैसी नोक का था ?" किसी ने कहा—"क्या वह निगल गया ?" गरज यह कि तरह-तरह के सवाल पैदा हो गए। मजबूरन मुझे मगर के शिकार के कुछ और किस्से गढ़कर सुनाने पड़े। अब मैंने अपने बयान को कहानी का रूप देकर सुनाना शुरू किया, और उस स्थान पर पहुँचा कि दस-बारह आदमियों ने रस्सा खींचा। मगर ने जोर से तड़ककर पलटा खाया ही था कि दूसरा स्टेशन आ गया।

स्टेशन आने से भला मेरी कहानी क्या रुकती, लेकिन यहाँ यह मुसीबत आयी कि एक सज्जन ने कोई छकड़ा-भर असबाब के साथ इसी डिब्बे पर हमला किया। इस धमाधमी के साथ उन्होंने और उनके नौकरों ने असबाब की फेंकाफेंक और ठूँसाठूँस की कि सबको अपने-अपने बोरिये-बिस्तरे और जगह की पड़ गयी। ये हजरत शायद पुलिस के सब-इंस्पेक्टर थे और किसी दूसरे थाने पर तबादिले के सिलसिले में लद रहे थे। हट्टे-कट्टे जवान थे, और उनकी मूँछें बड़ी-बड़ी थीं। सामने की जगह पर कब्ज़ा करके इधर-उधर सरकाकर बैठ गए, और फौरन ही मुझे पान पेश किया। मेरी कमबख्ती कि मैंने धन्यवाद के साथ ले लिया। इसके बाद ही फौरन मौसम की शिकायत की। मैं जानता था कि अब यह मुझे छेड़ेंगे। हुआ भी ऐसा ही। मौसम की शिकायत के बाद ही उन्होंने भी आखिर को गोला दे ही मारा।

"क्यों जनाब, यह आपके हाथ में पट्टी कैसी है ?"

सूखे मुँह से मैंने कहा—"परसों काले साँप ने काट खाया।"

"अरे, काला साँप !"

मैंने कहा—"जी, काला।" यह कहकर मैंने इधर-उधर के उन लोगों पर नज़र डाली, जिनको मैं मगर की कहानी सुना रहा था, और जो शायद अब बाकी कहानी को पूरा करने की फरमाइश करने ही वाले थे। किसी के चेहरे पर गम्भीरता थी, तो किसी के चेहरे पर मुसकराहट।

"कहाँ ? कैसे ? कहाँ काट खाया ? कैसे काट खाया ? कब ?"

"मैंने कहा तो कि परसों काट खाया ?"

"कहाँ ? आप क्या कर रहे थे ?"

"यहाँ।" मैंने पट्टी पर हाथ से बताते हुए कहा—"यहाँ काट खाया। मैं खाना खा रहा था।"

"तो फिर क्या हुआ ?"

"फिर साँप ने काट खाया।"

"कैसे ?"

"ऐसे !" मैंने उँगली से चुटकी लेकर साँप काटने की नकल बनाते हुए कहा—"ऐसे काट खाया।"

"अजी साहब, यह मतलब नहीं, आखिर क्या हुआ था ? साँप कैसे आया, और वाकया पूरा-पूरा क्या है ?"

इसके बाद मैंने अपने साँप काटने का किस्सा बयान करना शुरू किया जो बदक़िस्मती से इस वक्त मुझे याद नहीं; मगर यह अच्छी तरह याद है कि मैंने अपना किस्सा बहुत ही अच्छी तरह से पूरा किया था।

जो लोग मगर का किस्सा सुन चुके थे, उनके सवालों का मैंने निहायत सादगी से जवाब दिया। मैंने कहा—"मगर भला किस तरह काट सकता है ? मुझे मगर ने कभी नहीं काटा।" मेरी गम्भीरता पर पहले तो वे कुछ मुसकराये, फिर उनके चेहरे से कुछ संशय प्रकट हुआ; मगर मैं प्रत्यक्ष रूप से बहुत गम्भीर था। मेरे दिल को आराम पहुँच रहा था। दिन-भर के सही उत्तरों से मन में जो जलन पैदा हो गयी थी, वह मिट गयी। पहले की बनिस्बत अब मैं खुश था। अब मैं एक निस्पृह भाव से अखबार पढ़ने में व्यस्त हो गया।

कई स्टेशन निकल गए। कोई नया आगन्तुक ऐसा न आया, जो मेरी पट्टी का हाल पूछता। किसी ने ठीक ही कहा है कि कभी नाव गाड़ी पर, कभी गाड़ी नाव पर। अब मेरा नम्बर था। मैं इस प्रतीक्षा में था कि कोई मुझसे पूछे तो, मगर किसी ने न पूछा। यहाँ तक कि मैं घर यानी ससुराल पहुँच गया।

रात के साढ़े ग्यारह बजे होंगे। सास साहिबा के सामने जाकर अदब से फ़र्श पर बैठ गया। सलाम-दुआ के बाद पहला सवाल उन्होंने जो किया, वह यह था—"खैर तो है ? यह तुम्हारे हाथ में पट्टी कैसी बँधी है ?"

"गोली लग गयी है।" मैंने जलकर कहा।

"या अली ! गोली !" वह चौंककर बोलीं—"खुदा खैर करे, कैसे लग गयी?"

"बन्दूक की नाल से।" मैंने कहा।

"बेटा, आखिर क्या हुआ था ? कैसे बन्दूक चल गयी ?"

क्या बताऊँ कि मुझे इस सवाल से अब कैसी जलन हो रही थी। अब मालूम हुआ कि किसी ने ठीक ही कहा है—"नहीं दौड़ता है घोड़ा हर एक जगह पर'।

मुझे जलन हो रही थी, क्योंकि छतवाले कमरे पर बिजली की रोशनी गायब थी, जिसका अर्थ यह था कि कमरेवाली शायद नहीं बल्कि निश्चित रूप से अनुपस्थित थी। इसलिए जवाब देने के बजाय मैं मन में सोचने लगा कि शायद अपने मामा के यहाँ गयी होगी। मेरे एक मूर्ख मित्र ने सलाह दी थी कि बिना पहले से खबर दिये, सहसा ससुराल पहुँचना और वहां श्रीमती से मिलना विशेष आनन्ददायक होता है। जवाब देने के बजाय मैं मन-ही-मन उन्हें मूर्ख कह रहा था कि एकाएक चौंक-सा पड़ा। एक सूखा संक्षिप्त-सा किस्सा सुनाया कि बन्दूक अचानक चल गई और गोली छूती हुई निकल गई, मगर सास साहिबा ने मेरी जान खाना शुरू किया।

इसी बीच में छोटी साली साहिबा लजाती, बल खाती आयीं। मैं बयान नहीं कर सकता कि मैं उस समय कैसी उलझन में था। सास साहिबा दुनिया-भर की बातें कर रही थीं; मगर यह न बताती थीं कि मेरी श्रीमती हैं कहाँ —अपने मामा के यहाँ या घर में। खैर, बातचीत में छोटी साली से इतना तो मालूम हुआ कि घर में नहीं हैं। सास साहिबा बोलीं, "दोनों गयी थीं। यह तो शाम ही को लौट आयी, और उसने खाना खाकर आने को कहा धा, मगर रह गयी। बहन ने पकड़ लिया होगा। दोनों में बड़ी मुहब्बत है, अकसर बुला भेजती है।"

यह कहकर सास ने मेरी श्रीमती की ममेरी बहन की मुहब्बत का कानों में चुभने वाला किस्सा शुरू किया और इधर मैंने मुँह बनाया और लापरवाही से जम्हाइयाँ लेनी शुरू कीं, क्योंकि मुझे अपनी श्रीमती से इस तरह की मुहब्बत करने वालियों से सख्त नफरत है। खैर, शुक्र है कि सासजी मेरा मतलब समझ गयीं और कहने लगीं—"अच्छा, अब जाओ, सो रहो।"

मैं थके हुए पैरों से अँधेरे में अनमने भाव से जीने पर चढ़ा। छत पर पहुँचते ही बत्ती जलाई। नौकरानी कमबख्त ने मेरा बिस्तरा ज्यों-का-त्यों पलँग पर रख दिया था। मैंने खोलकर बिछाया। बत्ती बुझाई और लेटकर बहुत जल्द सो गया।

आखिरी रात का पहला हिस्सा और गर्मियों की ठंडी हवा में मतवाली नींद ! लेकिन कुछ आहट, कुछ गर्मी और खुशबू —इस नींद को भी गायब कर सकती है। मैं बिजली की रोशनी में खड़बड़ाकर उठा—"कौन ?" मेरे मुँह से निकला। जवाब देनेवाली मुसकरा रही थी—वह मेरी मौजूदगी पर और मैं उसकी मौजूदगी पर ! गलती मेरी ही थी। कमरे के दूसरे बाजू के सामने ही तो चारपाई पड़ी थी। मैंने देखी ही न थी। न दुआ, न सलाम, "सीधे यह हाथ में आपके क्या हुआ, पट्टी कैसी बँधी है ?"

या खुदा ! भला क्या जवाब देता ? मैंने कहा —

"नजर से तीर चलाकर मुझे किया घायल,
सवाल फिर ये तुम्हारा कि यह हुआ क्या है ?"

और उसी वक्त से तय कर लिया कि अब पट्टी कभी न बाँधूँगा। खुदा इस इरादे की शर्म रखें।

गुलाम अब्बास

वंश-वृक्ष

छज्जू

बाप के नाम का, खोज करने पर भी, पता न चल सका। गाँव में कबाब बेचते थे।

शेख मसीता

छज्जू के बेटे। शहर में पहले बीड़ी-सिगरेट की दुकान की, फिर अत्तारी करने लगे।

हकीम उमरदराज़

शेख मसीता के बेटे। अपढ़ थे, मगर सारी उम्र हकीमी करते रहे। गज़ब के होशियार थे। अगर तालीम पायी होती, तो न जाने क्या-क्या कमाल दिखाते। कहते हैं उन्हें कीमिया बनाने का शौक़ था, और उनका यह शौक़ पागलपन की हद तक पहुँचा हुआ था। जो कुछ कमाते, उसी की भेंट चढ़ जाता। मगर आखिरी उम्र में इन्होंने कीमियागरी से तौबा कर ली थी।

चौधरी शम्सुद्दीन

हकीम उमरदराज़ के बेटे। तीन-चार दर्ज़े तक पढ़े थे। इनकी गिनती शहर के बड़े ठेकेदारों में होती थी। इन्होंने खासी दौलत कमायी और काफ़ी जायदाद भी बनायी।

हाजी शफ़ाअत अहमद

चौधरी शम्सुद्दीन के बेटे। एंट्रेंस तक तालीम पायी। वर्षों एक सरकारी दफ्तर में क्लर्की करते रहे। बाद में सुपरिंटेंडेंट हुए। पेंशन मिली और हज को गये।

नोट : इनके वक्त से इस खानदान के हाथ से व्यापार निकल गया और नौकरी होने लगी।

क़ारी गौस मुहम्मद

हाजी शफ़ाअत अहमद के बेटे। अभी कॉलेज में ही थे कि हाजी साहब ने अपने असर-रसूख के बल इन्हें रेलवे में गार्ड की नौकरी दिलवा दी। बड़ी अच्छी आवाज़ थी। मकतब में ही क़िरअत (कुरान को लय के साथ पढ़ना) भी सीखी थी, जिस कारण क़ारी कहलाये। इन्होंने नमाज़ कभी नहीं छोड़ी। इसकी वजह लोग यह बताते हैं कि रेलवे की नौकरी ने इन्हें वक्त का बहुत पाबन्द बना दिया था।

खानसाहब गज़नफ़र अली शाह सब-इंस्पेक्टर पुलिस

क़ारी ग़ौस मुहम्मद के बेटे। बी . ए . तक शिक्षा पायी। बाद में फुलौर जाकर पुलिस की ट्रेनिंग हासिल की। बहुत रोबदाब वाले और लम्बे-तगड़े आदमी थे। मिज़ाज में बला का ग़ुस्सा था। बात-बात में मातहतों पर लाल-पीले होते थे। दिलावर और मनचले थे। बड़े-बड़े नामी डाकुओं को बहादुरी से गिरफ्तार किया था। शहर के बदमाश और उठाईगीरे इनका नाम सुनकर काँपने लगते थे। इनकी बहादुरी के क़िस्से बहुत मशहूर थे। मगर इनकी बदमिज़ाजी और हद से ज्यादा शराब पीने के कारण ऊपर के अफ़सर इनसे नाखुश रहते थे, चुनाँचे उम्र-भर सब-इंस्पेक्टरी से आगे न बढ़ सके। इनकी जाति हमेशा एक पहेली बनी रही। लोग इन्हें ग़ज़नफ़र शाह सैयद बादशाह कहकर पुकारते थे। इन्होंने कभी अपने सैयद होने का प्रतिवाद नहीं किया। खुद ये अपने दस्तखत 'खां साहब ग़ज़नफ़र अली' किया करते थे।

शेख तुराब अली बी. ए. एल-एल. बी. एडवोकेट

ग़ज़नफ़र अली शाह, सब-इंस्पेक्टर पुलिस के बेटे। शहर के सबसे क़ाबिल वकीलों में गिने जाते थे। बड़े हँसोड़ और मिलनसार थे। हास्य रस की शायरी भी करते थे। योग्यता से ज्यादा इनकी विनोद-प्रियता इनकी ख्याति का कारण बनी। इन्होंने अपने

पेशे को ध्यान में रखते हुए अपने नाम के साथ शेख लिखना ज्यादा पसन्द किया। वकालत में खूब नाम और धन भी कमाया।

डॉ. तहसीन अली एम. बी. बी. एस.

सर्जन एण्ड फ़िज़ीशियन

शेख तुराब अली बी. ए. एल-एल. बी. एडवोकेट के बेटे। बचपन ही से बहुत सीधे-सादे और रहमदिल थे। इन्हें यह पसन्द नहीं था कि कोई भी आदमी दुःख-दर्द से पीड़ित रहे। इनके पूर्वज हकीम उमरदराज़ हिकमत में नाम पा चुके थे। इसीलिए इन्होंने बाप के विरोध करने के बावजूद डॉक्टरी पढ़ी और रोगियों की सेवा में ज़िन्दगी बिता दी।

मिस्टर इलियास हारून बार-एट-ला

डॉ. तहसीन अली एम. बी. बी. एस. सर्जन एण्ड फ़िज़ीशियन के बेटे। इन्हें स्कूल के ज़माने से ही यूरोप जाने का बेहद शौक था, इसलिए विलायत जाकर बैरिस्टरी पास की। खानदान का नाम खूब बढ़ाया और धन भी बहुत कमाया।

खान बहादुर मियाँ रुक्नुद्दीन, मेम्बर लेजिस्लेटिव कौंसिल

मि. इलियास हारून बैरिस्टर के बेटे। इनकी उम्र का अधिकांश भाग संघर्ष में बीता। आराम बहुत कम नसीब हुआ। यद्यपि ये शिक्षा अधिक न प्राप्त कर सके, किन्तु अपनी प्रतिभा और बुद्धिमत्ता के बल पर खानदान का नाम खूब रोशन किया। अभी सतरह-अठारह बरस के थे कि एक समाज-सुधारक संस्था में स्वयंसेवक के रूप में भरती हो गये और इसी कारण अधिक शिक्षा न प्राप्त कर सके। ये अच्छे वक्ता थे। इसलिए धीरे-धीरे नेता बन गये। संयोग से उस समय देश में कोई आन्दोलन नहीं चल रहा था। नेतागीरी का बाज़ार मंदा पड़ गया तो इन्होंने साहित्यिक पत्रिका निकाली। पर ये वक्ता थे, साहित्यकार नहीं। इसलिए लोगों ने पत्रिका में विशेष दिलचस्पी नहीं ली और उसे बंद कर देना पड़ा। म्युनिसिपैलिटी की मेम्बरी के लिए खड़े हुए तो पहली बार सफलता न मिली। दूसरी बार फिर कोशिश की, पर असफल रहे। पर वोट काफी मिले थे, इसलिए इन्हें इत्मीनान था। तीसरी बार फिर नाम पेश किया। इस बार इन्होंने इस के लिए तीन महीने पहले एक साप्ताहिक पत्र निकलवाया। अल्लाह ने कामयाब किया। होते-होते कौंसिल के मेम्बर भी बन गये। सरकार ने 'खानबहादुर' की उपाधि दी। ज़मीन भी मिली।

नोट : इनके समय से खानदान के लोगों को सरकारी उपाधियाँ मिलने लगीं।

आनरेबुल सर दारा शिकोह, चीफ़ जस्टिस हाईकोर्ट

खानबहादुर मियाँ रुक्नुद्दीन एम . एल . सी . के बेटे। इनका समय बहुत अच्छा बीता और इन्हें ज्यादा जद्दो-जेहद नहीं करनी पड़ी, क्योंकि खानदान के नाम और बाप की सेवाओं के कारण इन्हें हर जगह सफलता ही सफलता मिली। सरकार ने भी इनकी कद्र की। इनके ज़माने में खानदान के यश और धन दोनों में वृद्धि हुई।

राइट ऑनरेबुल सर जमशेदजाह बहादुर पी . सी . के .
सी . एस . आई . के . सी . आई . के .

सर दारा शिकोह, चीफ़ जस्टिस हाईकोर्ट के सुपुत्र। कई रियासतों के मंत्री और फिर एक बड़ी रियासत के प्रधानमंत्री हुए। खूब धन कमाया और खानदान की इज्जत को चरम-शिखर तक पहुँचाया। अंत समय काफ़ी बड़ी जागीर छोड़ी।

खानबहादुर सूफ़ी बेदारबख्त बी . ए . जागीरदार

राइट ऑनरेबुल सर जमशेदशाह बहादुर पी . सी . के ., सी . एस . आई ., के . सी . आई . ई . के बेटे। बी . ए . तक तालीम पायी। बाप ऊँची शिक्षा के लिए विलायत भेजना चाहते थे, पर उनका स्वर्गवास हो गया। एदारबख्त बचपन ही से बड़े सीधे-सादे और विनम्र स्वभाव के थे। धर्म की ओर इनका झुकाव ज्यादा था। खुदा का दिया सबकुछ था। ऊँची तालीम के लिए न यूरोप जाने की ज़रूरत थी, न नौकरी करने की। ये एकांतवासी होकर अल्लाह की याद में लगे रहे। इनकी उम्मीद और इच्छा के खिलाफ़ सरकार ने इन्हें खानबहादुर की उपाधि दी। उसे खुदा की मेहरबानी समझकर खामोश हो रहे।

साहबज़ादा नसीम उर्फ़ छोटे मिर्ज़ा, रईस आज़म

खानबहादुर सूफ़ी बेदारबख्त बी . ए . जागीरदार के बेटे। मैट्रिक तक तालीम पायी, फिर अपनी जागीर का इंतज़ाम करने लगे। बाप की तरह इन्होंने भी नौकरी को अपने लिए हराम जाना। नौकरी की जरूरत भी क्या थी। खूब रईसाना ठाट से रहे। बहुत खूबसूरत और तंदुरुस्त थे। कहते हैं कि इन्होंने जैसा खाना खाया और जैसा कपड़ा पहना, वैसा बहुत कम लोगों को नसीब होता है। खानदान में 'मिर्ज़ा' लिखना पहले-पहल इन्होंने ही शुरू किया।

अबुल-खयाल मिर्ज़ा 'बेकल'

साहबज़ादा नसीम उर्फ़ छोटे मिर्ज़ा, रईस आज़म के बेटे। एंट्रेंस में फेल होने के बाद तालीम से जी ऐसा उचाट हुआ कि फिर स्कूल का रुख नहीं किया। शायरी से बचपन से ही लगाव था। अपने मकान पर बड़े-बड़े तारीखी मुशायरे किये। खुद शेर कहते थे। मशहूर था कि शेर कहना होता तो चादर ओढ़कर चारपाई पर लेट जाते और घंटों बिस्तर पर लोटते-पोटते रहते और जब तक गजल पूरी न हो जाती, न उठते। बहुत-सा रुपया खर्च करके एक दीवान 'बेकल की पुकार' नाम से बढ़िया आर्ट पेपर पर सुनहरी रोशनाई से छपवाया था, जिसमें अरबी, फारसी और उर्दू तीनों ज़बानों का कलाम था। वह दीवान अब दुर्लभ है। कला-प्रेमी और साधु आदमी थे। अपनी ज़िन्दगी में दुर्लभ हस्तलिखित पुस्तकों और पुरानी तसवीरों का एक बहुत कीमती संग्रह किया था। जाने इनके बाद उसका क्या हुआ !

नन्हे मिर्ज़ा

अबुल खयाल मिर्ज़ा 'बेकल' के साहबज़ादे। वाज़िबी तालीम पायी। अंग्रेज़ी से बिलकुल कोरे रहे। बाप की इच्छा थी कि इन्हें शेरो-शायरी से लगाव पैदा हो और बाप का नाम रोशन करें, पर इन्हें इससे ज़रा भी दिलचस्पी न थी। इनका झुकाव बचपन से ही संगीत की ओर था। बाप के विरोध के बावजूद बड़े-बड़े नामी-गिरामी गवैयों को बुलाकर उनसे संगीत की शिक्षा लेते रहे। सात बार ग्वालियर की यात्रा कर तानसेण के मज़ार पर गये और हर बार उस इमली के पेड़ की पत्ती तोड़कर खायी, जो उस मज़ार पर साया किये हुए है। पहले कई वर्ष तक गाना सीखते रहे, पर चूँकि आवाज़ बहुत अच्छी नहीं थी, इसलिए उस्तादों की सलाह से गाना छोड़कर सितार का शौक करते रहे। लय और ताल की बेहद समझ रखते थे। कहते हैं कि सोते में इनके पाँव का अँगूठा ताल देता रहता था। इनके पास एक बहुत पुराना तंबूरा था, जिसके बारे में मशहूर था कि वह मुहम्मदशाह रंगीले के दरबारी गायक नेमत अली खाँ सदारंग का है। बुढ़ापे में संगीत सम्बन्धी एक किताब 'सदाए-दिल नशीं' नाम से लिखी, जिसकी पांडुलिपि शायद इनका कोई दोस्त चुराकर ले गया। बुढ़ापे में इस सदमे ने मिर्ज़ा की कमर तोड़ डाली और फिर चंद रोज़ बाद ही स्वर्ग सिधार गये।

मिर्ज़ा अच्छे

नन्हे मिर्ज़ा के बेटे। बहुत मामूली तालीम हासिल की। बाप-दादा की तरह इन्होंने भी कारोबार या नौकरी नहीं की, बल्कि दोनों को बुरा समझते रहे। थियेटर के बड़े शौकीन थे। इनकी हार्दिक इच्छा थी कि इनका अपना कोई थियेटर हो। पर बाप के जीवित रहते इस इच्छा की पूर्ति न हो सकी। बाप के मरने पर एक बार इन्होंने एक थियेटर के मालिक से मामला तय करना चाहा, पर किसी कारण इनकी मंशा पूरी न हो सकी। लाचार हो इन्होंने अपना विचार त्याग दिया।

लाड़ले मिर्ज़ा

मिर्ज़ा अच्छे के फ़रजंद दिलबंद। सिर्फ़ क़ायदा पढ़ा। बहुत विलक्षण स्वभाव के आदमी थे और स्वर्गवासी पिता की तरह थियेटर के शौकीन भी। पिता इन्हें अपने साथ थियेटर ले जाया करते थे। सच पूछिए तो इनको थियेटर का चस्का पिता ने ही लगाया था। पिता के मरने पर ये कुल जायदाद के वारिस बने। एक बार एक हिंदुस्तानी फ़िल्म देखने गए। उसमें कलकत्ता की एक हसीन एक्ट्रेस लैला का अभिनय इन्हें बहुत भाया। उसका गला भी ग़ज़ब का था। इनका दिल उस पर आ गया। महीनों मुहब्बत-भरे खत लिखते रहे। आखिर कलकत्ता पहुँचे। बहुत-सा रुपया खर्च करके उस तक पहुँच हुई और इन्होंने उससे विवाह का प्रस्ताव किया। लैला ने ऐसी खूबी से टाला कि इनका दिल न टूटा। तीन साल तक उससे मेल-जोल रखा। बड़े-बड़े कीमती उपहार उसे भेंट करते रहे, यहाँ तक कि उसके नाम से एक फ़िल्म कम्पनी भी खोल दी। आखिर लैला शादी पर राजी हो गयी। शादी के दूसरे ही वर्ष फ़िल्म कम्पनी फेल हो गयी और लैला भी किसी ऐक्टर के साथ भाग गयी। लैला से एक लड़का हुआ था, जिसे लेकर वतन आए और उसके लालन-पालन के लिए एक नर्स रखी। यहाँ आकर पता चला कि सारी जायदाद इश्क की भेंट चढ़ गयी और ले-देकर एक मकान और चंद दुकानें शेष रह गयी हैं। उन्हीं दुकानों के किराये पर गुजर करने लगे।

मुहम्मद शफ़ी

लाड़ले मिर्ज़ा के बेटे। स्टेशन के पास 'शफ़ी होटल' नाम से एक छोटी-सी दुकान है। मुश्किल से गुजारा होता है। सुना है कि अब इन्होंने चोरी-छिपे शराब भी बेचनी शुरू कर दी है।

इम्तियाज़ अली ताज

चचा छक्कन ने झगड़ा चुकाया

पिछली गर्मियों में इतवार का दिन था। हमारे यहाँ चिराग जलते ही खाना खा लिया जाता है। बच्चे खाना खाकर सो गए थे। चची ने खाना खिलाकर इशा की नमाज़ की नीयत बाँधी थी, और नौकर रसोईघर में बैठे भोजन कर रहे थे। चचा छक्कन बनियाइन पहने, तहमद बाँधे, टाँग पर टाँग रखे, चारपाई पर लेटे मजे-मजे से हुक्के के कश लगा रहे थे, कि एकाएक गली में से शोर-गुल की आवाज़ आयी।

बुन्दू, इनामी और मूदा खाना छोड़कर दरवाज़े की तरफ लपके। चचा भी चौंककर उठ बैठे और जब कोई न दिखाई दिया, तो चची की ओर देखा। चची ने सलाम फेरते हुए मुँह उधर मोड़ा, आँखें चार हुईं, तो चचा ने पूछा —"यह शोर कैसा है ?" चची माथे पर त्योरी डाल वज़ीफ़ा पढ़ने लगीं।

चचा छक्कन कुछ देर तक इन्तज़ार करते रहे, कि शायद कोई नौकर या लड़का पलटकर आये, और कुछ खबर लाये, वैसे चची से बराबर पूछते रहे —"कोई आता नहीं ˙ ˙ ˙ कहाँ बैठे रहे सब-के-सब ? ˙ ˙ ˙ देखती हो इनकी हरकतें ? पता नहीं, क्या वारदात हो गयी है ?" लेकिन जब न चची ने कोई उत्तर दिया, और न कोई लड़का ही वापस आया, तो विवश हो, जूता पहनकर खुद बाहर निकलने की तैयारी की।

चची बोलीं —"चले तो हो, मगर किसी के झगड़े में न पड़ना।"

चचा बोले —"मेरा सिर फिरा है, बाज़ारू लोगों के झगड़े से हमें क्या मतलब ?"

ज़नाने से निकलकर चचा मर्दाने में आये। ड्योढ़ी में कदम रखा तो देखा कि घर के सामने भीड़ जमा है। चचा को आशा नहीं थी कि इतनी जल्दी मौके पर जा पहुँचेंगे। कुछ घबराये, आगे बढ़ने के लिए अभी तैयार नहीं थे मगर वापस हटने का भी मन न होता था; अतः आपने जल्दी से दीया गुल कर ड्योढ़ी का द्वार बन्द कर दिया और देर तक दरार से आँख लगाये स्थिति का निरीक्षण करते रहे।

मालूम हुआ कि झगड़ा दो पड़ोसियों के बीच है, जो सामने के मकान में रहते हैं—एक ऊपर की मंजिल में, दूसरे नीचे की मंजिल में। हाथापाई तक की नौबत पहुँच चुकी थी, लेकिन लोगों ने अब दोनों को अलग-अलग करके सँभाल रखा है, और मीर बाकरअली समझा-बुझाकर उन्हें करीब-करीब ठंडा कर चुके हैं।

चचा से न रहा गया। यह बात उन्हें कैसे सह्य हो सकती थी कि उनके रहते मोहल्ले का कोई और आदमी इस प्रकार के झगड़ों में पंच बन बैठे। अतः आप तहमद कस, बनियाइन नीचे खींच, दरवाज़ा खोल बाहर निकल खड़े हुए और बड़े बुजुर्गाना ढंग से बोले —"अरे भई, क्या बात हो गयी ?"

मीर बाकरअली ने कहा—"अजी, कुछ नहीं, यों ही ज़रा-सी बात पर इन खाँ साहब और मौलवी साहब में झगड़ा हो गया था। मैंने समझा दिया है दोनों को।"

वे तो समझ गये, मगर चचा भला कहाँ समझते ! मौके पर जा पहुँचे और बोले—"मगर बात क्या हुई, यह तो कुछ ऐसा नक्शा नज़र आता है, जैसे खुदा न खास्ता, फौजदारी तक नौबत पहुँच गयी थी।"

मीर बाकरअली ने टालना चाहा —"अजी, अब खाक डालिए इस किस्से पर। जो होना था, हो गया। पड़ोसियों में दिन-रात का साथ, कभी-कभी शिकायत पैदा हो ही जाती है।"

अब भी चचा को संतोष न हुआ। बोले —"पर ज्यादती आखिर किस तरफ से हुई ?"

खाँ साहब बोले —"पूछिए इन मौलवी साहब से, जो बड़े मुत्तकी (साधु) बने फिरते हैं। दाढ़ी तो बालिश्त भर बढ़ा रखी है, लेकिन जब हरकतें कमीनों की-सी हों, तो दाढ़ी से क्या फ़ायदा ?"

चचा चौंककर बोले —"ओ हो ! यह किस्सा तो टेढ़ा मालूम होता है।"

अब मौलवी साहब कैसे चुप रह सकते थे ! बोले —"साहब, इनको चुप कराइये, मैं बड़ी देर से तरह दिये जा रहा हूँ और यह जो मुँह में आये बके चले जाते हैं, इसका नतीजा इनके हक में अच्छा न होगा।"

खाँ साहब कड़ककर बोले —"अबे, जा ! चार भले आदमी बीच पड़ गये, जो मैं रुक गया, नहीं तो आज नतीजा तो ऐसा बताता, कि छठी का दूध याद आ जाता।"

मौलवी साहब ने तनकर कहा —"ताकत के घमण्ड में न रहना, खाँ साहब ! अंग्रेज़ों का राज है ! जी हाँ, और यहाँ भी कोई ऐसे-वैसे नहीं हैं। हम भी ऐसे हथियारों पर उतर आये, तो याद रखिये, वरना जी हाँ . . . !"

खाँ साहब बेकाबू हो गये। मुक्का तानकर बढ़ना ही चाहते थे, कि लोगों ने बीच-बचाव करके रोक लिया। मौलवी साहब आस्तीनें चढ़ाते-चढ़ाते रह गये। बाकरअली साहब ने परेशान होकर चचा छक्कन से कहा—"दोनों के दोनों अच्छे-खासे समझ गये थे, आपने फिर दोनों को भड़का दिया।"

चचा बोले —"लाहौल-विला-कूवत। कहने लगे कि आपने भड़का दिया। अजी हज़रत, मैं तो सिर्फ़ इतना पूछ रहा था कि कुसूर किसका है। आप जो बड़े पंच बनकर घर से निकल खड़े हुए, तो इतना तो मालूम कर लिया होता कि ज्यादती किसकी है और असल किस्सा क्या है।"

बाकरअली ने फिर बात टालनी चाही—"अजी, कहाँ अब सड़क पर किस्सा सुनियेगा, जाने दीजिये। जो हुआ, सो हुआ, मैं तो इन दोनों की शराफ़त की दाद देता हूँ कि जो हमने कहा, इन्होंने मान लिया। बात आयी-गयी हो गयी, अब क्या गड़े मुर्दे को उखाड़ने लगे।"

चचा ने देखा, कि मीर बाकरअली छाये हुए चले जा रहे हैं; आग ही तो लग गई। लेकिन सँभलकर बोले —"साहब, आपको इस मुहल्ले में आये अरसा ही कितना हुआ, और हमारी तो नाल ही इस मुहल्ले में गड़ी हुई है। अब आप जाने दीजिये न इस बात को . . . और सड़क पर ही क्या बात है। यह झगड़ा हम तक आज न पहुँचता, तो कल पहुँच जाता, सो अब भी क्या हर्ज है, सामने ही तो ग़रीबखाना है, अन्दर चलकर बैठें। दो मिनट में किस्सा तय हुआ जाता है। मुझे तो यह कभी गवारा नहीं, कि जिस मुहल्ले में सभी रहते हों, वहाँ पड़ोसियों में यों बाज़ार में जूते चला करें।"

यह कहकर चचा ने मजमे पर एक दृष्टि डाली और बोले —"क्यों साहब, खुदा लगती कहिए, यह भला कोई शराफ़त है?"

मजमे में समर्थन की भिनभिनाहट-सी सुनाई दी। मीर साहब चुप रह गए। चचा बोले —"तो आप दोनों साहब अन्दर तशरीफ़ ले आइए न, और मीर साहब, अगर चाहें, तो मीर साहब भी आ सकते हैं।" अन्य लोगों को सम्बोधित कर

बोले—"आप लोग जा सकते हैं। यहाँ कोई भाँड़ तो नाचेंगे नहीं, जो आपको भी बुलाऊँ। आपस के झगड़े तय करना बड़े दिमाग का काम है, आप लोग अपने-अपने घर जाकर आराम कीजिये।"

लीजिये साहब, चचा काज़ी बन गये। वे मुद्दई, मुद्दालेह और मीरसाहब को लिये घर में आये। घर पहुँचकर पहले मर्दाने से आज्ञाओं की बौछार लगा दी, बुन्दू लैम्प लाये, मूदा बर्फ़ का पानी लाये और इमामी हुक्का ताजा करके पहुँचाये, और बुन्दू लैम्प ला चुकने के बाद उगालदान लाकर रखे और इमामी हुक्के से फ़रागत पाने के बाद पंखा झले।

चचा ने सबको दीवानखाने में बैठाया और स्वयं यह कहकर अन्दर गये, कि मैं अभी आया। अन्दर जाकर बनियाइन पर चिकन का कुर्ता पहन ही रहे थे कि चंची ने जल्दी-जल्दी नमाज़ खत्म कर सलाम फेरकर पूछा —"क्या बात है?"

चचा बेपरवाही के साथ बोले —"अजब हालत है लोगों की। न दिन को चैन लेने देते हैं और न रात को। इन सामनेवाले खाँ साहब और मौलवी साहब में झगड़ा हो गया, मुसीबत में मेरी जान पड़ गयी। सब कह रहे हैं कि आप बीच में पड़कर फैसला कर दीजिये। बात टाली भी नहीं जा सकती, मुहल्ले का मामला ठहरा। खैर, तुम नमाज़ से छुट्टी पाकर पान के कुछ बीड़े लगाकर भेज देना।"

चची जलकर बोलीं —"यह शौक भी पूरा कर लीजिये।"

चचा कुर्ते के बटन लगाते हुए बाहर निकले। दीवानखाने में पहुँचकर आराम-कुर्सी पर लेट गए, टाँग समेटकर ऊपर रख लीं और बोले —"मैं हाजिर हूँ, कहिए, क्या बात हुई। पूरा हाल बयान कीजिये, लेकिन थोड़े में।"

मौलवी साहब और खाँ साहब दोनों की त्योरी चढ़ी हुई थीं। मुँह फुलाये लाल-लाल आँखों से एक इस ओर, दूसरा उस ओर ताक रहा था। चचा का तकाजा सुनकर दोनों कुसमुसाये, मगर चुप बैठे रहे। मीर साहब ने मौन भंग किया—"हज़रत, बात तो असल में बड़ी मामूली थी।"

चचा ने कहा—"आप भूमिका न बाँधिये, मतलब की बात कहिये।"

मीर साहब ने गुस्से को पीकर कहा—"तो और क्या कहूँ, बात हकीकत में निहायत मामूली है, लेकिन . . ."

खाँ साहब से न रहा गया, वे बोले —"कोई आपकी बहू-बेटी को यों देखता, और आप इसे मामूली बात कहते, तो जानता।"

चचा कुर्सी पर उकड़ूँ बैठ गये और बोले—"औरतों का वाक़्या है, तो सचमुच हज़रत इसे मामूली बात कहना, तो बड़ी ज्यादती है आपकी। खाँ साहब, आप खुद ही न किस्सा कह जाइये।"

बाकरअली साहब चुप हो गये। खाँ साहब को प्रोत्साहन मिला। वे बोले—"आप-सा मुंसिफ मिज़ाज़ (न्यायप्रिय) बुजुर्ग पूछेगा, तो कहूँगा ही। आपसे क्या परदा है ?"

चचा फूल गए। कुछ कहना आवश्यक प्रतीत हुआ—"नहीं-नहीं, कोई बात नहीं, आप बिला तकल्लुफ़ कहिये।"

खाँ साहब ने यों कहना आरम्भ किया—"आप जानते ही हैं, कि इस सामने के मकान की निचली मंजिल में हम रहते हैं और ऊपर की मंजिल में एक खिड़की है, जिससे हमारे मकान के सहन में नज़र पड़ती है।"

चचा ने बात काटकर कहा—"जी हाँ, जी हाँ, मेरी देखी हुई क्या, मेरे सामने बनी है, और एक इस खिड़की का क्या जिक्र, मकान के बनवाने में मेरा बहुत कुछ हिस्सा रहा है। मालिक-मकान फ्जलुर्रहमान खाँ का मुझ से मेल-जोल था। हैदराबाद जाने से पहले हर रोज़ शाम को वे मुझसे मिलने आते थे; और सच पूछिए, तो उन्हें यह राय भी मैंने ही दी थी कि खाली ज़मीन पड़ी है और कोड़ियों के मोल बिक रही है, तो कुछ ऐसी सूरत करनी चाहिए कि किराये का एक सिलसिला निकल आये, तो उन्होंने यह मकान बनवाया। खैर, तो यह बात जाने दीजिए, आप अपनी बात कहिए।"

खाँ साहब ने सोचा कि बात कहाँ तक की थी। वे बोले—"जी, तो ऊपर की मंजिल में एक खिड़की है, जिससे हमारे यहाँ का सहन दिखाई देता है। हम इस मकान में पहले से रहते हैं। यह हज़रत बाद में आये। आते ही हमने इनसे यह कह दिया कि मौलवी साहब, इस खिड़की में आप ताला डलवा दें, तो मुनासिब हो; नहीं तो औरतों का सामना हुआ करेगा; और मुफ्त में कोई न कोई झगड़ा खड़ा हो जायेगा।"

चचा ने दाद दी—"बहुत मुनासिब कार्रवाई की आपने। क़ानून के लिहाज से गोया आपने एक ऐसी पेशबन्दी कर ली, कि बाद में अगर किसी तरह की भी शिकायत पैदा हो, तो आपको गिरफ्त का जायज मौक़ा मिले। बहुत ठीक, जी, तो फिर ?"

खाँ साहब तारीफ़ से बहुत खुश हुए—"खुदा हुजूर का भला करे ! मैंने सोचा, नये आदमी हैं, क्यों न पहले ही से खबरदार कर दूँ। सो साहब, इन्होंने भी मुझे यकीन दिलाया कि खिड़की में ताला डाल दिया गया है, और मैं बेफिक्र हो गया। अब जनाब, आज सुबह को क्या हुआ कि . . ."

"यह लीजिए, ठंडा पानी पीजिए। आप भी लीजिए, मौलवी साहब ... पानी दे बे मीर साहब को ... जी, तो सुबह ... अबे, रख दे मेज़ पर पानदान, सिर पर क्यों सवार हो गया है ? और वह इमामी कहाँ मर रहा है, अभी तक हुक्का नहीं भरा गया ! जी साहब, आप कहे जाइए, मैं सुन रहा हूँ ... हाँ, और वह उगालदान ? कह भी दिया था, फिर भी याद नहीं रहा, बड़े नालायक हो तुम लोग। ... आप कहिए न, खाँ साहब !"

खाँ साहब ने कुछ देर शांति की प्रतीक्षा की, फिर बोले—"जी, तो आज सुबह इधर मैं दुकान पर चला, उधर ऊपर की मंजिल में एक बच्चे ने खिड़की खोल दी। औरतें सहन में बैठी थीं। उन्होंने खिड़की बन्द करने को कहा, तो हज़रत खिड़की में स्वयं आ मौजूद हुए और औरतों को घूरने लगे। अब आप ही कहिए कि यह शरीफों और मौलवियों की-सी बातें हैं, या लुच्चों और शोहदों की-सी हरकतें !"

चचा ने आश्चर्य के साथ आँखें खोलीं, गरदन झुका ली और फिर एक हाकिमाना ढंग से सिर फेरकर मौलवी साहब की ओर देखा और बोले—"मौलवी साहब, यह तो आपने ऐसी नामुनासिब और शरह धर्म के खिलाफ़ बात की, जिसके लिए आपको जितना भी दोष दिया जाए, थोड़ा है।"

मौलवी साहब देर से बैठे चुपचाप देख रहे थे, कि चचा सहानुभूति के साथ खाँ साहब की बात सुन रहे हैं। अब चचा ने उन्हें सम्बोधित किया, तो वे भड़क उठे—"सुबहान अल्लाह ! आप भी अजब सीधे-सादे आदमी हैं। जो कुछ किसी ने कह दिया, झट उसे सच समझ लिया। वाह साहब, वाह ! बन्द करने को लपका और किवाड़ बन्द करके उसी वक्त ताला लगा दिया।"

चचा ने फिर टोका—"क्यों हज़रत, यह आपके घर में ताला खोलना तो बच्चों को भी आता है, मगर बन्द करना आपके सिवा किसी को नहीं आता ! खूब !"

मीर बाकरअली साहब बोले—"हज़रत, यह एक घबराहट की बात थी। इससे ज़ाहिर होता है कि इन्हें इस खिड़की के बन्द रखने का हर वक्त खयाल रहता था। खुली, तो एकदम बन्द करने के लिए लपके।"

मौलवी साहब ने और भी सफ़ाई के खयाल से कहा —"खुदा गवाह है, जो मुझे यह ध्यान भी रहा हो, कि सहन में औरतें मौजूद होंगी, या मैंने उस तरफ़ जो नज़र भी डाली हो। सरासर झूठ है, कि मैं खड़ा रहा, बल्कि मैंने तो नीचे कहला भी भेजा था कि मुझे बड़ा अफ़सोस है, कि बच्चे ने खिड़की खोल दी थी।"

मीर साहब ने मौलवी साहब के चाल-चलन के विषय में गवाही दी —"मौलवी साहब जब से यहाँ आये हैं, मैं इन्हें जानता हूँ। मेरे बच्चों को पढ़ाते हैं, रोज़ का

आना-जाना है, और मैं दावे से कहता हूँ, कि यह इस तरह के आदमी नहीं हैं। चुनाँचे मैंने खाँ साहब से भी यही कहा था कि औरतों को गलतफ़हमी हो गई होगी, नहीं तो मौलवी साहब से किसी बुरे खयाल की उम्मीद नहीं हो सकती।"

लेकिन चचा भला दूसरे की राय को कब खातिर में लाते हैं। वे बोले —"दिलों का हाल खुदा जानता है, और इसके बारे में कुछ कहना मेरे लिए कुफ्र है। बहरहाल अभी सबकुछ खुला जाता है। तो जनाब मौलवी साहब, आप रेलवे के दफ्तर में क्लर्क हैं न ? खूब ! और आपको इतवार के दिन छुट्टी भी होती है ! बहुत खूब ! और जनाबेमन, आज इतवार का दिन था। नहीं-नहीं , बतलाइए, था या नहीं ? खुदा आपका भला करे ! और जनाब, इतवार के दिन आप घर ही में रहते हैं, ठीक। तो सवाल यह है कि अगर खिड़की खुलनी थी, तो इतवार ही के दिन क्यों खुली, जब आप घर में मौजूद थे ? किसी और दिन क्यों नहीं खुली ? यह कहकर चचा ने नथुने फुलाकर विजय के गर्व के साथ बारी-बारी सब पर इस तरह नज़र डाली, मानो कोई बड़ा महत्वपूर्ण प्रश्न करके मौलवी साहब को निरुत्तर कर दिया हो।

मौलवी साहब इस तर्क से परेशान-से हो गये थे। वे बोले —"हज़रत, इस बात का महत्व मेरी समझ में तो आया ही नहीं, बाकी किस्सा यह है कि खिड़की की चाबी गुच्छे में है। गुच्छा मेरे पास रहता है। जब मैं घर पर रहूँगा, तभी गुच्छा घर होगा और उसी वक्त खिड़की खुलने की संभावना भी है।"

चचा को इस जवाब की आशा न थी। सिर पीछे को डालकर कुरसी पर लेट गए और बोले —"अब यह आपका हठ है, नहीं तो यह हकीकत है कि इस बात का जवाब आपके पास कुछ नहीं है।"

मौलवी साहब ने, न जाने जान-बूझकर या अनजाने में ही, चचा पर थोड़ा रोगन चढ़ाया। वे बोले —"साहब, जो असल वाकया था, वह तो मैंने अर्ज़ कर दिया। अब आप अपनी काबलियत से जो नुक्ता चाहें निकाल सकते हैं, और मुझ-से जाहिल की क्या हस्ती कि बहस में आपसे आगे जा सकूँ !"

चचा प्रसन्न हो गये। मौलवी साहब के विरुद्ध जो भाव अन्दर ही अन्दर काम कर रहा था, वह ठंडा पड़ गया। ऐसे ढंग से हँस पड़े, मानो अभी तक सिर्फ़ मन-बहलाव के लिए ये तर्क कर रहे थे। मुसकराकर बोले—"मालूम होता है, आपको भी तर्कशास्त्र से दिलचस्पी है . . . "

"ले आया बे हुक्का ? रख दे इधर। अच्छा, उधर ही रख दे। लीजिए मौलवी साहब, लीजिए न। ज़रा तम्बाकू देखिए, सीधे मुरादाबाद से मँगवाता हूँ, नहीं तो यहाँ की तम्बाकू तो आप जानिए, निरी गोबर होती है। मुरादाबाद में अपने एक रिश्तेदार

हैं, कलक्टरी में पेशकार हैं; मगर साहब, उनकी पहुँच का क्या कहना, वही कभी-कभी याद कर लिया करते हैं।"

मौलवी साहब ने हुक्के के कश लगाने शुरू किए। खाँ साहब ने देखा कि चचा तो मौलवी साहब की ओर झुके जा रहे हैं, गुस्से से लाल-पीले हो गए और बोले—"जिस बात के लिए आपने हमें बुलाया था, वह तो . . ."

चचा ने बात काटकर कहा—"जी हाँ, देखिए, मैं अर्ज़ करता हूँ, तो जनाबे-मन, बाकी रहा उस झगड़े का किस्सा। तो खाँ साहब, मेरी निजी राय पूछिये तो ताली एक हाथ से नहीं बजा करती। दुनिया में आज तक जितने भी झगड़े हुए, हमेशा उनमें दोनों तरफ़ से हिस्सा लिया गया।"

खाँ साहब ने तुरन्त पूछा—"इस झगड़े में भला मेरा क्या कसूर था ?"

चचा ने जवाब दिया—"अरे भाई, कुछ न कुछ होता ही है। तुम्हारा न सही, तुम्हारे घरवालों का सही। अब भला उन्हें इस वक्त सहन में बैठने की क्या जरूरत थी, कोई बाग तो लगा हुआ नहीं है ? आप कहेंगे कि यह आपके घर का सहन था। जरा देर के लिए मान लिया कि था, मगर फिर ऊपर खिड़की की तरफ़ देखना क्या जरूरी था ? वैसे मेरा कोई बुरा मक़सद नहीं, फिर भी देखिये न, कि बात को बढ़ाया जाए, तो कुछ की कुछ हो जाती है। मतलब मेरा यह है कि ऐसे मामलों में जितना छानो, उतना ही कर्कट निकलता है।"

मीर साहब इस कार्रवाई से तंग आ चुके थे। वे बोले —"अजी, अब कुसूर एक का था या दोनों का, इस बात से आखिर क्या फ़ायदा ? आप इस किस्से को किसी तरह निबटाइये कि आइन्दा के लिए इन दोनों साहब को इतमीनान हो जाए। मैंने तो यह तज़वीज़ किया था कि आइन्दा के इतमीनान की गरज़ से मौलवी साहब की खिड़की में खाँ साहब अपना ताला डाल दें।"

चचा छक्कन ने कनखियों से मीर साहब की तरफ देखकर पूछा—"क्या मतलब ?"

मीर साहब ने कहा—"मतलब यह कि मौलवी साहब के मकान की उस खिड़की में ताला बन्द रहे और उसकी चाबी इतमीनान के लिए खाँ साहब अपने पास रखें।"

यह प्रस्ताव चचा को उचित जान पड़ा, लेकिन चूँकि यह मीर साहब की ओर से पेश हुआ था, इसलिए मानने को उनका जी न चाहा। वे बोले —"नहीं-नहीं, यह तो कुछ . . . ऊँहूँ . . . कुछ नहीं . . . इस तरह तो . . . ख्वामहख्वाह खाँ साहब अपना एक ताला बेकार कर डालें, और अपने घर में किसी दूसरे का ऐसा दखल किसी हयादार को कब गवारा हो सकता है ? यह ताला-वाला कुछ नहीं, कोई

और तजवीज़ होनी चाहिए; मुनासिब तजवीज़, जो दोनों फ़रीकों के लिए फ़ायदेमन्द भी हो और इतमीनान का बायस भी। क्यों साहब, अगर खिड़की चुनवा दी जाए, तो कैसा है ?"

खाँ साहब बोले —"अव्वल तो मालिक-मकान अब यहाँ है नहीं, और अगर उसे लिखा भी जाए, तो वह इसे मंजूर न करेगा। मैंने एक बार यह तजवीज़ पेश की, तो वे कहने लगे कि इस खिड़की के बन्द होने से कमरे में अँधेरा हो जायेगा।"

चचा ने कहा—" यह दूसरी बात है, वरना तज़वीज़ खूब थी। सदा के लिए यह किस्सा खत्म हो जाता। मसलन आप दोनों के चले जाने के बाद कोई दो और किरायेदार आकर बसते, तो उनमें भी किसी किस्म का झगड़ा होने की संभावना न रहती। आया न खयाल-शरीफ़ में ? मगर यह कमरे में अँधेरा हो जाने का सवाल बेशक टेढ़ा है। खैर, न सही यों, किसी और तरकीब से काम लीजिए। तरकीबें बहुत-बेशुमार हैं। मुझे तो सिर्फ़ आप लोगों की सहूलियत का खयाल है, नहीं तो मैं तो तजवीज़ों के ढेर लगा परेशान कर दूँ आपको। बड़े-बड़े किस्से चुकाए हैं, इस एक खिड़की बेचारी की क्या हकीकत है। तो यों क्यों न कीजिए, कि मसलन आप दोनों में से एक साहब खाली कर दें और किसी दूसरी जगह जा रहें। क्यों साहब, क्या राय है?"

खाँ साहब और मौलवी साहब पहले कुछ मुँह-ही-मुँह में बोले, फिर खाँ साहब ने कहा—"साहब, मैं तो मकान छोड़ नहीं सकता। कहाँ नया मकान ढूँढता फिरूँ ?"

मौलवी साहब ने भी मज़बूरी प्रकट की — "हजरत, मेरे लिए तो यह फ़िलहाल नामुमकिन है। इतने किराए में इतनी गुंजाइश भला और कहाँ मिलेगी ?"

चचा की असंख्य तजवीज़ों का भण्डार इस पहली ही तजवीज़ के बाद समाप्त हो चुका था। वे बोले —"अब यों आप हर तजवीज़ में मीनमेख निकालने लगें, तो तय हो चुका आपका झगड़ा; यानी मकान बदलने में आखिर बुराई ही क्या है ? सीधी-सी बात है कि भाई, नहीं निभती तो अलग हो जाओ—न रहे बाँस, न बजे बाँसुरी। क्या आपके खयाल में इस मकान के सिवा शहर-भर में और माकूल मकान ही नहीं ? या और मकान बाल-बच्चेदार लोगों के रहने के लिए नहीं बनवाये गए ! इनकार की कोई वज़ह भी तो होनी चाहिए। इससे तो जाहिर होता है कि आप लोग सुलह-सफ़ाई नहीं चाहते और चाहते हैं कि रोज़ इसी तरह के झगड़े उठा करें। ऐसी हालत में मेरे लिए और कोई तजवीज़ पेश करना मुश्किल है। आप खुद आपस में निपट लीजिए।"

मीर साहब बेचारे परेशानी की हालत में ये बातें सुन रहे थे और कुर्सी पर बार-बार पहलू बदलते थे। आखिर उनसे न रहा गया, हिम्मत करके वे बोले —मैंने

तो अर्ज़ किया न, कि दोनों के लिए सबसे अच्छी तरकीब वही है, कि खिड़की में ताला लगा रहे और उसकी चाबी . . ."

चचा जलकर बोले —"अजी, आप क्या एक वाहियात-सी बात के पीछे पड़ गए हैं और बार-बार कहे जा रहे हैं—'चाबी-ताला, चाबी-ताला ! यानी आपने तो ऐसा कुछ समझ रखा है, जैसे एक ताले की दूसरी कुंजी बनवाई ही नहीं जा सकती।"

मीर साहब ने जलकर जवाब दिया—"फिर यों तो दीवार की ईंटें भी निकालकर झाँका जा सकता है।"

बात चचा की समझ में न आयी। वे बोले—"अभी तो कहा था, कि एक साहब मकान बदल दें। न मानें, तो इसका क्या इलाज ? अच्छी बात है, वह इनकी औरतों को देखा करें, यह उनकी औरतों को ताका करें।"

खाँ साहब ताव खा गए। बिगड़कर बोले—"देखिए साहब, मुँह सँभालकर बात कीजिए ! औरतों का नाम यों ही नहीं लिया जाता। यह इज्जत का मामला है। हम गरीब सही, मगर नकटे नहीं हैं।"

चचा कुछ कुसमुसाये, मीर साहब घबराये, मौलवी साहब उठ खड़े हुए और बोले—"तो साहब, अब मैं इज़ाजत चाहता हूँ। घर पर बाल-बच्चे परेशान हो रहे होंगे। जब कोई बात तय हो चुके, तो मुझे कहलवा दीजिएगा।"

खाँ साहब ने उठकर उनका हाथ पकड़ लिया। वे बोले—"तुम्हारे बाल-बच्चे हैं, हमारे बाल-बच्चे नहीं हैं ? पहले फैसला हो जाए, फिर जाने दूँगा।"

मौलवी साहब ने हाथ छुड़ाना चाहा, मगर खाँ साहब की गिरफ्त मजबूत थी। वे बोले—"तो अपना ताला लाओ और खिड़की में डाल दो।"

खाँ साहब बोले —"ताला तुम दो, चाबी मेरे पास रहेगी।"

चचा को यह तजवीज़ शुरू ही से नापसन्द थी। वे बोले —"ताला यह क्यों दें? बेपर्दगी तुम्हारी औरतों की होती है, या इनकी ?"

चचा के समर्थन से मौलवी साहब को भी हौसला हुआ। वे बोले — "देखिए तो सही !"

खाँ साहब के आग लग गयी। बढ़कर मौलवी की गरदन पर हाथ डाला। मौलवी साहब के गले से एक तरह का स्वर निकला, जैसे ज़िबह होते हुए बकरे का निकलता है। मीर साहब 'हैं, हैं ' करते लपककर उठे। चचा बोले —"यह हाथापाई ठीक नहीं ! खाँ साहब ने मीर साहब को ढकेला, तो लड़खड़ाते हुए दीवार से जा लगे। चचा ने हाथ पकड़ना चाहा, तो एक ज़ोरदार थप्पड़ उन्हें भी रसीद किया। मीर साहब

तो चुपके खड़े रह गए, चचा दो कदम पीछे हटकर बोले—"हाय यू . . . !" लेकिन खाँ साहब किसकी सुनते हैं ? मौलवी साहब को गरदन से पकड़कर ढकेलते हुए बाहर निकल गए। मीर साहब आवाज़ें सुनते ही फिर बाहर को निकले। चचा चुपचाप जहाँ थे, वहीं खड़े-खड़े गाल सहलाते रहे।

खड़े ही थे कि परदा उठा। चची अन्दर आ गयीं। गुस्से के मारे उनका चेहरा तमतमा रहा था। वे बोलीं—"मैं कहती न थी, कि पराये किस्से में दखल न देना; मगर मेरी बात इस कान सुन उस कान उड़ा दी। अब आया होगा झगड़ा चुकाने का मज़ा। दो कोड़ी का आदमी बेआबरू कर गया।"

चचा इसके लिए तैयार न थे, वे बेकाबू हो गए—"देखो, इस वक्त मुझसे बात न करो, वरना खुदा जाने, मैं क्या कर बैठूँगा।"

इसके जवाब में चचा ने घर और बच्चों के संबंध में कुछ ऐसे अनुचित शब्दों का प्रयोग किया, जिन्हें यहाँ नहीं लिखा जा सकता।

चची जलकर बोलीं—"अब और क्या करोगे ? घर की इज्ज़त खाक में मिला दी। मुहल्ले में किसी को मुँह दिखाने के काबिल नहीं रहे। अभी कुछ और करने के अरमान बाकी हैं !"

चचा से जवाब बन न पड़ा। वे बोले—"इज्ज़त थी तो हमारी थी, तुम्हारी नहीं थी . . . तुम्हारी नहीं। तुम्हें क्या ?"

चची बोलीं—"यह उम्र होने को आयी, बच्चों के बाप बन गए और बेइज्ज़त होते शर्म नहीं आती !"

इसके जवाब में चचा ने फिर घर और बच्चों के संबंध में कुछ ऐसे अनुचित शब्दों का प्रयोग किया, जिन्हें यहाँ नहीं लिखा जा सकता।

गरज़ यह कि मुहल्ले के झगड़े की आवाज़ घर में आ रही थी, और घर के झगड़े की आवाज़ मुहल्ले में पहुँच रही थी।

सआदत हसन मंटो

प्रगतिशील कब्रिस्तान

अंग्रेज़ी सभ्यता और संस्कृति की खूबियाँ कहाँ तक गिनवायी जाएँ। उसने हम असभ्य हिन्दुस्तानियों को क्या कुछ नहीं दिया ? हमारी गँवार औरतों को अपने शरीर की रेखाओं की नुमायश के नित नये तरीके बताये। शारीरिक सुन्दरता का प्रदर्शन करने के लिए बिना आस्तीनों के ब्लाउज़ पहनने सिखाये। मिस्सी काजल छीनकर उनके सिंगारदानों में लिपस्टिक, रूज पाउडर और सिंगार की दूसरी चीज़ें भर दीं। पहले हमारे यहाँ मोचने सिर्फ़ नाक या मूँछों के बाल चुनने के काम आते थे, पर अंग्रेज़ी सभ्यता ने हमारी औरतों को उनसे अपनी भवों के बाल चुनना सिखाया।

यह सभ्यता की ही देन है कि अब जो औरत चाहे, लायसेन्स लेकर खुल्लम-खुल्ला अपने शरीर का व्यापार कर सकती हैं। प्रगतिशील मर्दों-औरतों के लिए सिविल मैरेज का कानून मौजूद है। जब चाहिए शादी कर लीजिए और जब चाहिए तलाक ले लीजिए। हींग लगती है न फिटकरी, मगर रंग चोखा आता है। नाचघर मौजूद हैं, जहाँ आप औरतों के साथ सीने-से-सीने मिलाकर कई किस्म के नाचों में शरीक हो सकते हैं। क्लब-घर मौजूद हैं, जहाँ आप बड़े सभ्य ढंग से अपनी सारी सम्पत्ति जुए में हार सकते हैं। मजाल है कि आप कभी कानून की पकड़ में आएँ। शराबखाने मौजूद हैं, जहाँ आप अपना गम गलत कर सकते हैं।

अंग्रेज़ी सभ्यता और संस्कृति ने हमारे देश को अत्यन्त प्रगतिशील बना दिया है। अब हमारी औरतें पतलूनें पहनकर बाज़ारों में चलती फिरती हैं। कुछ ऐसी भी हैं, जो करीब-करीब कुछ भी नहीं पहनतीं, लेकिन फिर भी आज़ादी से घूम-फिर सकती हैं।

हमारा देश बहुत उन्नतिशील हो गया है क्योंकि यहाँ 'नंगा क्लब' खोलने की भी योजना बन रही है।

वे लोग सिर-फिरे हैं, जो इतने एहसान करनेवाले इन अंग्रेज़ों से कहते हैं कि भारत छोड़कर चले जाएँ। अगर ये हिन्दुस्तान छोड़कर चले गए तो हमारे यहाँ 'नंगा क्लब' कौन खोलेगा? ये जो नाचघर हैं, इनकी देखभाल कौन करेगा? हम औरतों के साथ सीने-से-सीने मिलाकर कैसे नाच सकेंगे? हमारे चकले क्या वीरान नहीं हो जायेंगे? हमें एक-दूसरे से लड़ना कौन सिखायेगा? अगर हम पर उपकार करने वाले ये अंग्रेज़ चले गए तो मुस्लिम लीगें और हिन्दू महासभाएँ कैसे कायम होंगी? मैनचेस्टर से जो कपड़े अब हमारी कपास से तैयार होकर आते हैं, फिर कौन तैयार करेगा? ये अच्छे-अच्छे स्वादिष्ट बिस्कुट, जो हम खाते हैं, फिर हमें कौन देगा?

जो उन्नति हमारी और हमारे हिन्दुस्तान की अंग्रेज़ों के वक्त में हुई, और किसी के शासनकाल में नहीं हो सकती। अगर हम आज़ाद भी हो जाएँ तो हमें हुकूमत करने की वे चालें नहीं आ सकतीं, जो हमारे इन हाकिमों को आती हैं। उन हाकिमों को, जिनके शासनकाल में न सिर्फ़ हमारे होटलों, क्लबों, नाचघरों और सिनेमाओं की बल्कि कब्रिस्तानों की भी काफी तरक्की हुई है।

अप्रगतिशील कब्रिस्तानों में मुर्दे उठाकर गाड़ दिये जाते हैं, जैसे वे कोई क़द्रो-कीमत ही नहीं रखते। लेकिन प्रगतिशील कब्रिस्तानों में ऐसा नहीं होता। मुझे इस तरक्की का एहसास उस समय हुआ, जब बम्बई में मेरी माँ का देहान्त हो गया। मैं छोटे-छोटे, अपेक्षाकृत असभ्य शहरों में रहने का अभ्यस्त था। मुझे क्या मालूम कि बड़े शहरों में मुर्दों पर भी सरकारी प्रतिबन्ध लगे हैं।

माँ की लाश दूसरे कमरे में पड़ी थी। मैं गम का मारा सिर निहुड़ाये एक सोफ़े पर बैठा सोच रहा था कि इतने में एक साहब ने, जो अर्से से बम्बई में रहते थे, मुझसे कहा, "भई, अब तुम लोगों को कुछ कफ़न-दफ़न की फ़िक्र होनी चाहिए।"

मैंने कहा, "सो यह आप ही करेंगे, क्योंकि मैं यहाँ नया-नया आया हूँ।"

उन्होंने जवाब दिया, "मैं सब कुछ कर दूँगा, मगर पहले तुम्हें किसी के हाथ इत्तला भिजवा देनी चाहिए कि तुम्हारी माँ का इन्तकाल हो गया है।"

"किसको?"

"यहाँ पास ही म्युनिसिपेल्टी का दफ्तर है। उसको इत्तला देनी बहुत ज़रूरी है। क्योंकि जब तक वहाँ से सर्टिफ़िकेट नहीं मिलेगा, कब्रिस्तान में दफनाने की इजाज़त नहीं मिलेगी।"

उस दफ्तर को सूचना भेज दी गयी। वहाँ से एक आदमी आया, जिसने तरह-तरह के सवाल करने शुरू किये, "क्या बीमारी थी, कितने अरसे से मरनेवाली बीमार थी, किस डॉक्टर का इलाज हो रहा था?"

हकीकत यह थी कि मेरी गैर-मौजूदगी में हार्ट फ़ेल हो जाने के कारण मेरी माँ का देहान्त हुआ था। प्रकट है कि किसी से इलाज नहीं करा रही थीं और न पहले से बीमार ही थीं। चुनाँचे मैंने उस आदमी से जो सच्ची बात थी, कह दी। उसको इत्मीनान न हुआ और कहने लगा, "आप को डॉक्टरी सर्टिफ़िकेट दिखाना पड़ेगा कि मौत सचमुच हार्ट-फ़ेल हो जाने से हुई है।"

मैं सिटपिटा गया। डॉक्टरी सर्टिफ़िकेट कहाँ से हासिल करूँ? चुनाँचे कुछ सख्त कलमे मेरी ज़बान से निकल गये। लेकिन मेरे वह दोस्त जो एक अरसे से बम्बई में रहते थे, उठे और उस आदमी को एक तरफ़ ले गये। कुछ देर उससे बातें करते रहे, फिर आये और मेरी तरफ़ इशारा करके कहने लगे—"यह तो बिलकुल बेवक़ूफ़ है। इसको यहाँ की बातों का इल्म नहीं।" फिर उन्होंने मेरी जेब से दो रुपये निकालकर उस आदमी को दिये, जो एक दम ठीक हो गया और कहने लगा, "अब आप ऐसा कीजिये कि दवाओं की चन्द खाली बोतलें मुझे दे दीजिए ताकि बीमारी का कुछ तो सबूत हो जाए। पुराने नुस्खे वगैरह पड़े हों तो वे भी मुझे दे दीजिये।"

उसने इस किस्म की और बातें कीं जिनको सुनकर मुझे थोड़ी देर के लिए ऐसा लगा कि मैं अपनी माँ का कातिल हूँ और यह आदमी जो मेरे सामने बैठा है, मुझ पर तरस खाकर इस भेद को अपने तक ही रखना चाहता है और मुझे ऐसी तरकीबें बता रहा है, जिससे कत्ल के निशान मिट जाएँ। इस वक्त जी में आया था कि धक्के देकर उसे बाहर निकाल दूँ और घर में जितनी खाली बोतलें पड़ी हैं, उन सबको एक-एक करके उसके बिना भेजे के सिर पर फोड़ता चला जाऊँ। लेकिन इस सभ्यता और संस्कृति का भला हो कि मैं खामोश रहा और अन्दर से कुछ बोतलें निकलवाकर उसको दे दीं।

दो रुपये रिश्वत के तौर पर अदा करने के बाद म्युनिसिपेल्टी का सर्टिफ़िकेट हासिल कर लिया गया था। अब कब्रिस्तान का दरवाज़ा हम पर खुला था। लोहे के बहुत बड़े दरवाज़े के पास छोटा-सा कमरा था, जैसा कि सिनेमा के साथ बुकिंग आफ़िस होता है। उसकी खिड़की में से एक आदमी ने झाँककर अन्दर जाते हुए जनाज़े को देखा और कुछ कहने ही को था कि मेरे दोस्त ने वह पर्ची, जो म्युनिसिपेल्टी के दफ्तर से मिली थी, उसके हाथ में दे दी। कब्रिस्तान के मैनेजर को इत्मीनान हो गया कि जनाज़ा बिना टिकट के अन्दर दाखिल नहीं हुआ।

बड़ा खूबसूरत कब्रिस्तान था। एक जगह दरख्तों का झुण्ड था, जिसके साये में कई पक्की कब्रें लेटी हुई थीं। उन कब्रों के आसपास मोतिया, चमेली और गुलाब की झाड़ियाँ उग रही थीं। पूछने पर मालूम हुआ कि यह कब्रिस्तान का सबसे ऊँचा दरजा है जहाँ हाई क्लास आदमी अपने अजीज़ों को दफ़न करते हैं। एक कब्र के दाम तीन सौ रुपये अदा करने पड़ते हैं। यह रकम देने के बाद कब्रिस्तान की इस ठंडी और हवादार जगह में आप अपनी या अपने किसी अजीज़ की पक्की कब्र बनवा सकते हैं। उसकी देखभाल करना हो तो आपको छह रुपये सालाना और देने पड़ेंगे। यह रकम लेकर मैनेजर साहब इस बात का खयाल रखेंगे कि कब्र ठीक हालत में रहे।

वे लोग, जो तीन सौ रुपये देने की हैसियत नहीं रखते, उनकी कब्रें तीन या चार साल के बाद खोद-खादकर मिटा दी जाती हैं और उनकी जगह दूसरे मुर्दे गाड़ दिये जाते हैं। उन कब्रों को दरख्तों की छाँव और मोतिया-चमेली की खुशबू नसीब नहीं होती। यहाँ दफनाते वक्त मिट्टी के साथ एक खास किस्म का मसाला मिला दिया जाता है ताकि लाश और उसकी हड्डियाँ जल्दी गल-सड़ जाएँ।

चूँकि एक ही शक्ल-सूरत की कब्रों की कतार-की-कतार चली गयी है, इसलिए हर कब्र पर नम्बर लगा दिया गया है ताकि पहचानने में आसानी हो। यह नम्बर चार आने में मिलता है। आजकल अच्छे सिनेमाओं में भी ऐसा ही किया जाता है। नम्बर लगे टिकट दे दिये जाते हैं ताकि हॉल में गड़बड़ न हो और आदमी उस नम्बर की सीट पर बैठे, जिस नम्बर का उसके पास टिकट है। जब मुर्दा दफ़न कर दिया जाता है तो कब्रिस्तान का मैनेजर एक खास नम्बर, जो लोहे की तख्ती पर लिखा होता है, कब्र के पहलू में गाड़ देता है। यह उस वक्त तक गड़ा रहता है, जब तक कब्र किसी दूसरे मुर्दे के लिए खाली नहीं की जाती।

नम्बर मिलने से कितनी आसानी हो जाती है। यानी आप अपनी नोट-बुक में अपने अजीज़ों की कब्रों का नम्बर भी लिख सकते हैं।

जूते का नम्बर	5
मोज़े का नम्बर	9 1/2
टेलीफोन का नम्बर	44457
बीमा की पालिसी का नं.	225689
माँ की कब्र का नम्बर	4817

और अगर ज़माना ज्यादा तरक्की कर गया तो पैदा होते ही आपको अपनी कब्र का नम्बर मिल जाया करेगा।

कब्रिस्तान में दाखिल होते ही एक खूबसूरत मस्ज़िद दिखायी दी, जिसके बाहर एक बहुत बड़े बोर्ड पर 'ज़रूरी इत्तला' शीर्षक के अन्तर्गत यह सूचना लिखी थी—

"अगर कोई शख्स अपने वारिस का कच्चा ओटा बनाना चाहे तो वह गोर खोदू बनावेंगे, और कोई नहीं बना सकता। बड़ी कब्र बनाने के दो रुपये चार आने, जिसमें सवा रुपया गोर खोदू की मज़दूरी और एक रुपया कब्रिस्तान का हक। छोटी कब्र का सवा रुपया, जिसमें गोर खोदू की मज़दूरी बारह आने और कब्रिस्तान का हक आठ आने। अगर नहीं देंगे तो उनका ओटा निकाल दिया जायेगा। कब्रिस्तान में किसी को रहने की इजाज़त नहीं। हाँ, मय्यत के साथ आवें और अपना तोशा लेकर बाहर चले जावें, ख्वाह मर्द हो या औरत। अगर कोई मय्यत बाहर से बगैर गुस्ल के आवे और उसके साथ गुस्ल देनेवाला भी हो तो उससे कब्रिस्तान का हक चार आने लिया जायेगा। जिस मय्यत को गुस्ल रात को दिया जायेगा उससे दो आना रोशनी का अलग लिया जायेगा। कोई शख्स कब्रिस्तान में दंगा-फ़साद न करे। अगर करेगा तो उसको पुलिस के हवाले कर दिया जायेगा। कब्र के वारिस अपने ओटे पर पानी डालने और दरख्त लगाने का काम गोर खोदू को सौंप दें तो उनको चार आने माहवार देना होगा। जो साहब न देंगे, उनकी कब्र पर न गोर खोदू पानी डालेंगे और न दरख्त उगायेंगे।

—मैनेजिंग ट्रस्टी

सिनेमाओं के विज्ञापनों और कब्रिस्तान के इस एलान में एक हद तक काफ़ी समानता है। क्योंकि वहाँ भी लिखा होता है—"शराब पीकर आनेवालों और दंगा-फ़साद करनेवालों को पुलिस के हवाले कर दिया जायेगा।" बहुत मुमकिन है कि ज़माने की तरक्की के साथ इस एलान में सुधार भी होते जाएँ और कभी ऐसे शब्द भी बढ़ा दिये जाएँ —

भूचाल आने और बम-वर्षा की हालत में मैनेजर क़ब्रों के दाम वापस नहीं करेगा। जो साहब अपने अजीज़ों-रिश्तेदारों की कब्र पर एयररेड शेल्टर बनवाना चाहें उन्हें ढाई सौ रुपया और देना होगा। लेकिन उस हालत में भी कब्र की सुरक्षा की ज़िम्मेदारी मैनेजर पर न होगी। कब्र को एयर-कण्डीशन्ड बनाने के लिए छोटे-छोटे प्लाण्ट मिल सकते हैं। हर महीने जितनी बिजली खर्च होगी उसका बिल कब्र के वारिस को अदा करना होगा। वगैरह-वगैरह . . . "

एक बोर्ड और दिखायी दिया, जिस पर मुर्दों के नहलाने वगैरह के रेट लिखे थे। मुलाहिज़ा हो —

जनाज़े की नमाज़ और तल्कीन पढ़ायी . . . 0-6-0

गुस्ल बड़ी मय्यत	. . .	1-4-0
गुस्ल छोटी मय्यत	. . .	0-14-0
मय्यत के लिए पानी गर्म करने की लकड़ी	. . .	0-4-0
पानी भरने और गर्म करने की मज़दूरी	. . .	0-2-0
बड़ी मय्यत के बरगे, फ़ी बरगा	. . . . . .	0-2-6
छोटी मय्यत के बरगे, फ़ी बरगा	. . . . . .	0-1-9

नोट : बरगे लकड़ी के उन तख़्तों को कहते हैं जो कब्र के गढ़े में मय्यत के ऊपर रखे जाते हैं ताकि मिट्‌टी से लाश दब न जाए।

किसी अच्छे सैलून में जाइए तो वहाँ भी ग्राहकों की सुविधा के लिए इस किस्म के बोर्ड पर आपको अलग-अलग चीज़ों के रेट नज़र आयेंगे —

मर्दों की बाल कटवायी	. . .	0-8-0
बच्चों की बाल कटवायी	. . .	0-4-0
औरतों की बाल कटवायी	. . .	1-0-0
बच्चियों की बाल कटवायी	. . .	0-8-0
दाढी मुंडवायी	. . .	0-2-0
बाल कटवायी और दाढ़ी मुंडवायी	. . .	0-9-0
शेम्पू	. . .	0-2-0
बाल कटवायी, दाढ़ी मुंडवायी और शैम्पू	. . .	1-0-0

अगर बाल कटवाये जाएँ और साथ-ही-साथ दाढ़ी भी मुंडवायी जाए तो एक-दो आने की रिआयत हो जाती है। बहुत मुमकिन है आगे चलकर कब्रिस्तान वाले भी कुछ रिआयत अपने ग्राहकों को दे दिया करें। कुछ इस किस्म का एलान कर दिया जांय —

"जो साहब साल में दो बड़ी कब्रें खुदवायेंगे, उनको एक छोटी कब्र मुफ्त खोदकर दी जाएगी" या "जो साहब एक वक्त में दो कब्रें खुदवायेंगे, उनको गुलाब की दो कलमें मुफ्त दी जाएँगी" या "जो लोग कफ़न-दफ़न का सब सामान हमारे यहाँ से खरीदेंगे उनकी कब्र का नम्बर एक खूबसूरत बिल्ले पर तिल्ले से कढ़ा हुआ मुफ्त मिलेगा।"

यह भी सम्भव है कि आनेवाले ज़माने में, जब कि हमारे कब्रिस्तान और ज्यादा तरक्की कर जाएँगे, कब्रों की एडवांस बुकिंग हुआ करेगी। यानी हम लोग अपने बूढ़े

रिश्तेदारों के लिए दो-दो, तीन-तीन बरस पहले ही किसी अच्छे और फ़ैशनेबुल कब्रिस्तान में सीट बुक कर लिया करेंगे ताकि वक्त पर कठिनाई का सामना न करना पड़े। उस वक्त मुर्दों को कफ़नाने-दफ़नाने का इन्तज़ाम भी नये तरीकों पर होगा। चुनाँचे बहुत मुमकिन है कि कब्र खोदनेवालों की तरफ से इस किस्म के विज्ञापन छपा करें—

'ईसाजी मूसाजी एण्ड सन्ज : कफ़न-दफ़न के माहिर, मय्यतों को नये यंत्रों की मदद से बिना हाथ लगाए नहलाया जाता है और बिना हाथ लगाए कफ़न पहनाया जाता है!'

कब्रिस्तानों की तरफ से भी ऐसे ही विज्ञापन छपें तो कोई ताज्जुब न होगा —

'शहर का सबसे जदीद (आधुनिक) कब्रिस्तान जहाँ मुर्दे उसी तरह कब्रों में सोते हैं, जिस तरह आप अपने नर्म-गर्म बिस्तरों में।'

बम्बई शहर में इस वक्त कई ऐसी संस्थाएँ मौजूद हैं, जो मय्यतों के कफ़न-दफ़न का प्रबन्ध करती हैं। आपको तकलीफ़ करने की कोई जरूरत नहीं। इन संस्थाओं में से किसी एक को खबर भेज दीजिए। मय्यत को नहला-धुलाकर और कफ़न वगैरह पहनाकर उस संस्था के आदमी आपके घर से जनाज़े को उठाकर कब्रिस्तान ले जायेंगे और वहाँ दफ़न कर देंगे। कानों-कान खबर न होगी। जब सारा काम आपके इत्मीनान के मुताबिक हो जाए तो यह संस्था आपको अपना बिल पेश कर देगी।

आप बहुत व्यस्त आदमी हैं। संयोग से आपके नौकर को मौत आ दबोचती है। आपको उसकी मौत का बहुत अफ़सोस है। पर आपको सागर तट पर अपने चन्द ऐसे दोस्तों के साथ पिकनिक पर जाना है, जिनसे आपके कारोबारी संबंध हैं। इसलिए आप तुरंत किसी संस्था के मैनेजर को बुलायेंगे। जनाज़े के साथ संस्था के पेशेवर कन्धा देनेवाले होंगे, जो आपके मकान से कब्रिस्तान तक ऊँची आवाज़ में कुरान शरीफ की आयतें पढ़ते हुए जाएँगे। वहाँ जनाजे की नमाज़ पढ़ी जाएगी, जिसकी पढ़वायी बिल में शामिल होगी और एक बड़ी कब्र में जिसकी कीमत दो रुपये चार आने होती है, आपका वफ़ादार नौकर दफ़न कर दिया जाएगा। सागर तट पर आप बड़े इत्मीनान से अपने दोस्तों के साथ हँसते-खेलते रहेंगे और यहाँ भी हँसते-खेलते आपके नौकर की कब्र तैयार हो जाएगी और अगर आपने इनाम देने का वादा किया होगा तो उस पर संस्था के आदमी फूलों की एक चादर भी चढ़ा देंगे।

चन्द रोज़ हुए, मुझे फिर उसी कब्रिस्तान में जाने का संयोग हुआ। नोटिस बोर्ड पर एक आम एलान लिखा था :

'तारीख 8 जून, सन् 1942 ई . से महँगाई की वजह से कब्र की खुदवायी की मजदूरी बढ़ा दी गयी । बड़ी कब्र की खुदवायी 1 रुपया 4 आने, छोटी कब्र की खुदवायी 14 आने ।"

शौकत थानवी

स्वदेशी रेल

दिन-भर के थके-माँदे भी थे और रात को सफ़र भी करना था। मगर बंदे मातरम् के नारों पर कान खड़े कर लेना हमारी हमेशा की आदत है और इन नारों को भी ज़िद है कि हमारा चाहे जो हाल भी हो, बीमार हों, किसी जरूरी काम से बाहर जा रहे हों या और कोई मजबूरी हो, मगर ये कुछ नहीं देखते और अपनी तरफ हमको खींचकर ही छोड़ते हैं। आज भी यही हुआ कि हुक्के का नेचा और सुराहियाँ एक दूकान पर यह कहकर रख दीं कि भाई अभी आते हैं और सीधे पण्डाल में घुस गए जहाँ एक साहब जो सूरत से लीडर मालूम होते थे, यानी सिर पर गाढ़े की गाँधी कैप, दाढ़ी-मूँछ गायब, एक लम्बा-सा खद्दर का कुर्त्ता, टाँगों में वही खद्दर की धोती और चप्पल पहने हुए थे। एक हाथ अपनी पीठ पर रखे हुए और दूसरे को भीड़ की तरफ़ उठाए इस तरह हरकत दे रहे थे जैसे बैंड मास्टर अपने बेंत को हिलाता है। वह कुछ कह भी रहे थे, मगर मालूम नहीं क्या। इसलिए कि कभी तो कहते-कहते दायीं तरफ़ घूम जाते थे, कभी बायीं तरफ़ और कभी-कभी एकदम से पीछे भी मुड़ जाते थे। बहरहाल यह फैसला करना कि हम उनकी पीठ की तरफ हैं या सामने की तरफ इसलिए मुश्किल था कि उनको खुद चैन नहीं था। वह तख़्त जिस पर खड़े हुए वे घूम रहे थे लोगों के बीच में था और सब लोगों का रुख तख़्त की तरफ। कभी किसी तरफ मुँह, कभी किसी तरफ पीठ हो जाने का सिलसिला जारी था और इसी तरह उनके शब्द कभी बिलकुल साफ़, कभी दूर की आवाज़ की तरह और कभी बिलकुल नहीं, हमारे कानों में पहुँच रहे थे। हाँ, एक बात यह थी कि हमारी तरफ के लोग शोर मचाते हैं तो दक्षिण और

पश्चिम के लोगों से ज्यादा माहिर मालूम होते हैं। इसलिए हम भाषण सुनने के मामले में जरा घाटे में थे। फिर भी जो कुछ सुना वह बहुत काफ़ी था इसलिए कि शुरू से लेकर आखिर तक शब्द बदल-बदलकर कभी अंग्रेज़ी में, कभी उर्दू में, कभी गद्य में, कभी पद्य में, कभी हँसकर, कभी चीखकर, कभी इधर मुड़कर, कभी उधर घूमकर वही शब्द कहे जा रहे थे जो हमने सुन लिये थे :

"भाइयो, अब वह वक्त नहीं है कि रेजुलेशन पास हों और रह जाएँ। तजवीजें मंजूर हों और उन पर अमल न हो · · · सरगर्मियाँ . . . अब तैयार हो जाओ · · · होशियार रहो · · · कि तुमको · · · 31 दिसम्बर, 1929 के बाद अपना काम अपने हाथ से अंजाम देना है, अपने पैरों पर खड़ा होना है · · · [दूसरी तरफ घूम गये] ख्वाबे-गफलत · · · से बेदारी का वक्त · · · यह है · · · और वहाँ तुम · · · ब्रिटिश गवर्नमेंट · · · स्वराज स्वदेशी · · · चर्खा खद्दर।" [चीयर्स के बाद भाषण खत्म हुआ।]

दो घंटों में सिर्फ़ हमने यही सुना और समझ गये कि 31 दिसम्बर, 1929 को स्वराज ज़रूर मिल जाएगा। शायद इससे ज्यादा उन्होंने कुछ कहा भी नहीं होगा। और अगर कहा भी हो तो हम क्या करें, हमारे लिए यही बहुत था कि 31 दिसम्बर को स्वराज मिलेगा। हम इसी खयाल में डूबे लोगों को धकेलते, खुद धक्के खाते, किसी न किसी तरह बाहर निकल आए। दूकानदार से हुक्के का नेचा लिया। सुराहियाँ इक्के पर लादीं और घर पहुँच गये। सामान बाँधा, खाना खाया, हुक्का भरा। आरामकुर्सी पर लेटकर शौक फरमाने लगे। गाड़ी के वक्त में अभी पूरे दो घंटे थे इसलिए इत्मीनान भी था। मगर एहतियात के लिए शेरवानी नहीं उतारी थी कि जैसे ही डेढ़ घंटा बाकी रह जाएगा, स्टेशन रवाना हो जायेंगे।

लैक्चर का खयाल और 31 दिसम्बर के बाद स्वराज का मिल जाना दिमाग में चक्कर लगा रहा था। मगर हमारी समझ में किसी तरह यह बात नहीं आती थी कि आखिर स्वराज के लिए 31 दिसम्बर क्यों निश्चित किया गया। अगर आज 31 दिसम्बर होती तो हम अपनी रेल पर सफ़र करते। न विदेशी गार्ड होता न फ़ॉरन ड्राईवर, न एंग्लो-इंडियन का अलग दर्जा होता। हम खुद ही रेल के मालिक होते, चाहे थर्ड में बैठते, चाहे फर्स्ट में, हमसे कोई पूछनेवाला न होता। हम खुद फर्स्ट में बैठते और अंग्रेजों को थर्ड में बिठाकर खुश होते हुए सफ़र करते। हम यह सोच रहे थे कि एकदम से कानों में फिर वही बंदे मातरम् की आवाज़ आयी। और हम एकदम से खड़े हो गए। घर से बाहर निकले · · · देखते क्या हैं कि एक बड़ा जुलूस झंडों, झंडियों और गैसों से सजा हुआ बंदे मातरम् के नारों से आसमान और ज़मीन से टकराता

हुआ हमारे मकान के सामने से गुज़र रहा है। हमने लोगों से पूछा कि भाई यह क्या है। जवाब मिला कि क्या सो रहे थे। खबर नहीं कि स्वराज मिल गया। हमने फिर बड़ा-सा मुँह खोलकर कहा—स्वतंत्रता। जवाब मिला—हाँ, स्वराज ... स्वराज। हमने अपने दिल में कहा—वाह भाई वाह, दुआ तो मंजूर हुई हमारी और स्वराज मिल गया इन लोगों को। अरे, हमको मिलता तो एक बात भी थी। फिर सोचा कि हम और ये लोग कुछ अलग थोड़े ही हैं। इनको मिला या हमको, एक ही बात है। मगर वाह अल्लाह, कमाल हुआ कि स्वराज मिल गया। दिल को किसी तरह यकीन नहीं आता था कि स्वराज मिल गया होगा। हालाँकि अभी तक जुलूस नज़रों से ओझल नहीं हुआ था। जब जुलूस की तरफ़ नज़रें जातीं तो यकीन हो जाता कि स्वराज मिल गया होगा और जब स्वराज मिलने पर गौर करना शुरू करते तो दिल कहता कि अभी नहीं मिला है। लेकिन आखिर जब हर आदमी ने स्वराज मिलने की खुशखबरी सुनाई तो एक शक दूर हुआ। और एक स्वतंत्र साँस लेकर हमने पहली बार अपने आपको आज़ाद समझा। अभी हम अपने आपको आज़ाद समझ ही रहे थे कि घंटे ने टन-टन करके दस बजा दिए। यानी हमको खुद स्टेशन चले जाने का हुक्म दिया।

हमारे ऐसे आदमी के लिए सफर शुरू करने का यकीन लोगों को उस वक्त होता है जब कि हम टिकट खरीद लें और हमने भी अपनी यह आदत डाल रखी है कि सफर करने से पहले टिकट जरूर खरीद लेते हैं। इसलिए हमको जो सबसे पहली मुश्किल स्टेशन पहुँचकर पेश आती है वह बुकिंग-आफ़िस की खिड़की में झाँककर टिकट खरीदने की दरखास्त पेश कराना है। आज भी हमने इसी प्रोग्राम पर अमल किया और बुकिंग-आफ़िस की खिड़की में हाथ डालकर कहा—

"बाबूजी, कानपुर का सैकिंड क्लास का टिकट दे दीजिये।"

बाबूजी ने बजाय इसके कि टिकट दे देते पहले तो हमको घूरा, फिर निहायत इत्मीनान से फरमाने लगे कि एक बात कह दें या मोल-तोल।

मैं समझा बाबूजी मज़ाक कर रहे हैं और मैं हँस दिया। मेरे-हंसने पर बाबूजी ने फिर कहा—

"जनाब, सुनिए, तीन रुपये हुए। लाइये रुपये और टिकट ले लीजिए।"

अब तो मुझे और ज्यादा हैरानी हुई और मैंने कहा—"जनाब, तीन रुपये कैसे हुए ? एक रुपया तेरह आने तो किराया है। आप कहते हैं तीन रुपये। मुझे कानपुर का टिकट चाहिए। कानपुर का सैकिंड क्लास।"

बाबूजी ने ज़रा नाराज़ होकर जवाब दिया—"जनाबवाला, मैं बहरा नहीं हूँ। सुन लिया है कि आपको कानपुर का सैकिंड क्लास का टिकट चाहिए। मगर उसी के तीन रुपये हुए। कौड़ी कम न लूँगा। जी चाहे लीजिये वर्ना जाने दीजिये।"

मैं—मगर बाबू साहब, अभी परसों तक तो एक रुपया तेरह आने किराया था, आज क्या हो गया जो एकदम बढ़ गया।

बाबू—कल की बात कल के साथ। आज देश हमारा है। हमको स्वराज मिल गया है।

मैं—यह कहिये कि स्वराज रेल को भी मिला है। अच्छा खैर, टिकट दीजिये नहीं तो गाड़ी छूट जायेगी।

बाबू—लाइये रुपये। अच्छा न आपकी बात, न हमारी बात, ढाई रुपये दे दीजिये और टिकट ले लीजिये।

बाबू साहब को इन तमाम बातों पर कुछ तो हँसी आ रही थी और कुछ गुस्सा आ रहा था कि फ़िजूल इन बातों में वक्त बरबाद हो रहा था। अगर गाड़ी छूट गयी तो और मुसीबत आयेगी। टिकट-विकट सब धरा रह जायेगा। आखिर मैंने तय कर लिया कि मैं बगैर टिकट के सफर करूँगा और यह सोचकर मैं बुकिंग आफ़िस से चलने लगा। मुझको जाता हुआ देखकर बाबू साहब ने फिर आवाज़ दी—

"सुनिये तो जनाब, ठहरिये तो जनाब, देखिये तो जनाब, अच्छा दो रुपये दे दीजिये। आइये , वही एक रुपया तेरह आना दे दीजिये। अब वह भी न दीजियेगा। अच्छा आप भी क्या कहेंगे, लाइये डेढ़ रुपया। अब इससे ज्यादा हम कम नहीं कर सकते। हमारा नुकसान हो रहा है।"

जब हमने टिकट के बाज़ार का भाव इस तरह गिरते हुए देखा तो और अकड़ गए और नाक-भौंह चढ़ाकर और ज़रा गर्दन तिरछी करके वहीं से कह दिया—"एक रुपया देंगे। एक रुपये का देना हो तो दे दो।"

हम समझे थे कि बाबू साहब इस पर राजी न होंगे मगर वाह अल्लाह, कमाल किया उन्होंने कि गर्दन लटकाकर जरा धीमी आवाज़ में कहने लगे—"लाइए साहब लाइए, बोहनी का वक्त है। आप ही के हाथों बोहनी कर लें।"

टिकट तो हमने ले लिया लेकिन वह टिकट रेल का मालूम नहीं होता था। न उस पर तारीख पड़ी हुई थी और न उस पर कुछ छपा हुआ था। बाबू साहब ने एक कागज़ के टुकड़े पर 'दर्जा दाम कानपुर' लिखकर एक टेढ़ी-सी लकीर खींच दी थी जो शायद उनके दस्तखत थे। हमने टिकट को इधर से देखा, उधर से देखा और दो-तीन बार

गौर से उलट-पलटकर देखने के बाद बाबू साहब का मुँह देखने लगे। बाबू साहब हमारी इस हरकत से हमारा मतलब समझ गए और मुसकराकर कहने लगे—

"जनाबवाला, रात को स्वराज मिला है। अभी नये टिकट नहीं छपे हैं। दो-तीन दिन में छप जाएँगे। आपको टिकट से क्या मतलब, आप सफर कीजिए। अब आपसे कोई कुछ न पूछेगा, इत्मीनान रखिए।"

बाबू साहब ने तसल्ली तो दे दी मगर हम देख रहे थे टिकट पर न तारीख है, न किराया, न, फासला। और होता तो कहाँ से—उन्होंने तो यह भी नहीं लिखा कि हम सफर आखिर कर कहाँ से रहे हैं। बहरहाल यह समझकर कि या तो यह रुपया गया या हम तेरह आने के फ़ायदे में रहे, हम स्टेशन में दाखिल हो गए।

स्टेशन में हालाँकि सब कुछ वही था जो आज से पहले हम देख चुके थे, मगर इस सबके बावजूद बिलकुल यह मालूम होता था कि किसी ने स्टेशन को कलाबाज़ी खिला दी है, या उल्टा बाँधकर टाँग दिया है। वही घड़ी थी और वही घड़ियाल मगर दस बजने में चालीस मिनट बाकी थे जबकि अब ग्यारह का वक्त था। सामान के ठेले पर पानवाला अपनी दुकान लगाए बैठा था। कुलियों का कहीं पता न था। हमारी समझ में न आता था कि सामान किस तरह रेल में पहुँचाएँ। बड़ी मुश्किल से एक कुली मिला। लेकिन जैसे ही हमने उससे सामान उठाने को कहा, उसने गुस्से से जवाब दिया—

"अंधे हो गए हो ! दिखायी नहीं देता कि हम कुली हैं या असिस्टेंट स्टेशन मास्टर !"

हम—'माफ़ कीजिएगा गलती हुई'—कहकर पूरे एक गज पीछे हट गए। असिस्टेंट स्टेशन मास्टर साहब को सिर से पैर तक गौर से देखकर सोचने लगे कि या अल्लाह, यह क्या इन्किलाब है ? पहले तो इस सूरत के कुली हुआ करते थे। अब अगर इस सूरत के असिस्टेंट स्टेशन मास्टर होने लगे हैं तो कुली किस सूरत का होगा। मजबूरन हमने अपना सामान खुद उठाया और दो बार करके सैकिण्ड क्लास के डिब्बे में रखा, जहाँ पहले से एक जैन्टलमैन बैठे चिलम पी रहे थे। सामान ठीक से रखकर जब ज़रा इत्मीनान हुआ तो हमने सोचा कि यह जाँच कर लेनी चाहिए कि यही गाड़ी कानपुर जाएगी या कोई और। सबसे पहले तो हमने इन्हीं हज़रत से पूछा जो हमारे डिब्बे में तशरीफ़ रखते थे। लेकिन उन्होंने सिर्फ़ यह जवाब दिया कि भैया, हमको नहीं मालूम। यह खाली स्वदेशी रेल के सैकिण्ड क्लास के इज़्ज़तदार पैसेंजर थे। इनसे भला क्या मालूम हो सकता था। मजबूरन हम प्लेटफार्म पर आए और दो-एक आदमियों से पूछने के बाद यह मालूम हुआ कि मुसाफ़िर अगर कानपुर

के ज्यादा हुए तो वहाँ जाएगी वर्ना जहाँ के मुसाफ़िरों की तादाद ज्यादा होगी वहाँ चली जाएगी। इसीलिए अभी तक इंजिन नहीं लगाया गया है कि खुदा को मालूम ट्रेन को पूर्व की तरफ़ जाना पड़े या पश्चिम की तरफ। हमने घबराकर पूछा—

"लेकिन यह फैसला कब होगा ?"

जवाब मिला कि जब गाड़ी भर जाएगी, उसी वक्त फैसला हो सकता है।

हमने फिर पूछा—"लेकिन गाड़ी का वक्त तो हो चुका ?"

जवाब मिला—"हो जाया करे ! जब तक रेल भर न जाए, किस तरह छोड़ी जा सकती है। क्या खाली रेल छोड़ दी जाए ?"

अब हम बिलकुल अपनी किस्मत पर राज़ी होकर खामोश हो गए। इस इंतज़ाम को बुरा इसलिए नहीं कह सकते थे कि हमारी ही दुआ थी। अच्छा इसलिए नहीं कह सकते थे कि हमें आज ही कानपुर पहुँचना था, जिसकी अब कोई उम्मीद नज़र नहीं आती थी। कभी अपने डिब्बे में बैठकर, कभी लोटे में पानी लाकर, कभी इंजिन को पूर्व और पश्चिम की तरफ दूर तक नज़र दौड़ाकर ढूँढ़ने की कोशिश करके, कभी मुसाफिरों की तादाद का अंदाजा लगाकर वक्त काटने लगे। ग्यारह से बारह, बारह से एक, एक से दो बजे मगर न घड़ी की सुई हटी और न ट्रेन अपनी जगह से हिली। सिर्फ़ हम टहलते रहे। खुदा-खुदा करके एक आदमी ने ऊँची आवाज़ में चीखना शुरू किया—"बैठने वाले मुसाफिरो, बैठो, गाड़ी छूटती है।"

हमने जल्दी से पहले पूर्व की तरफ इंजिन ढूँढ़ा, फिर पश्चिम की तरफ। मगर दोनों तरफ इंजिन गायब था और हमारी समझ में बिलकुल न आया कि बगैर इंजिन के गाड़ी किस तरह छूट सकती है। मगर इन शब्दों पर शक करना इसलिए कुफ्र समझते थे कि इसके कहनेवाला कोई गैर-जिम्मेदार आदमी नहीं था बल्कि वह असिस्टेंट स्टेशन मास्टर साहब थे जिनको हम कुली समझते थे। खैर, बगैर कुछ सोचे-समझे हम अपने डिब्बे में बैठ गए। हमारे बैठते ही दो-तीन दर्जन लट्ठबंद गँवार हमारे दर्जे में घुस आए। इनसे हमने लाख कहा—"अरे, सैकण्ड क्लास है ! अमाँ, सैकण्ड क्लास है ! भाई, सैकण्ड क्लास है।" मगर उन्होंने एक न सुनी और यही कहते रहे कि हम जानत हैं, डेवढ़ा है। हम टिकस लिया है। खैर साहब, चुप हो गए और प्लेटफार्म पर इसलिए आए कि किसी से कह दें। मगर गार्ड-वार्ड नज़र न आया। मजबूरन इन्हीं असिस्टेंट स्टेशन मास्टर से अर्ज कर दिया। जिसका जवाब उन्होंने अपनी स्वदेशी शान से सिर्फ़ यह दिया—"बैठिए जनाब, सब हिन्दुस्तानी बराबर हैं, सब भाई हैं, सब भारत माता के सपूत हैं, कोई किसी से बड़ा या छोटा नहीं है ; अब सैकण्ड क्लास और थर्ड क्लास के फर्क को भूल जाइए। सबको बराबर का समझिए।

जाइए, तशरीफ रखिए, नहीं तो थर्ड क्लास में भी जगह न मिलेगी।" हम यह खरा जवाब सुनकर मुँह लटकाए हुए अपने दर्जे में आ गए जहाँ हमारी जगह पर कब्जा हो चुका था और हमको यह तय करना था कि खड़े-खड़े सफर करना होगा या गुसलखाने में जगह मिलेगी। मजबूरन अपना ट्रंक घसीट उस पर बैठकर गाड़ी छूटने का इंतज़ार करने लगे।

हमको बैठे-बैठे भी एक घंटे के करीब हो गया, गाड़ी उसी तरह खड़ी रही। घबराकर हम प्लेटफार्म पर आए तो देखा कि इंजिन गाड़ी में लगाया जा रहा है और खुदा का शुक्र है कि कानपुर की ही तरफ लगाया जा रहा है। लेकिन इंजिन लगने के बाद जब गाड़ी देर तक न छूटी तो हमने इस देर की वजह पूछी। मालूम हुआ कि अभी सेक्रेटरी साहब टाउन कांग्रेस कमेटी का इंतज़ार है। वे कानपुर जाएँगे। उन्होंने कहला भेजा था कि बारह बजे आ जाएँगे। लेकिन अभी तक नहीं आए। आदमी लाने के लिए गया हुआ है।

यह पहला मौका था कि हमारे मन में यह सवाल पैदा हुआ कि हम कानपुर जाएँ या एक रुपए पर सब्र करके इरादा छोड़ दें। काम बड़ा जरूरी था इसलिए जाना जरूरी था। गाड़ी छूटी न थी, इसलिए सफर करने का इरादा खत्म हो रहा था। अजीब कशमकश में जान थी। मालूम नहीं कौन-सा वक्त था जब हमारे मुँह से यह दुआ निकली थी। अब तो इसको वापस भी लेना मुश्किल था। हम इस सोच में गर्दन झुकाए अपने ट्रंक पर बैठे थे कि एकदम से बंदे मातरम् के आसमान छूनेवाले नारों से उछल पड़े। मालूम हुआ कि सेक्रेटरी साहब टाउन कांग्रेस कमेटी तशरीफ ले आए। हमने भी खिड़की में से झाँककर देखा तो एक भीड़ में वही लीडर साहब दिखाई दिए जिन्होंने रात को भाषण करके स्वराज दिलाया था और अब हमको मालूम हुआ कि वही सेक्रेटरी टाउन कांग्रेस कमेटी हैं। सो इनके तशरीफ लाने के बाद हर आदमी अपनी-अपनी जगह पर बैठ गया और इंजिन भी सुन-सुन करने लगा। एक खद्दरपोश बुजुर्ग लाल और हरे गाढ़े की झंडियाँ लिये हुए भी नज़र आए और हमने अपनी जगह समझ लिया कि यह गार्ड है। इन गार्ड साहब ने कुर्ते की जेब से एक सीटी निकालकर बजाई और पहले सुर्ख और फिर जल्दी से हरी झंडी इस तरह हिलाने लगे जैसे पहले गलती से लाल झण्डी हिला दी थी। दो-तीन बार सीटी बजाकर और झण्डी हिलाकर आखिर गुस्से में इंजिन की तरफ झपटे और ड्राइवर को डाँटना शुरू कर दिया—"घंटे भर से सीटी बजा रहा हूँ, मगर तुम्हारे कान में आवाज़ ही नहीं आती और आँखें भी फूट गयी हैं कि झण्डी भी नहीं देखते।" ड्राइवर ने भी उनके बेजा गुस्से का जवाब कड़ककर दिया— "जनाब, आप आँखें मुझ पर क्यों निकाल

रहे हैं। मेरा क्या कसूर है ? दो घंटे से लल्लू फायरमैन कोयला लेने गया हुआ है। कह दिया था कि लपककर जल्दी से ले आना। अभी तक गायब है। मालूम नहीं कहाँ गया। पता भी बता दिया था कि रकाबगंज के चौराहे से या ऐश बाग के फाटक से ले आना। दो-चार पैसे कम-ज्यादा का खयाल न करना। मगर वह जाकर मर रहा। बताइए, मेरा क्या कसूर है !"

गार्ड साहब भी ड्राइवर को बेकसूर समझकर चुप हो गए और कोयले के इंतज़ार में गाड़ी रोकने पर मजबूर हो गए। इंज़िन में यह बड़ी बुरी बात है कि वह बग़ैर कोयले के चल ही नहीं सकता। जिस तरह घोड़े के लिए दाना-घास ज़रूरी है, बिलकुल इसी तरह जब तक कोयला भर न दिया जाए इंजिन चलने का नाम नहीं लेता। घोड़ा बेचारा तो थोड़ी देर भूखा भी चल सकता है, मगर यह इतना भी काम नहीं दे सकता। अब बताइए कि रेल भी थी, इंजिन भी, मुसाफिर भी, गार्ड भी, सेक्रेटरी साहब टाउन कांग्रेस कमेटी भी आ गए थे और ड्राइवर भी था, मगर एक कोयले के न होने से सबका होना-न होना बराबर था। पूरे डेढ़ घंटे बाद लल्लू फ़ायरमैन कोयले की गठरी लिये यह कहता हुआ आ पहुँचा—

आधी रात को कोयला मँगाने चले हैं। सब दुकानें बंद हो चुकी थीं। एक दूकान पर इतना-सा कोयला था, वह भी बड़ी मुश्किल से एक रुपया नौ आने में मिला है। भागता हुआ आ रहा हूँ। रास्ते में गिर भी पड़ा था। तमाम घुटने छिल गए, कोयला वगैरह दिन में मँगा लिया करो।"

ड्राइवर ने जल्दी से कोयला डाला और सीटी बजाकर गाड़ी छोड़ दी। गाड़ी चली ही थी कि एक शोर मच गया—"रोको, रोको, गार्ड साहब रह गए।" गाड़ी रुकी और गार्ड साहब को सवार करके चली। अभी दो फ़र्लांग मुश्किल से चली होगी कि गाड़ी फिर रुकी और गार्ड साहब ने ड्राइवर से चिल्ला-चिल्लाकर पूछना शुरू किया—"अरे, लाइन क्लियर भी ले लिया था ?" ड्राइवर ने भी चिल्लाकर जवाब दिया—"ले लिया था, ले लिया था।" गार्ड साहब ने जब इस तरफ से भी इत्मीनान कर लिया तो फिर फ़रमाया—"अच्छा तो छोड़ो गाड़ी, मैं सीटी बजाता हूँ।" गाड़ी फिर चली अब गाड़ी की रफ्तार के बारे में हमने सोचना शुरू किया कि यह मेल है या एक्सप्रेस। इसलिए कि इससे ज्यादा तेज शायद हम खुद चल लेते और अगर अभी भी शर्त लगाकर दौड़ें तो इस गाड़ी से पहले कानपुर पहुँचने का वायदा करते हैं। हम से आखिर न रहा गया और अपने एक हमसफ़र से पूछा—"क्यों साहब, यह मेल है या एक्सप्रेस ? वे पहले ही कुछ खफा बैठे थे। शायद गाड़ी पर खफ़ा होंगे। गुस्सा हम पर उतारा और झिड़ककर फरमाने लगे—"मियाँ, खुदा का शुक्र करो कि यह गाड़ी ही है,

तुम मेल एक्सप्रेस लिये फिर रहे हो।" उनका जवाब सुनकर हमने खिड़की में गर्दन डालकर जंगल की सैर करना शुरू कर दी। मगर सैर से ज्यादा दिलचस्प दृश्य यह था कि रास्ते के नये मुसाफिर चलती गाड़ी पर सवार होते जाते थे और गाड़ी छक-छक चल रही थी। इसी रफ्तार से चलकर गाड़ी अमोसी के स्टेशन पर रुकी। अब वहाँ। एक नया झगड़ा यह शुरू हो गया कि स्टेशन मास्टर अमोसी ने ड्राइवर पर खफा होना शुरू किया कि जब तक मैंने सिगनल नहीं दिया, तुमको स्टेशन में गाड़ी लाने का हक कौन सा था।

ड्राइवर—जब आपने गाड़ी आते देख ली थी तो सिगनल क्यों नहीं दिया ?

स्टेशन मास्टर—एक तो गाड़ी ले आया, ऊपर से जबान लड़ाता है ! अभी निकलवा दूँगा। दूसरा ड्राइवर रख लूँगा जो मुझसे गुस्ताखी की। अगर गाड़ी लड़ जाती तो तुम्हारा क्या जाता। आयी-गयी सब हम पर आती।

ड्राइवर—देखिए, जबान सँभालकर किसी शरीफ आदमी से बातें किया करें। नौकरी की है, इज़्ज़त नहीं बेची है। बड़े आए वहाँ से निकालने वाले जैसे हम इन्हीं के नौकर हैं। अच्छा किया गाड़ी लाए। खूब किया गाड़ी लाए। अब इस जिद पर तो हज़ार बार लायेंगे। देखें, हमारा कोई क्या करता है।

स्टेशन मास्टर—देखिए गार्ड साहब, मना कर दीजिए इसको, कैसी कमीनेपन की बातें कर रहा है। अफसरी-मातहती का कुछ खयाल नहीं। मैं छाती पर चढ़कर खून पी लेता हूँ।

गार्ड—जाने भी दो, अमाँ जाने भी दो, हाय-हाय क्या करते हो। अमाँ, तुम्हीं हट जाओ। भाई, तुम्हीं हट जाओ। और अरे, छोड़ो, भी, हटो भी, सुनो तो सही ! अरे यार, सुनो तो . . .

स्टेशन मास्टर ने ड्राइवर को और ड्राइवर ने स्टेशन मास्टर को घूँसे, लातें, थप्पड़, जूते रसीद करना शुरू कर दिए और सब मुसाफिर यह झगड़ा देखने खड़े हो गए। बड़ी मुश्किल से गार्ड ने बीच-बचाव किया और समझा-बुझाकर दोनों को ठंडा किया। अभी बेचारा समझा ही रहा था कि किसी ने आकर बड़ी घबराई हुई आवाज़ में कहना शुरू किया—

"गार्ड साहब, ए गार्ड साहब ! अजी, वह मालगाड़ी सामने से आ रही है और इसी पटरी पर आ रही है। गज़ब हो गया।" गार्ड भी यह सुनते ही बदहवास हो गया और चीखना शुरू कर दिया—

मुसाफिरो, जल्दी उतरो, जल्दी उतरो, गाड़ी लड़ती है, गाड़ी लड़ती है, जल्दी उतरो।"

सब मुसाफिर घबराकर अपना सामान कुछ लेकर, कुछ छोड़कर गाड़ी से निकल आए और देखते ही देखते मालगाड़ी जिसका ड्राइवर सो गया था, इस गाड़ी से इस बुरी तरह टकराई कि खिड़की का एक शीशा टूटकर मेरे मुँह पर आ गिरा। मैं एकदम से चौंक पड़ा। हुक्के की नै मेरे ऊपर आकर गिरी थी। हुक्का जल चुका था। आरामकुर्सी भी ओस से भीग चुकी थी और घड़ी में अभी दो बजने के करीब थे। मैं कुर्सी से उठकर चारपाई पर लेट गया क्योंकि अब गाड़ी तो सोने की वजह से छूट ही चुकी थी। अब हो ही क्या सकता था सिवाय आराम से सोने के।

शफ़ीकुर्रहमान

रिव्यू

दरअसल इस लेख की शुरुआत ही गलत है। भला रिव्यू का क्या मतलब हुआ ? शीर्षक 'रिव्यूबाज़ी' या 'रिव्यू-लेखन' होना चाहिए था।

फिर एक और ग़लती हम कर रहे हैं कि रिव्यूज़ पर रिव्यू कर रहे हैं।

हम यह बता देना अपना कर्तव्य समझते हैं कि रिव्यू करने को तनक़ीदनिगारी (समालोचना करना) भी कहा जाता है और हम इस लेख में सिर्फ़ उन समालोचनाओं का ज़िक्र करेंगे, जो साहित्य से सम्बन्ध रखती हैं।

रिव्यू लिखने के अनेक लाभ हैं। पहला तो यह कि इससे हमारा साहित्य आगे बढ़ता है। अगर हम यह कह दें कि इसके बिना साहित्य में प्रगति सम्भव ही नहीं, तो गलत न होगा। भला जब तक लेखकों को बुरा-भला न कहा जाए, वे साहित्य की सेवा क्या खाक करेंगे।

दूसरा लाभ यह है कि इससे लेखक और पाठक दोनों को तरह-तरह के मौके मिलते हैं। मसलन लेखकों को यह सुनहरा मौका मिलता है कि वे बेज़ार होकर लिखना ही छोड़ दें और अपना वक्त किसी दूसरे अच्छे शौक को पूरा करने में लगाएँ और पाठक के लिए हँसने-हँसाने का सामान भी जुट जाता है—जब वे देखते हैं कि एक आदमी रिव्यू करके एक अच्छे-खासे साहित्यिक पहलवान को मिनटों में चित गिरा देता है और फिर दूसरे की तरफ लपकता है तो उनकी खुशी का ठिकाना नहीं रहता। हम भी ऐसे मौकों पर बहुत खुश होते हैं और देर तक खुश रहते हैं। इसके बाद उस लेखक की एक भी रचना नहीं पढ़ते।

तीसरा लाभ यह है कि वे नये शिकारी, जो लिखने के लिए बेचैन हैं, दूसरों पर रिव्यू पढ़कर शिक्षा प्राप्त करते हैं और लेखक बनने से बाज़ रहते हैं। देखिए न, अगर ऐसा न हो तो अनगिनत लोग लेखक बन जाएँ और पाठक एक भी न रहे।

हमने पहले-पहल इस सिलसिले में गौर नहीं किया था। लेकिन एक बार हमारे एक लेखक दोस्त के साथ एक अजीब घटना घटी, जिसने हमारी आँखें खोल दीं। तब हमने इस कला का बड़े ध्यान से अध्ययन किया।

हमारे दोस्त एक अर्से से मित्रों में लेखक कहलाते थे। कहानियाँ लिखते थे और लिखकर फाइलों में जमा किया करते थे। एक दिन उन्हें अचानक यह खयाल आया कि अगर वह एक पुस्तक छपवा दें, तो दुनिया में इन्किलाब आ जाए और साहित्य के सबसे बड़े अभाव की पूर्ति हो जाए। उन्होंने हमसे सलाह ली। हमने कहा कि ज़रूर छपवाओ। चुनाँचे काफ़ी मेहनत और मशक्कत के बाद पुस्तक छपी। हम उसे पढ़कर बहुत खुश हुए। पुस्तक अच्छी थी। हमारे दोस्त भी फूले न समाये।

चन्द महीने बाद एक पत्र में उस पर रिव्यू छपा। हमने पढ़ा। काफी अर्से का ज़िक्र है, इसलिए हम भूल गए हैं, लेकिन कहीं-कहीं से याद है। कुछ इस तरह का था :

"एक नये लेखक की पहली कोशिश है, इसलिए हम उसे माफ करते हैं। हमें सारी पुस्तक में से एक कहानी भी पसन्द नहीं आयी। एक बार तो हम सचमुच सोचने लगे कि ये लेख कहानियाँ ही हैं क्या ? लेकिन चूँकि यथार्थ बात कहने में लेखक का दिल टूट सकता है, इसलिए इस बात को हम यहीं छोड़ते हैं। . . . कहानियों के प्लॉट निहायत घिसे-पिटे हैं और सब-के-सब विदेशी साहित्य से चुराए हुए हैं। कहानियों के नाम बेतुके हैं। भाषा बिलकुल गलत है। उसमें प्रवाह नाम को भी नहीं है। किताब की भूमिका में अनगिनत गलतियाँ हैं। भूमिका का न सिर है, न पैर। टाइप बहुत घिसे हुए हैं, कागज़ घटिया और छपाई निहायत ही रद्दी है। लेखक ने अपनी तसवीर क्यों नहीं शामिल की ? खैर, हम उसे माफ़ करते हैं, चूँकि यह उसकी पहली कोशिश है, इसलिए हम उसका दिल नहीं तोड़ना चाहते। लेकिन यथार्थता यह है कि एक कहानी में भी जान नहीं। . . . समर्पण एकदम निरर्थक है। इससे अच्छा था कि न दिया होता। किताब की जिल्द भी अच्छी नहीं। टाइटिल तो इस कदर वाहियात है कि देखकर क्रोध आता है, लेकिन फिर हम सोचते हैं कि पहली किताब है, इसलिए जाने दो। किताब की कीमत बहुत ज्यादा है और ज़रूरत से ज्यादा संख्या में छाप ली गयी है। एक हज़ार तो दूर, अगर इस किताब की दस-पन्द्रह कॉपियाँ भी बिक जाएँ तो हम नाम बदलवा लें, लेकिन लेखक एकदम नया है और यह उसकी पहली कोशिश

है, इसलिए हम उसका हौसला नहीं तोड़ना चाहते। हम उसे सलाह देंगे कि अच्छा हो यदि वह सब्र करे और आगे किसी और किताब को छपवाने की तकलीफ़ मोल न ले। लेकिन चूँकि यह लेखक की पहली कोशिश है इसलिए हम · · · ·"

यह रिव्यू पढ़कर हमें बड़ा दुख हुआ। हमारे दोस्त ने समालोचक की नसीहत पर अमल करते हुए कहानियाँ लिखने से तौबा कर ली। आजकल वह पुलिस में अफ़सर है।

बात आयी-गयी हो गयी, लेकिन हमारे दिल पर समालोचकों का बेहद रोब बैठ गया और हमें दुनिया भर के लेखकों से न जाने क्यों हमदर्दी हो गयी।

एक दिन हमारा परिचय एक साहब से कराया गया और बताया गया कि ये बड़े तोप समालोचक हैं। वह समालोचक के नाते दूर-दूर तक मशहूर थे। पूछिए मत कि हमारा क्या हाल हुआ उस वक्त। लेकिन हमारे ताज्जुब की कोई हद न रही, जब वह साहब हफ्ते भर में हमारे दोस्त बन गए। वह सचमुच एक मामूली इन्सान थे, पहले तो हम हिचकिचाते रहे, आखिर एक दिन हमने डरते-डरते समालोचना की बात छेड़ दी। उनकी तारीफ भी की कि ऐसे अच्छे रिव्यू कर लेते हैं। अपनी कमज़ोरियाँ ज़ाहिर कीं कि जब कोई किताब पढ़ते हैं तो कॉमेडी पर हँसते-हँसते लोटन कबूतर बन जाते हैं। और ट्रेजिडी पर रोना शुरू कर देते हैं। और हमें हर किताब पसन्द आ जाती है। और हमारा दिल इतना कमज़ोर है कि किसी पुस्तक पर रिव्यू कर ही नहीं सकते। अब वह हज़रत बड़े ज़ोर से हँसे और बड़ी देर तक हँसते रहे। और जब हँस चुके तो एकदम रोने लगे —बिलकुल अलिफ-लैला के उस शहज़ादे की तरह, जो परिस्तान में किसी परी को देखकर पहले हँसा था और फिर रो पड़ा था। हमने कारण पूछा तो बोले, : आपकी ज़हालत पर हँसना आ रहा है और आपकी नासमझी पर रो रहा हूँ।"

बड़ी देर तक हम बातें करते रहे। आखिर उन्होंने एक सवाल पूछा, "क्या तुम भी पुस्तकों के रिव्यू करना चाहते हो?"

हमारा दिल धड़कने लगा। कहाँ समालोचना और कहाँ हम ! हमने अपना सिर झुका लिया और शरमाकर रह गए। लेकिन उन्होंने कुछ ऐसी हौसला बढ़ानेवाली बातें कीं कि हमें विश्वास हो गया कि रिव्यू करना कुछ वैसा मुश्किल नहीं।

"लेकिन आपको पढ़ना बहुत पड़ता होगा?" हमने पूछा।

"पढ़ना? · · · कैसा पढ़ना? · · · क्यों पढ़ना?"

"आप पहले एक किताब को कई बार पढ़ते होंगे तब कहीं जाकर रिव्यू करते होंगे। बड़ा व्यापक अध्ययन होगा आपका !"

"लाहौल विला कूवत ! अगर अध्ययन करके रिव्यू करने लगें तो हो चुके रिव्यू ! · · · अध्ययन कौन मसखरा करता है !"

"हाय ! तो क्या सचमुच · · · ?"

"हाँ ! सचमुच मैं किताबें नहीं पढ़ता । अगर जरा-सा अभ्यास हो जाए तो किताब को देखकर या सूँघकर रिव्यू के पन्ने लिखे जा सकते हैं ।"

और हम करीब-करीब गश खा गए ।

इसके बाद वह हमारे गुरु बन गए और हम उनके चेले । उन्होंने हमें यह कला सिखानी शुरू की । महज चन्द हफ्तों की शिक्षा के बाद हमने भी रिव्यू करने शुरू कर दिए । सबसे पहला रिव्यू हमने एक दीवान पर किया । [दीवान वह किताब होती है, जिसमें नज्में ही नज़्में या शेर ही शेर होते हैं ।] यहाँ हम यह स्पष्ट कर देना चाहते हैं कि हमने कभी एक शेर भी नहीं कहा और न फिलहाल कोई नज़्म लिखने का इरादा है और न हमें इस जिन्स की परख है । फिर भी हमने रिव्यू कर दिया और वह रिव्यू इतना लोकप्रिय हुआ कि हम बयान नहीं कर सकते । हमारे पास रिव्यू के लिए धड़ाधड़ किताबें आनी शुरू हो गयीं । वह रिव्यू कुछ इस तरह था :

· · · पुरानी शायरी की तारीफ़ में आज भी कितने लोग हैं जो ज़मीन-आसमान के कुलाबे मिलाते रहते हैं । हमें तो कभी पुरानी शायरी पसन्द नहीं आयी । वही इश्क़ो-मुहब्बत, फ़िराक़ और विसाल, साक़ी और शराब, गुल और बुलबुल की बातें ! जो एक शायर कह गया, सब उलट-फेरकर वही बातें कहते जाते हैं । आशिक़ साहब माशूक़ की एक-एक अदा पर मरते हैं, कब्र में सो रहते हैं , मगर दूसरे ही शेर में देखिए तो कफन झाड़कर इश्क़ के अखाड़े में फिर आ मौजूद होते हैं । निगाह ऐसी कमज़ोर होती है कि माशूक़ की कमर नहीं देख सकते, पर उसके वियोग में आसमान का छोटे-से-छोटा तारा भी न सिर्फ़ देखते हैं, बल्कि सबको गिन भी डालते हैं । आह खींचकर दुनिया को जला डालते हैं और रोने पर आते हैं तो आँखों से नदी क्या, समुन्दर बहा देते हैं । उधर माशूक़ ऐसा ज़ालिम होता है कि पहले तो आँखों ही से कत्ल कर डालता है, वरना तलवार निकाल सिर धड़ से अलग कर देता है । उसे आशिक़ को घायल करके तड़पाने में बड़ा लुत्फ़ आता है । हर माशूक़ के हज़ारों चाहनेवाले होते हैं और हर आशिक़ को शिकायत रहती है कि वह उसके अलावा सबको चाहता है । होते होंगे कभी ऐसे आशिक़-माशूक़ । मगर पुरानी शायरी के रसिया आज भी वही गीत गाए जा रहे हैं · · ·

· · · लेकिन नये शायर को देखकर और नयी शायरी को पढ़कर ही आप महसूस करने लगते हैं कि आपकी और शायर की दुनिया बिलकुल एक है । नया शायर

किसान, मजदूर, धोबी, भंगी . . . यहाँ तक कि गधे और उल्लू का भी गहरी नज़र से निरीक्षण करके उस पर बड़ी-से-बड़ी कविता लिख सकता है। अब मिसाल के तौर पर इसी दीवान के शायर को और उसकी शायरी को देखिए। यहाँ हम एक कविता दर्ज करते हैं। इसमें शायर ने एक निहायत ही कठिन विषय को कैसी खूबी से निभाया है। पुरानी शायरी में इस खयाल को हरगिज़ नहीं बयान किया जा सकता। लेकिन आज की शायरी ने नयी-नयी राहें खोल दी हैं। अब कविता देखिए —

लड़ रही हैं बिल्लियाँ !
उफ बिल्लियाँ
ओह बिल्लियाँ
बाग़ में इस वक्त शायद लड़ रही हैं बिल्लियाँ
धुँधलका है शाम का
वक्त है आराम का
काम का
इनाम
का
और लड़ रही हैं बिल्लियाँ !

होंगी शायद चार ये
या तीन हों
लेकिन ज़रा-सा यह शुबह
दिल में है मेरे बढ़ गया
कि बिल्लियाँ ये पाँच हैं
और छह तो हो सकतीं नहीं
और चाँदनी-सी रात है
और चाँद है निकला हुआ
और चाँदनी है चार सू
और चार दिन की चाँदनी
और फिर अँधेरी रात है

क्या कह रहा था मैं भला ?
ओफ्फोह, अभी तो याद था

इस याद को क्या हो गया
कमबख्त से समझे खुदा
हाँ, मुझको याद आ ही गया
कि लड़ रही हैं बिल्लियाँ
बाग़ में इस वक्त शायद लड़ रही हैं बिल्लियाँ !

क्या बात है ! वाह-वाह ! कलम तोड़ना इसे कहते हैं ! देखा आपने ! अगर नहीं देखा तो फिर देखिए। हास्य और गाम्भीर्य का सामंजस्य, रोमान और यथार्थ का अजीबो-गरीब मेल। शायर ने क्या हल्की-फुल्की और दुबली-पतली नज़्म कही है !

बिल्लियों पर आपने आज तक कोई नज़्म पढ़ी ? शायद नहीं। मालूम होता है कि शायर को बिल्लियों के प्रति असीम श्रद्धा है और होनी भी चाहिए।

ज़रा दिमाग में तसवीर बनाइए। चाँदनी रात, बाग़ का एक एकान्त कोना, शायर का बेचैन दिल और कहीं दूर से बिल्लियों के लड़ने की आवाज़ ! क्या कोई दूसरी चीज़ इससे ज्यादा रोमांटिक हो सकती है ? और फिर शायर को विश्वास नहीं कि ये बिल्लियाँ ही हैं। उसने 'शायद' शब्द का प्रयोग करके कविता को कितनी बुलन्दी पर पहुँचा दिया है। हो सकता है कि उस वक्त बाग़ में कुत्ते ही भूँक रहे हों। लेकिन शायर को बिल्लियाँ ही लगती हैं और फिर शायर यह भी नहीं जानता कि इन बिल्लियों की संख्या कितनी है। कितनी मज़ेदार बात है। लेकिन उसे यह यकीन ज़रूर है कि छह से कम ही हैं। चाँदनी में शायर को अँधेरी रातें याद आती हैं, जब बाग़ में अँधेरा होगा और बिल्लियाँ भी नहीं लड़ेंगी। दुनिया की बेसबातों (नश्वरता) का नक्शा उसकी आँखों के सामने आ जाता है। लेकिन शायर ने इन्तहाई कमाल वहाँ दिखाया है, जहाँ वह यह भूल जाता है कि वह क्या कह रहा था। वहाँ वह अपनी याददाश्त को कोसता है। देखा गया है कि अकसर लोग ऐसे वक्त अपनी याददाश्त को कोसते हैं। यहाँ हम उसकी यथार्थवादिता की तारीफ़ किए बिना नहीं रह सकते।

इसी सिलसिले में हम एक दूसरे शायर की 'नयी' ग़ज़ल पेश करते हैं। (यह हम अपनी तरफ से कर रहे हैं।) पुरानी शायरी में बन्दिशें बहुत थीं और हम भावनाओं को प्रकट करते समय घुटकर रह जाते थे। लेकिन आज की शायरी में बड़ा विस्तार है। मसलन 'अमाँ ठहरो भी सही' या 'अरे-अरे' 'ऊँहूँ' को भी आज हम काफ़िया (या रदीफ़) रख सकते हैं।

अब हम उर्दू ग़ज़ल में इन्क़िलाब लानेवाले अपने मोहतरम दोस्त जनाब 'अज़हर' साहब की एक ग़ज़ल पेश करते हैं। हमने जहाँ 'चःचः' लिखा है, उसे आप 'चच

चच' पढ़िए, बल्कि मुँह से वह स्वर निकालिए जो खेद प्रकट करते समय मुँह से निकलता है —

क़िस्सा-ए-कल्बे-नातवाँ[1] चः चः
दुख भरी है ये दास्तां चः चः
हर हसीं शक्ल पर खुद आ जाना
खुद ही फिर नाला-ओ-फ़ुग़ाँ[2] चःचः
तीर खाना हर इक की नज़रों के
और देना दुहाइयाँ चः चः
दरे-जानाँ पे खुद ही जा जा के
खाना दरबाँ की गालियाँ चः चः
इक तो यह दिल की बेतुकी बातें
उस पे तखईले-शायराँ चः चः
अलगरज़ शैख जी मुहब्बत की
ऐसी ही कुछ है दास्ताँ चः चः

क्या कोई ऐसी गज़ल आज से पचास साल पहले कह सकता था ? हरगिज़ नहीं ! यहाँ हमें दो शेर और याद आ गए —

जिगर की चोट ऊपर से कहीं मालूम होती है
जिगर की चोट ऊपर से नहीं मालूम होती है

एक शब्द 'नहीं' ने शेर को चार चांद लगा दिए हैं। क्या सादगी पैदा हो गयी है। वाह-वाह ! दूसरा शेर है —

कहीं करता है कोई यूँ जफ़ाएँ नाज़नीं होकर
नहीं करता है कोई यूँ जफ़ाएँ नाज़नीं होकर

यहाँ भी एक ही शब्द बदलने से कैसी बात पैदा हो गयी है।

गरज कि इस किस्म का रिव्यू हमने किया था। रिव्यू कोई पचास पृष्ठ का था जबकि वह दीवान कुल चालीस पृष्ठ का था। रिव्यू इतना पसन्द किया गया, इतना

लोकप्रिय हुआ कि क्या अर्ज़ करें। उसे आधुनिक युग का सर्वश्रेष्ठ रिव्यू माना गया और हमारा नाम हर जगह मशहूर हो गया। इसके बाद हमने जो रिव्यू करने शुरू किए हैं तो बस एक-एक दिन में आठ-आठ किताबों पर रिव्यू कर दिए। किताब को दो-तीन मिनट पढ़ा और रिव्यू कर दिया। किताब को सूँघा और रिव्यू कर दिया। किताब को दूर से देखा और रिव्यू कर दिया। एक किताब पर तो हमने बिना उसे देखे ही रिव्यू कर दिया।

1. दुर्बल हृदय की कहानी, 2. रोना-धोना, 3. कवि-कल्पना।

सलमा सिद्दीकी

सिकन्दरनामा

सिकन्दर नाम के एक बहुत मशहूर आदमी का जिक्र हम इतिहास में पढ़ते आए हैं। उसने दुनिया को जीतने का मन्सूबा बनाया था और उस पर अमल भी किया था। लेकिन विधाता ने उसका यह सपना पूरा न होने दिया और इससे पहले कि वह दुनिया को जीत सकता, मौत ने उस पर विजय पा ली। उसकी ज़िन्दगी और मौत की छोटी-सी मुद्दत का बयान खासा दिलचस्प है। लेकिन मैं आज जिस सिकन्दर का जिक्र कर रही हूँ उसने दुनिया को जीतने का स्वप्न तो दर-किनार, कभी दुनिया को समझने का भी खयाल न किया। फिर भी उसकी मामूली ज़िन्दगी की दास्तान किसी तरह उस सिकन्दर की ज़िन्दगी की कहानी से कम दिलचस्प नहीं है जिसने दुनिया पर हुकूमत करने की ठानी थी।

हमारे हीरो सिकन्दर का जन्म उत्तर प्रदेश के एक जिले बदायूँ में हुआ, जहाँ के पेड़े किसी ज़माने में बहुत मशहूर थे। लेकिन अब सिकन्दर की शोहरत के आगे पेड़ों की शोहरत मन्द पड़ चुकी है। सिकन्दर का पूरा-पूरा हाल जानने के बाद हमें यह भी अन्दाजा होगा कि बदायूँ के मशहूर पेड़ों की शोहरत को ही नहीं बल्कि दुनिया के बड़े से बड़े अहमक की शोहरत को भी सिकन्दर ने ठेस पहुँचायी है। बल्कि कभी-कभी तो ऐसा फेर आ पड़ता है कि माने हुए ऐतिहासिक बेवकूफ की शोहरत को केवल ठेस ही नहीं, गोली लग जाती है और मशहूरतरीन बेवकूफ भी सिकन्दर की 'अक्लमन्दी' के सामने बेबस और हक्का-बक्का नज़र आता है। यूँ भी बेवकूफी और हक्का-बक्कापन का चोली-दामन का साथ होता है। लेकिन सिकन्दर और बेवकूफी का रिश्ता चोली-दामन

के रिश्ते से बहुत आगे बढ़ चुका है। चोली और दामन कपड़े के टुकड़े होते हैं और उन्हें आसानी से नापा जा सकता है—लेकिन चूँकि बेवकूफी को नापनेवाला आज तक कोई फ़ीता दरियाफ्त नहीं हो सका है, इसलिए सिकन्दर की हिमाकतों को हम भी आसानी से नाप-तोल नहीं सकते हैं।

सिकन्दर वह प्राणी है जिन पर पैदा करनेवालों को उतना फख्र नहीं होगा, जितनी हैरत होगी। लुत्फ़ यह है कि सिकन्दर खुद अपने बे-जोड़ गुणों से बिलकुल नावाकिफ़ हैं और हरदम बेहद अक्लमंद ज़ाहिर होने की कोशिश करते रहते हैं। सिकन्दर को एक नज़र में देखकर किसी को यकीन ही नहीं आ सकता कि इस मामूली-से आदमी के सिस्टम में हिमाकतों के कैसे-कैसे कल-पुर्ज़े छिपे हुए हैं, जो वक्त आने पर कैसे-कैसे गुल खिलाते हैं।

सिकन्दर की बेवकूफी को समझने के लिए बड़ी सूझ-बूझ की ज़रूरत है। उनकी हिमाकतें सस्ती, घटिया, मामूली या आसानी से समझ में आ जानेवाली नहीं हैं। वह एक उस मुस्तकिल मज़मून की हैसियत रखते हैं जिस पर दिल लगाकर रिसर्च की जाए। और कभी-कभी खुद रिसर्च करनेवाला भी सिकन्दर की हस्ती के आगे हथियार डाल दे, यानी कलम रख दे और अश्क-अश्क करने लगे।

सिकन्दर की अक्लमन्दी की दास्तान खुद उनकी उस कोशिश से शुरू होती है जो वह खुद को हरदम अक्लमन्द जताने के लिए करते रहते हैं। पहली बात तो यह है कि वह खुद को एक फर्द नहीं, एक जमाअत समझते हैं, और कभी 'मैं' नहीं बल्कि हमेशा 'हम' कहकर बात शुरू करते हैं। इस 'हम' का ज़िक्र अनगिनत बार इस तरह करते हैं कि हमें शुबहा होने लगता है कि इस दुनिया में सिकन्दर ही सब कुछ है और 'हम' कुछ भी नहीं हैं।

लगभग तेईस-चौबीस साल हुए, एक दिन सुबह सिकन्दर हमारे घर में नौकरी के इरादे से दाखिल हुए थे और आज हालत यहाँ तक पहुँच चुकी है कि खुद हम लोग यानी घरवाले भी सिकन्दर की इजाज़त के बगैर घर में दाखिल होने का हक खो बैठे हैं।

सिकन्दर बादशाह का तो दुनिया पर राज करने का सपना पूरा न हुआ लेकिन एक गुमनाम-सा बेवकूफ़ सिकन्दर आज एक पूरे घराने पर हुकूमत कर रहा है। इसलिए कि उसने सपना नहीं देखा था, मन्सूबे नहीं बनाए थे, बस्तियाँ नहीं उजाड़ी थीं, कब्र नहीं बनायी थीं, बल्कि महज़ अपनी बेवकूफ़ी के बलबूते पर दुनिया के बाज़ार में अपनी हिमाकतें सजायी थीं और इसीलिए विश्व-विजेता सिकन्दर असफल और अहमक सिकन्दर सफल हो गया।

इस चौबीस साल की मुद्दत में शायद ही कोई ऐसा रूखा-फीका दिन गुज़रा हो जब सिकन्दर से कोई-न-कोई हिमाकत बड़े पैमाने पर न हुई हो। सिकन्दर और बेवकूफी इस तरह गड्डमगड्ड हो चुके हैं कि दोनों को जानने-पहचाननेवालों को भी कभी-कभी इस मुश्किल का सामना करना पड़ता है कि सिकन्दर कहाँ हैं और बेवकूफी कौन है ? यानी कला कौन है और कलाकार क्या है ? बड़े आर्ट की पहचान यह बतायी गयी है कि उसमें आर्टिस्ट का 'खूने-जिगर' शामिल होता है।

सिकन्दर का आर्ट उस मंजिल पर पहुँच चुका है और कभी-कभी उनकी अहमकाना हरकतों से दिल इस कदर जलता है कि जी चाहता है कि उनके बड़े आर्ट में उनका खूने-जिगर शामिल होने का इन्तज़ार न किया जाए, बल्कि सीधे-सीधे बड़े आर्टिस्ट ही का खून कर दिया जाए। इसलिए कि कभी-कभी उनके आर्ट की कीमत बहुत अदा करनी पड़ जाती है —यानी उस वक्त जब हालात और मिज़ाज साज़गार न हो और सिकन्दर का अहमकाना आर्ट अपने शिखर पर हो। और ऐसे मौके अकसर पेश आते रहते हैं।

सिकन्दर जिस दिन हमारे घर नौकर हुए उस दिन उन्होंने अपने आने के सिलसिले में आते ही एक खूबसूरत चाय के सेट की प्याली तोड़ डाली और टूटी हुई किरचें अपने कुरते के दामन में बटोर लाए और सामने खड़े होकर बोले —

"यह देखिए क्या हुआ ?"

"क्या हुआ ?" हम लोगों ने घबराकर पूछा।

"होता क्या ? आपके यहाँ के पानी के नल ने यह कर दिया।"

"पानी के नल का इसमें क्या कसूर · · · ?" किसी ने कहा।

"और किसका कसूर है, साहब ? भला हम क्या करते, हम प्याली धो रहे थे कि नल इससे टकरा गया ! नल बदलवा दीजिए · · · "

गुस्सा तो उन पर बहुत आया, लेकिन चूँकि वह उनकी पहली गलती थी, फिर उनके बयान के मुताबिक कसूर उनका नहीं नल का था, इसलिए सब लोग चुप हो गए।

लेकिन उस दिन से आज तक सिकन्दर की उस पानी के नल से दुश्मनी चली आ रही है। कभी प्लेट तोड़ देता है, कभी गिलास चकनाचूर कर देता है, कभी इतना कसकर बन्द हो जाता है कि उसे खोलने में सिकन्दर की उँगलियाँ चटखने लगती हैं, और कभी इस तरह खुल जाता है कि बन्द करने में सिकन्दर की कलाई मुड़ जाती है · · · !

सिकन्दर की ज़बान बड़ी कड़वी है। अच्छा-भला आदमी उनके दो 'मीठे बोल' सुन ले तो ज़िन्दगी-भर के लिए उनका दुश्मन हो जाए। नये नौकरों के साथ उनका यह सलूक घरवालों के लिए हमेशा परेशानी का कारण रहा है। इसलिए सिकन्दर अपने-आपको अब नौकर नहीं बल्कि मालिक-मकान समझने लगे हैं और नौकर को नौकर का भी नौकर समझते हैं। मुश्किल यह आ पड़ती है कि उनके इस तौर-तरीके की बिना पर कोई नया नौकर हफ्ते-दस दिन से ज्यादा ठहरने पर तैयार नहीं होता है।

एक बार सिकन्दर ने कोई ऐसी ही हरकत की। एक नौकर को जो बड़ा सीधा-सादा और नेक-सा छोकरा था, डाँट-फटकारकर घर से निकाल दिया। वह बड़ा मेहनती नौकर था। उसके जाने से काम-काज में बड़ी रुकावट पड़ गयी।

सिकन्दर से पूछा गया—"भई, तुमने आखिर उस अच्छे-भले आदमी को क्यों निकाल बाहर किया ! तुम्से काम होता नहीं, दूसरों को टिकने नहीं देते हो, आखिर हमारे घर का काम कैसे चलेगा ?"

सिकन्दर ने, जैसी उनकी आदत थी, गरदन को झटका दिया और बोले, "उस छोकरे को बुलाइए और पूछिए, हमने उसे कहा ही क्या था ?" फिर सोचकर बोले, "हमने तो उससे बस यह कहा था कि भई, तू हमारी पसन्द का काम नहीं करता है। हम तुझको बेहद करके ना-पसन्द करते हैं। फिर तेरी यह मज़ाल कि तू हमारा मुकाबला करता है। भला कहाँ तू, कहाँ हम ! तू जरूर कोई नीच जात का आदमी है। हम ठहरे जात-बिरादरीवाले। हमें तो तू कोई कुंजड़ा, कसाई, उठाईगीरा-सा नजर आवे है . . . चल, दूर हो हमारी नजर के सामने से !"

सिकन्दर अब तक हैरान है ! ऐसे प्यारे-प्यारे मीठे बोल सुनकर आखिर वह बेवकूफ छोकरा भाग क्यों गया . . . ?

एक बार एक छोटे-से बच्चे के लिए आया की तलाश थी। कई आयाएँ आती और जाती रहीं। एक औरत ठीक नज़र आयी। उससे तनख्वाह की बात ठीक नहीं हो पाती थी। सिकन्दर से कहा गया कि अलग से जाकर उस आया से तनख्वाह की बातचीत ठीक-ठाक कर ले।

बोले, "क्या कहें हम उससे ?"

कहा गया, "कहना कि तीस रुपए दिए जायेंगे। दोनों वक्त का खाना और दोनों वक्त की चाय मिलेगी। फटे-पुराने कपड़े मिलेंगे और अगर यह मंजूर न हो तो फिर पचास रुपए खुश्क मिलेंगे।"

सिकन्दर सिर को झटका देकर आया को किचन में ले गए और दो-तीन ही मिनट में आया के साथ वापस आए और बोले, "लीजिए साहब, सब ठीक कर दिया

हमने · · ·" फिर आया की तरफ देखकर मुखातिब हुए, "हमने इनसे कह दिया है कि दोनों वक्त की चाय मिलेगी, दोनों वक्त का खाना मिलेगा, फटे-पुराने कपड़े मिलेंगे, लेकिन पचास रुपए बिलकुल 'खुश्क' मिलेंगे !"

2

सिकन्दर आज तक कुँवारे हैं। शादी का अरमान उनकी ज़िन्दगी का सबसे अहम पहलू है। हर दम, हर घड़ी, हर वक्त अपनी शादी के खयाल में गुम रहते हैं। चौबीस साल से वह अपनी शादी की फिक्र में मशगूल रहते हैं। कोई भी कुँवारी-ब्याही, बुढ़िया-जवान, खूबसूरत-बदसूरत औरत ऐसी नहीं है जो हमारे घर में, पड़ोस में, मुहल्ले में, शहर में या सिकन्दर के वतन में उन्हें नज़र आयी हो या जिसका महज उन्होंने ज़िक्र सुना हो और उससे शादी के लिए आमादा न हो गए हों। उनकी इस कमज़ोरी से बहुतों ने फायदा उठाया है, खासतौर पर सिकन्दर के रिश्तेदारों ने उन्हें इस सिलसिले में बहुत सताया है और उन्हें लूटा है। हज़ारों बार उनसे शादी के वादे किए गए—कभी खुद लड़की ने, कभी लड़की के बाप ने, कभी किसी दोस्त ने, कभी किसी बिलकुल अजनबी राह-चलते मुसाफिर ने · · · मगर आज तक किसी ने वादा पूरा नहीं किया ! किसी ने शादी नहीं करायी ! किसी ने शादी करने के लिए दी गयी रकम नहीं लौटायी ! किसी ने एक बार पैसे लेने के बाद दोबारा सूरत नहीं दिखायी ! लेकिन सिकन्दर को किसी से गिला नहीं है। गिला है तो अपनी किस्मत से। कहते हैं, "बेचारे वे लोग क्या करें। जब हमारी किस्मत में खोट है तो कोई क्या करे · · ·"

रिश्तेदार बनकर सिकन्दर को लूटना बहुत आसान है। कोई एक बार उनसे दूर की या नज़दीक की रिश्तेदारी झूठी या सच्ची निकाल दे, सिकन्दर की बाछें खिल जाती हैं, बटुआ खुल जाता है। ऐसी नज़रों से हर तरफ देखते हैं जैसे कोई बहुत बड़ा मोर्चा जीत लिया हो। और बस रिश्तेदार की खातिर बिछ जाते हैं। हममें से कोई समझाता है —"भई, ये सब लुटेरे हैं, तुम्हें लूटने के लिए आ जाते हैं · · ·" तो सिकन्दर उलटा हम सबसे रूठ जाते हैं—"साहब, हम तो रिश्तेदारों को छोड़ेंगे नहीं। हम कमाते किसके लिए हैं ? इसी रिश्तेदारी के सबब से सिकन्दर खुद कंगाल रहते हैं। जो कुछ भी जमा-पूँजी उनके पास होती है, वह कोई-न-कोई ऐरा-गैरा रिश्तेदार का लेबल लगाकर उनसे झपट ले जाता है। कभी-कभी तो सिकन्दर खुद भी अपने

रिश्तेदार को नहीं पहचान पाते हैं, लेकिन यह उनकी मुरव्वत और रिश्तेदारी की भावना के खिलाफ़ है कि वह रिश्ते की छानबीन करें। कहते हैं —

"साहब, हमारा खयाल तो यही है कि इस आदमी को हमने कभी अपने खानदान में नहीं देखा है, न उसका नाम कभी सुना है। लेकिन आखिर उसको क्या पड़ी है जो ख्वामहख्वाह हमें अपना रिश्तेदार कहेगा ? ज़रूर इसमें कोई भेद है।" मतलब यह होता है कि "ज़रूर इसमें कोई रिश्तेदारी है।"

और फिर इस 'बे-गरज' रिश्तेदार की जी-जान से खातिर करते हैं। उसको दूध-जलेबी का नाश्ता कराते हैं। अलीगढ़ के बिस्कुट उसको तोहफे में देते हैं। उसको रेल का किराया देते हैं। रेल पर सवार कराते हैं। और बस इस सबके बदले में वह चलते वक्त सिर्फ़ एक फिकरा कह देते हैं, "वह जरा हमारा खयाल रखिएगा ··· लड़की शरीफ हो ··· खिड़की-दरवाजे की झाँकनेवाली न हो ··· चटोरी न हो ···"

रिश्तेदार बड़े ज़ोर-शोर से अगले महीने के पहले हफ्ते में उनकी शादी कराने की शर्तिया कसम खाता है। रेल चली जाती है। सिकन्दर वापस चले आते हैं और जाने कितने महीने गुजर जाते हैं। वह रिश्तेदार फिर कभी अपने रिश्तेदार से मिलने वापस नहीं आता है। लेकिन सिकन्दर का ईमान 'रिश्ते की अहमियत' में और भी मजबूत हो जाता है।

3

कभी-कभार सिकन्दर फ़िल्म देखने भी चले जाते हैं, लेकिन फ़िल्म देखने का शौक उनको जरा कम है। जब किसी तसवीर की बहुत तारीफ सुनते हैं तो जाते हैं, लेकिन जब फ़िल्म देखकर आते हैं तो दो दिन तक उसी फ़िल्म के माहौल और डायलॉग में खोये रहते हैं। पिछले साल इसी तरह कोई फ़िल्म देख आए और सुबह से खिलाफ-मामूल चुप-से थे। हाँ, आते-जाते, झाड़ू देते-देते, बरतन धोते-धोते, कभी-कभी हाथ रोककर मुँह-ही-मुँह में कुछ बुदबुदाते, कभी मुसकराते, कभी अफसोस से सिर हिलाते, कभी खला में इस तरह हाथ को नचाते गोया, जो कुछ भी हुआ उसकी जिम्मेदारी उन पर किसी तरह नहीं है और जैसे खुदा से कह रहे हों —

मुझे फिक्रे-जहां क्यों हो
जहां तेरा है या मेरा ?

जब सिकन्दर पर यह कैफ़ियत तारी हो जाए तो सोच लेना चाहिए कि दौरा शदीद है और जब तक मरीज का पूरा हाल नहीं पूछा जाएगा, इलाज मुमकिन न होगा। जब सिकन्दर चाय की ट्रे लेकर मेरे कमरे में आए और ट्रे मेज़ पर रखकर एक तरफ खड़े हो गए तो मैं समझ गयी कि अब कुछ वक्त उनकी नज़र करना ही पड़ेगा। मैंने पूछ ही लिया, "रात कौन-सी फ़िल्म देखी ?"

सिकन्दर खिल गए। आगे बढ़कर बड़े गम्भीर लहजे में बोले, "मुर्गे आजम देख आया हूँ।"

"कैसी लगी तुम्हें फिल्म ?"

"अरे बीबी, क्या बताएँ हम, अजीब फ़िल्म थी। वह जो किसी ने कहा है कि किस्मत का लिखा पूरा होता है तो बेचारी अनारकली का मुकद्दर का लिखा पूरा हुआ . . ."

"भई ! यह अनारकली कौन थी ?" मैंने किस्से को तूल देते हुए कहा।

अब सिकन्दर मूड में आ चुके थे, आराम से नीचे कालीन पर बैठ गए और बोले, "अरे बीबी, आपको अनारकली के बारे में कुछ पता नहीं और लोग-बाग तो कहें हैं, किताबों में उसका किस्सा लिखा है ! . . ."

"भई, मैं जरा किताब कम ही पढ़ती हूँ। तुम तो बताओ, यह किस्सा क्या है आखिर ?"

"किस्सा साफ है, मुर्गे-आज़म के दरबार में एक बांदी थी। मुर्गे-आज़म की देखा-देखी लोग-बाग उसको अनारकली कहने लगे, 'सारे आलम' (साहबे-आलम) के सामने पहुँच गयी और विनसे (उनसे) एक दिन मुहब्बत करने लगी। . . . मुर्गे-आज़म के डर से कोई डाकिया तो उसका खत 'सारे आलम' तक पहुँचाने पर राजी न हुआ होगा, तो अनारकली अपना खत लिखकर एक फूल में बन्द करके दरिया में डालकर बैठ रही, गाने लगी कि —"न देखा न भाला, तेरी झूठी कहानी पर हम बहुत रोए !" करना खुदा का यूँ हुआ कि 'सारे आलम' की नज़र पड़ गयी फूल पर। विन्होंने (उन्होंने) फूल जो उठाया तो उसमें से निकला खत। बस, फिर क्या था। 'सारे आलम' अपने बाप मुर्गे-आज़म के खिलाफ हो गए। उधर मुर्गे-आज़म भी ठहरे एक ही जिद्दी आदमी। बस, बाप-बेटे की ठन गयी—बाप आपको चीखे-चिल्लाए, बेटा आपको। उधर अनारकली और उसकी माँ ने शोर मचा दिया। शोर-गुल से मुर्गे-आजम को और भी 'जिद्द' पड़ गयी और उन्होंने हुक्म दे दिया कि अनारकली को जिन्दी चुनवा दिया जाए . . .।"

"फिर क्या हुआ ?" मैंने जरा हैरत जाहिर की।

"अरे, होता क्या साहब, सारे तमासबीन रोने लगे कि बादशाहों के चक्कर में बिचारी लौंडिया की जान मुफ्त में चली गयी। अच्छी-भली सकल-सूरत की थी कहाँ दरबार में जाकर 'सारे आलम' की जान को आ गयी। कनीज तो यूँ ही ठहरी। भला पूछो तो सही, तुझे किसने कहा था कि अपनी जात-बिरादरी को छोड़कर दरबार में घुस जाए। अरे, अपनी जात में देखती किसी बराबरवाले को तो सादी-ब्याह भी हो जाता और जान भी बच जाती। मगर वह जो कहा है किसी ने 'औरत जात तो वही करे है जो उसका जी चाहे है'।"

"फिर ?" मैंने पूछा।

"तो फिर क्या, अनारकली को जिन्दी चुनवा दिया मुर्गे-आज़म ने।" सिकन्दर दर-गुजर के अन्दाज़ में बोले, "हम तो यही समझते साहब कि अनारकली अब सही-सलामत न आएगी, वह तो गयी काम से। पर शाबाश है मुर्गे-आज़म को। दरबार में मौत का हुकुम दिया और फिर जो हमने देखा तो खड़े हैं सुराग में और अनारकली अलग खड़ी है। हम तो जानें जानबख्शी कर दी उसकी—बस, इतना जरूर उससे मुर्गे-आज़म ने कहा, 'लड़की, जा, हमने तेरी जानबख्शी कर दी। अब तू यहाँ से निकल जा और पहुँच जा सीधी किसी मुगलसराय (महल सरा) को।"

अनारकली के पूरे किस्से में सिकन्दर को यही एतराज था कि उस बेवकूफ छोकरी ने सख्त हिमाकत यही की थी कि बादशाह के बेटे से मुहब्बत कर बैठी। सीधे-सीधे अपनी जात-बिरादरीवालों में किसी आदमी का हाथ पकड़ लेती। और इस जात-बिरादरी का जिक्र करते हुए सिकन्दर का लहजा कुछ ऐसा था जैसे वह खुद अनारकली की जात बिरादरी के हों।

दिलीपकुमार की ऐक्टिंग के अब बहुत कायल हो गए हैं —पहले नहीं थे। और मुर्गे-आज़म में उसने अनारकली से इश्क किया था, खासे उससे नाराज़ रहने लगे थे। लेकिन एक दिन पिक्चर-हाउस से लौटे तो बहुत ही खुश थे और दिलीपकुमार का जिक्र इस तरह कर रहे थे जैसे अपनी जात-बिरादरी की औरत से इश्क करने का उसका जुर्म उन्होंने माफ कर दिया हो। बोले, "साहब ! क्या ऐक्टिंग किया है दिलीपकुमार ने इस फिल्म में !"

"किस फ़िल्म में ?"

"अरे, उसी कोलनहूर (कोहनूर) में। क्या फिल्म बना है कि दस बार देखो और जी न भरे। फिर गाने तो ऐसे हैं कि पैसे वसूल हो गए। एक मशहूर शहेर (शेर) तो ऐसा गाया है कि जो सुनता है वाह-वाह करता है, जंगल में रात के वखत (वक्त) गाता है —आज की रात चांद और सितारों का मिलन होगा और मुसकराता रहेगा जिनमें

आसमान आज की रात। दूसरे मौखे (मौके) पर गाता है —लोग-बाग प्यार की ये देखें जादूगरी—सबजपरी को उठा लाया गुलफाम…"

सिकन्दर शायरी के सिलसिले में किसी रदीफ़, काफ़िए, वजन या बहर के कायल नहीं। उनके दिल को तो जो अलफाज शेर में भा जाते हैं उनको उलट-पुलटकर किसी-न-किसी तरह अपनी जरूरत और सूझ-बूझ के मुताबिक तरतीब दे लेते हैं, और अकसर तो अपनी किसी निहायत बेमानी और अहमकाना बात के सबूत में बतौर मिसाल शेर पेश करते थे। मसलन एक दिन बावर्चीखाने में बैठे दूसरे नौकरों से कुछ अमीरी-गरीबी के बारे में बातें कर रहे थे। बहुत सोच-विचारकर बोले, "भाई, बात गे (यह) है कि अमीर, अमीर है —गरीब, गरीब। दोनों कौमें एकदम अलग-अलग हैं। अमीरों का क्या है, सेर-तफरीह (सैर-तफरीह) में वख़्त (वक्त) गुजार देते हैं। रहे गरीब तो उनकी भी गुजर हो ही जाती है। वह जो कहा है किसी साहिर ने कि 'जब वक्त तनहाई होती है —हम इस तरह गुजारा करते हैं।' जाने किस भले आदमी के गले पर छुरी फेरकर वह इतमीनान से हुक्का गुड़गुड़ाते हुए बावर्चीखाने से निकल गए।

एक दिन गरमियों की रात में गरमी और मच्छरों से आजिज सिकन्दर को नींद नहीं आ रही थी। सहन के एक कोने में अपनी खाट पर कभी उठ रहे थे, कभी बैठ रहे थे। मेरा उधर से गुजर हुआ और मैंने पूछा, "क्या बात है सिकन्दर, सोते क्यों नहीं हो?"

बोले, "क्या बताऊँ बीबी—ये मच्छर सोने ही नहीं देते। गर्मी से नींद अलग नहीं आ रही है। वही मजमून हो गया है वह जो किसी साहिर (शायर) ने कहा है कि—कजा (क़ज़ा) का तो दिन हमने मुकर्रर कर दिया है—फिर तुझे नींद क्यों नहीं आवे है?"

कड़ाके की सर्दी के दिनों में कोई फिल्म देखकर आए तो बहुत ही मुतास्सर मालूम होते थे। बोले, "साहब, ये फिल्म के ऐक्टर-ऐक्टरानियाँ भी जाने किस मिट्टी के बने हुए हैं। ये जोरों का जाड़ा पड़ रहा है, दाँत से दाँत बज रहा है, और ऊपर फिल्म में मेह पड़ता जावे है और दोनों गा रहे थे, मजे-मजे से कि —

जिन्दगानी भर न भूलेगी ये बरसात की रात,
कि हो गयी एक हसीना से अचानक मुलाकात।

कास खुदा-न-खास्ता। वह तो कहो खुदा को उनकी जिन्दगानी मंजूर थी। और नहीं तो जो हो जाता अलमोनियाँ (निमोनिया) तो क्या होता?"

गीताबाली की कोई फिल्म ऐसी नहीं जो सिकन्दर ने न देखी हो। पूरी हिन्दुस्तानी फिल्म इण्डस्ट्री में अगर किसी एक्ट्रेस के कायल हैं तो सिर्फ़ गीताबाली के। सिकन्दर ने गीताबाली को सबसे पहले फिल्म 'सुहाग रात' में देखा था और उसी वक्त से उसके गिरवीदा हो गए थे।

मैंने पूछा, "भई, आखिर ऐसी क्या बात गीताबाली में है जो दूसरी एक्ट्रेसों में नहीं है ?"

बोले, "आप समझीं नहीं, उनमें (गीताबाली में) क्या-क्या खूबियाँ हैं। अरे साहब ! ऐसी अच्छी आदत की हैं वह कि क्या कहें हम। बड़ी सीधी-सादी तबीयत है उनकी। शान और गरूर तो उनमें नाम को नहीं है। हम तो, साहब, बस 'स्वांग-रात' देखते रहे और वाह-वाह करते रहे। भिकारी की तरह रहती हैं—बिचारी के पास पहनने को कपड़े नहीं, खाने को रोटी नहीं, रहने को घर नहीं, पर क्या मजाल जो सकायत (शिकायत) का हरफ मुँह पर लाएँ, बड़ी गरीबनी तबीयत की हैं। जैसा सूखा-फीका खाने को दे दिया, खुशी-खुशी खा लिया। जो मोटा-झोटा पहनने को दिया, पहन दिया। बस साहब, हम तो इस बात के कायल हो गए हैं। दूसरी एक्ट्रेसों की बात अलग है। बड़ी दिमागदार होती हैं वे। क्या हमने देखी नहीं हैं उनकी फ़िल्में। हर बात पर झगड़ा, हर चीज़ पर नखरा।"

गर्जे कि गीताबाली को एक फ़िल्म में सीधी-सादी भिखारिन के रूप में देखकर सिकन्दर ने दिल-ही-दिल में बड़े-बड़े हवाई किले बना लिये और हरदम इस फिक्र में रहते थे कि किसी तरह उस गरीब भिखारिन के काम आ सकें। करना खुदा का यूँ हुआ कि उन्हीं दिनों सिकन्दर के दाँत में दर्द शुरू हो गया और एक दिन जबकि वह किसी डॉक्टर की तलाश में थे तो किसी ने उनको बताया कि गोल मार्केट में एक डेंटिस्ट हैं —डॉक्टर बाली। उनसे मिलें और इलाज कराएँ। सिकन्दर डॉक्टर बाली का नाम सुनकर खिल उठे और उन्होंने दिल-ही-दिल में तय कर लिया कि डॉक्टर साहब गीताबाली के वालिदे-बुजुर्गवार हैं, और गरीबी से तंग आकर डॉक्टर बन बैठे हैं। और उनके जरिए से दाँत के दर्द का नहीं तो कम से कम दिल के दर्द का तो इलाज हो ही सकेगा। चुनाँचे सीधे वह डॉक्टर बाली के मतब में घुस गए।

डॉक्टर ने उनसे पूछा, "कहिए, कैसे आना हुआ ? दाँत में क्या तकलीफ है आपके ?"

सिकन्दर ने तसल्ली देते हुए कहा, "इतमीनान रखिए, दाँत का इलाज हम आप ही से कराएँगे। लेकिन पहले यह फरमाइए कि वह कहाँ हैं ?"

डॉक्टर साहब बोले, "वह कौन ?"

बोले, "आपकी साबजादी ?"

डॉक्टर साहब ने गुस्सैली निगाहों से देखकर गरजकर पूछा, "होश तो ठिकाने हैं आपके, मिस्टर ! मेरी साहबजादी का नाम लिया आपने तो गोली मार दूँगा आपको।"

सिकन्दर बोले, "वाह साहब, वाह ! हमने जरा पूछ लिया विन को तो आप यूँ चीखने लगे। और सारे शहर में लोग-बाग उनके चरचे करते हैं तो आप सबको गोली मारेंगे।"

डॉक्टर इस बात पर चकराए और समझ गए कि खराबी सिकन्दर के दाँत में नहीं, दिमाग में है। फिर भी मोटी अकल के आदमी थे, बात की तह तक पहुँचने में देर लग रही थी उनको।

आखिरकार सिकन्दर ने खुद ही बात साफ़ की और पूछ ही बैठे, "तो क्या गीताबाली आपकी साहबजादी नहीं हैं ?"

अब डॉक्टर साहब की जान में जान आयी—फिर भी वह सिकन्दर की जानबख्शी पर रजामन्द नज़र न आते थे और सिकन्दर के दाँत पर अपनी नज़रें लगाए हुए थे। आस-पास के लोगों ने सिकन्दर और डॉक्टर साहब का झगड़ा होते हुए देखा तो सुलह-सफ़ाई कराने लगे और बड़ी मुश्किलों से पाँच रुपये और एक दाँत का नजराना लेकर डॉक्टर साहब ने सिकन्दर का पीछा छोड़ा।

उन दिन से गीताबाली का नाम सुनते ही सिकन्दर के दाँत में दर्द होने लगता है और इस तरह हमें भी गीताबाली की गरीब तबीयत और गरीबी के किस्से सुनने से निजात मिल गयी।

4

सिकन्दर को प्रकृति की सुन्दरता वगैरह से बिलकुल कोई दिलचस्पी नहीं है। काली घटा, ठंडी हवा, डूबते सूरज की लाली, इन्द्रधनुष, बहता हुआ झरना, उभरता हुआ चांद, चिड़ियों का चहकना—ये सब कुछ उन्हें बिलकुल नहीं भाता है।

एक बार बरसात के मौसम में उनसे किसी ने कहा, "सिकन्दर, देखो कैसी घटा छायी है ?"

बुरा-सा मुँह बनाकर बोले, "आँ-हाँ, घटा छायी है, देख रहे हैं हम। जब बरसने पर आवेगी तो मुसीबत खड़ी कर देगी। हर तरफ कीचड़ हो जाएगी। फिसल-फिसलकर अलग लोग-बाग गिरेंगे।"

किसी ने कहा, "आज चौदहवीं का चांद है, कितना खूबसूरत लग रहा है।"

सिकन्दर ने बेज़ारी से कहा, "समझ में नहीं आता, आखिर इस कमबख्त चांद में खास बात क्या है जो सब इसको देखे हैं। चालीस साल से हम इसको देखते आ रहे हैं , निकलता है, डूबता है —इसमें आखिर खास बात क्या है ?"

गर्मियों की छुट्टियों में जबकि हम लोग नैनीताल में थे, एक दिन बैठे-बिठाए पिकनिक का प्रोग्राम बन गया, और खुरपाताल —नैनीताल से कुछ मील दूर नीचे की ओर एक खूबसूरत-सी घाटी—जाना तय हुआ। सिकन्दर को मालूम हुआ तो बहुत बद-दिली से उन्होंने पिकनिक का सामान तैयार करना शुरू किया। बहुत नाराज़ होकर बोले, "समझ में नहीं आता, यह बेगम साहब को बैठे-बिठाए क्या हो जाता है ? अच्छा-भला घर छोड़कर जंगल में जाने का पुरोगिराम बना लेती हैं। भला पूछो, अच्छी-खासी मेजकुर्सी छोड़कर वहाँ कूड़े-करकट पर बैठकर खाना खाएँगी, ताल के गन्दे पानी से हाथ धोएँगी, घास पर उठे-बैठेंगी। आने-जाने में जो थकन होगी, ओ अलग !"

आखिरकार इसी तरह बुदबुदाते और बड़बड़ाते हुए सिकन्दर हम लोगों के साथ रवाना हुए। जब काफी देर हो गयी और सिकन्दर का मिज़ाज बदस्तूर कड़वा रहा तो हम में से किसी ने उनको खुश करने की खातिर उनसे कहा, "अरे सिकन्दर, देखो तो कैसा खूबसूरत नज़ारा है।"

सिकन्दर ने त्यौरी पर बल डाले-डाले पूछा, "किधर, किधर है नजारा ?"

कहा गया, "देखो वह सामने किस कदर खूबसूरत पहाड़ी है ! · · · मवेशी किस कदर खुशी से इधर-उधर घूम-फिर रहे हैं। · · · वह चरवाहा अपनी बाँसुरी लिये पेड़ की डाल पर बैठा है · · · सामने झरना बह रहा है · · · "

सिकन्दर ने बहुत ही बुरा-सा मुँह बनाकर कहा, "लो साहब, यह नज़ारा हो गया ! इसमें खास बात क्या है, सामने एक ईंट-पत्थर का टीला है, वहाँ गाय-बैल घास चर रहे हैं। · · · एक गन्दा-गलीज़ काला-सा छोकरा पेड़ पर कूद रहा है और जो अभी डाल टूटी और आ पड़े बच्चा मुँह के बल ज़मीन पर तो पता चलेगा कि चरवाहा किसे कहे हैं ! · · · और झरने का क्या है, पानी ऊपर से गिरे है तो नीचे को तो आवे ही है। सदा से यही कायदा रहा है दुनिया का, आप उसको झरना बनाए दें हैं, अब हम आपको क्या फरमाएँ ?"

सिकन्दर को प्राकृतिक दृश्यों के बाद अगर किसी चीज़ से बेहद करके नफरत है तो वह छोटे-छोटे बच्चे हैं। कहते हैं, "साहब, समझ में नहीं आता आखिर बच्चों से फायदा क्या है ? हर वक्त दंगा-फसाद मचाते रहते हैं, लड़ते-झगड़ते हैं, और हर वक्त उनकी देख-भाल अलग करनी पड़ती है।"

जिस घर में बच्चे ज्यादा होते हैं वहाँ जाने से सिकन्दर हमेशा बचते हैं। एक बात यह भी है कि बच्चे भी सिकन्दर के साथ इस तरह का सलूक नहीं करते हैं जैसे किसी जीते-जागते इन्सान से किया जाता है। घर और मुहल्ले-भर के बच्चे सिकन्दर को एक अनोखा जीव समझते हैं और आए दिन सिकन्दर की साइकिल घसीटते हैं, कभी सिकन्दर की नज़र बचाकर उनका हुक्का छिपा देते हैं, कभी सिकन्दर को बे-खबर पाकर उनकी टोपी झपट लेते हैं। उस वक्त सिकन्दर का गुस्सा देखने के काबिल होता है और वह मासूम बच्चों की शान में ऐसे-ऐसे शब्द कहते सुने जाते हैं कि अगर बच्चों की माँएँ सुन लें तो सिकन्दर के होश ठिकाने लगा जाएँ। लेकिन बच्चे उनकी गालियों से बहुत मजा लेते हैं और सिकन्दर का बुरा-भला कहना तो उन्हें किसी दिलचस्प खेल का एक हिस्सा मालूम होता है।

5

अभी थोड़े दिनों की बात है, सिकन्दर के वतन से उनके नाम एक खत आया। सिकन्दर को अपनी डाक का बहुत इन्तज़ार रहता है और हफ्ते-दस दिन में उनके नाम ज़रूर एक-न-एक खत उनके घर से आ जाता है। अजीब बात यह है कि चौबीस साल की मुद्दत में उनके नाम जितने खत आए हैं उन सबका मजमून तकरीबन यकसा होता है, सिर्फ़ भेजनेवाले के नाम में कभी-कभी फर्क हो जाता है। हर खत में सिकन्दर से कोई-न-कोई फरमाइश या मुतालबा किया जाता है, किसी-न-किसी को किसी-न-किसी का कर्जा चुकाना होता है। लड़की की शादी के लिए पैसों की ज़रूरत होती है। इलाज के लिए रकम दरकार होती है। घर की मरम्मत के लिए पचास-साठ रुपयों का सवाल होता है। आज तक इनमें से कोई सिकन्दर के काम नहीं आया है, किसी ने सिकन्दर की कभी कोई मदद नहीं की। सिकन्दर को वतन जाने पर किसी ने मेहमान नहीं रखा बल्कि उलटा सिकन्दर से पैसे ले-लेकर घर का खर्च चलाया है, लेकिन सिकन्दर हैं कि सब पर जान छिड़कते रहते हैं ! हर साल मुहर्रम के ज़माने में दस दिन की छुट्टी लेकर अपने वतन बदायूँ जाते हैं और जो कुछ भी जमा-पूँजी, कर्ज ली गयी रकम, या पेशगी तनख्वाह होती है सब अपने उन खुद-रौ रिश्तेदारों पर खर्च कर आते हैं। हममें से कोई समझाने की कोशिश करता है तो बहुत बुरा मानते हैं और कहते हैं, "साहब, हम तो अपने माँ-बापों को छोड़ेंगे नहीं।"

यह 'माँ-बापों का लतीफा भी कम दिलचस्प और इबरतनाक नहीं है। सुना है जब सिकन्दर पैदा हुए तो उनके माँ-बाप दोनों ज़िन्दा थे, कुछ अरसे के बाद सिकन्दर की माँ का इन्तकाल हो गया और उनके बाप ने किसी औरत से शादी

कर ली जिसे सिकन्दर 'माँ' कहने लगे। अजीब इत्तफ़ाक़ कि आठ-दस साल के बाद सिकन्दर के बाप भी चल बसे और उस औरत ने किसी दूसरे आदमी से शादी कर ली और सिकन्दर उस आदमी को बाप कहने लगे। लाख-लाख समझाओ कि भई, तुम्हारे लिए ये दोनों औरत-मर्द कतअन अजनबी हैं लेकिन सिकन्दर किसी तरह यह मानने पर तैयार नहीं होते हैं कि उनके 'माँ-बापों' में कोई गड़बड़ है। इन दिनों 'माँ-बापों' ने भी सिकन्दर को लूटने की कसम खा रखी है। सिकन्दर की पूरी कमाई उन्हीं के हिस्से में आयी है।

एक दफ़ा मैंने सिकन्दर को बहुत समझाने-बुझाने की कोशिश की और उनसे कहा कि तुम्हारे ये सारे रिश्तेदार बड़े खुदगर्ज और लुटेरे किस्म के हैं। अपनी तमाम ज़रूरतें तुमसे पूरी करा लेते हैं और तुम्हारी शादी तक कहीं नहीं कराते हैं। चूँकि शादी का जिक्र आ पड़ा था, लिहाजा सिकन्दर के दिल को यह बात लग गयी और उन्होंने एक हफ्ते की छुट्टी लेकर अपने घर जाने की ठानी और हम लोगों से कह गए कि अबकी बार तो ज़रूर ही वह शादी करके और 'उनको' साथ लेकर लौटेंगे।

जब एक हफ्ता गुज़र गया और सिकन्दर नहीं लौटे तो सबको बड़ी फिक्र हुई कि आखिर हुआ क्या। सिकन्दर तो इस मामले में बड़ी पाबन्दी के कायल थे, छुट्टी से एक दिन भी ज़्यादा वह कभी नहीं रुकते थे। आठवें दिन सिकन्दर का एक हम-वतन चपरासी आया और उसने एक लिफाफा दिया जो सिकन्दर ने उसको दिया था कि घर जाकर मालकिन को दे आए।

खत खोला गया तो उसमें दर्ज था, "बेगम साहब, हमको बड़ा अफसोस है कि हम बखत पर घर नहीं पहुँच सकेंगे। चूँकि आपकी दुआ से हमारे 'माँ-बापों' ने यहाँ एक जगह हमारे 'रिश्ते' की बातचीत चला रखी है। आज लड़कीवालों ने हमको अपने घर बुलाया है देखने को। हम खुद भी चाहते हैं कि इस दफा यह हमारा शादी का रगड़ा (झगड़ा) ज़रूर खत्म हो ले। हम अपने दोस्त के हाथों यह गस्ती (दस्ती) खत भिजवा रहे हैं।"

इस खत के चौथे दिन के बाद सिकन्दर बेहद खुश और खुर्रम घर में दाखिल हुए। सब घरवालों ने उनको घेर लिया, यह सोचकर कि सिकन्दर ब्याह कर आए।

किसी ने पूछा, "क्यों सिकन्दर, आ गए?"

बोले, "आँ-हाँ, हम आ गए।"

एक बच्चे ने आगे बढ़कर पूछा, "तुम्हारी शादी हो गयी, सिकन्दर?"

सिकन्दर ने जज्बात से खाली लहजे में जवाब दिया, "नहीं, शादी तो नहीं हुई हमारी।"

"अरे-रे-रे, इस बार भी तुम कुँवारे के कुँवारे ही लौट आए। भई, तुमने तो अपने 'गस्ती' खत में लिखा था कि तुम बरदिखौवे को जा रहे हो।"

सिकन्दर ने इतमीनान से पत्थर पर बैठते हुए कहा, "बात जरा लम्बी है, बेगम साहब, फुरसत से सुनाएँगे हम इस किस्से को।"

लेकिन ऐसा दिलचस्प किस्सा सुनने के लिए फुरसत का इन्तज़ार किसे था, सब लोग सिकन्दर से इसरार करने लगे कि पूरा हाल अभी-अभी सुना दें।

सिकन्दर भी अब किस्सा सुनाने के मूड में आ चुके थे। कहने लगे, " साहब, हमारे पड़ोस में एक मुंशीजी रहते हैं, उनकी दो बेटियाँ हैं। एक बेटी अपने घर में खुश है और अपने आदमी के साथ पाकिस्तान में रहती है। दूसरी बेटी यहीं हाथरस में ब्याही थी। उसका घरवाला ठीक आदमी नहीं था और ससुरालवाले भी अच्छे नहीं थे, इसलिए वह लड़की अपने मैके आकर रहने लगी थी। और उसने साफ-साफ अपने माँ-बाप से कह दिया था कि अगर उसको दोबारा उसकी ससुराल भेजा गया तो अपनी जान की खुसकुसी (खुदकशी) कर लेगी। अब पाँच साल से वह अपने मैके में बैठी थी। उसका आदमी बार-बार उसको लेने आता था लेकिन उसने उसके साथ जाने से साफ इनकार कर दिया था। उसके मैकेवालों ने सोचा कि कहीं दूसरा घर उसके लिए देखा जाए, उन्हें अच्छे दामाद की तलाश थी कि हमारा तजकरा छिड़ गया। हमारे ज़िक्र पर सुनते हैं वह कुछ-कुछ राजी होने लगी थीं लेकिन उन्होंने यह शर्त रख दी थी कि अब की दफा वह अन्धे कुएँ में नहीं गिरेंगी बल्कि दरवाज़े की आड़ से खुद भी 'लड़के' को देखेंगी। हमें यह रूदगाद (रूदाद) मालूम हुई तो हमने कहा कि हमें 'उनकी' यह शर्त भी मंजूर है। और उसी दिन शाम को हम उनके घर पहुँचे। वहाँ हमारी बड़ी आवभगत हुई—शरबत पिलाया गया, पान खिलाया गया और उनके चचा ने हमसे कहा कि आप खातर-जमा रखें, शायद आपकी किस्मत खुलनेवाली है और शायद हम आपको अपनी गुलामी में लेनेवाले हैं। हम यह सुनकर अपने घर चले आए। दूसरे दिन जब सारा दिन गुज़र गया और शाम भी बीतने लगी तो हम 'उनके' घर पहुँचे। वहाँ जाकर पता चला कि कल हमारे आने के बाद से जो 'उन्होंने' रोना शुरू किया तो रात-भर रोती रहीं और सुबह-सबेरे उठकर रिक्शा मँगाकर अपने शौहर के घर चली गयीं।"

हम सबका मारे हँसी के बुरा हाल था।

मैंने कहा, "वाह, सिकन्दर, वाह ! यह भी खूब हुआ ! तुम्हें तो इस किस्से से बड़ा दुःख हुआ होगा।" सिकन्दर ने जरा पहलू बदला, कुछ मायूसी सी उनकी

आँखों में झलकी, लेकिन वह बड़े ठहराव से बोले, "दुःख की क्या बात है बीबी, हम तो बहुत खुश हैं कि हमारी वजह से किसी का घर तो बस गया।"

फिर वह आहिस्ता-आहिस्ता चलकर पानी के नल की तरफ गए और जूते उतारकर, उकड़ू बैठकर, सिर झुकाकर अपने पाँव धोने लगे—जैसे अब उनकी ज़िन्दगी में यही एक अहम् काम बाकी रह गया हो।

कन्हैयालाल कपूर

ट्यूटर

अगर इस लेख का शीर्षक 'ट्यूटर' की जगह 'मैं हूँ खानाबदोश' या 'मैं हूँ अपनी शिकस्त की आवाज़' होता तो भी यह नितांत उचित और उपयुक्त समझा जाता, क्योंकि एक 'ट्यूटर' और 'खानाबदोश' में ज़्यादा अंतर नहीं होता। दूसरे, यह मुमकिन नहीं कि नाकाम आशिक़ और फटेहाल शायर के बाद ट्यूटर से बढ़कर कोई दूसरा व्यक्ति अपनी शिकस्त की आवाज़ आप हो। 'ट्यूटर' शब्द थोड़ी-सी व्याख्या चाहता है। अंग्रेज़ी जाननेवाले सज्जन तो ट्यूटर के व्यक्तित्व से भली-भाँति परिचित हैं, पर उर्दू-हिन्दी जाननेवाले सज्जन शायद इस शामत के मारे इंसान से अनभिज्ञ हैं। ट्यूटर उर्दू में मुअल्लिम और हिन्दी में शिक्षक कहलाता है। पर एक मुअल्लिम या शिक्षक और ट्यूटर में उतना ही अंतर है, जितना कि एक ढीली-ढाली सलवार और एक चुस्त और कसी हुई पतलून में। बेचारा मुअल्लिम अरबी और फ़ारसी का आलिम, बूढ़ा और भोला इंसान है, जिसका अजीब-गरीब हुलिया हर राह चलते को हँसने या कम-से-कम मुसकराने पर विवश कर देता है। इसके उलट ट्यूटर अत्यन्त मन्द गति से चलनेवाला नौजवान है, जो आम आदमियों में इस तरह पहचाना जाता है कि वह एक टूटी-फूटी साइकिल पर सवार होता है। उसकी पतलून में एकाध पेबन्द लगा होता है और उसकी टाई शायर के उस शेर की याद दिलाती है, जिसमें कहा गया है —

"हैफ उस चार गिरह कपड़े की किस्मत 'ग़ालिब'
जिसकी क़िस्मत में हो आशिक़ का गिरेबाँ होना"

चन्द साल पहले की बात है। मैंने भी बेकारी से तंग आकर ट्यूटर का पेशा अपना लिया। यह वह समय था जब कि मेरे पाँव में चक्कर था और जब मेरा प्यारा शगल लाहौर के कूचों और बाज़ारों में घूमना और यह सदा लगाना था—

"बेचते हैं इल्म, है कोई लेनेवाला।"

मैं यह मानता हूँ कि शुरू में मुझे इस पेशे के बारे में चन्द बहुत रंगीन क़िस्म की गलतफ़हमियाँ थीं। जैसे यह कि मुझे रईसों और अमीरों की खूबसूरत लड़कियों को पढ़ाना होगा, अच्छा वेतन मिलेगा, मेरे लिए रोज़ मोटर भेजी जाएगी। पर जल्द ही ये सारे मनोहर सपने पानी के बुलबुलों से भी गए-बीते साबित हुए।

मेरी पहली ट्यूशन की दास्तान यों शुरू होती है। एक दिन मैंने किसी अंग्रेज़ी अखबार में पढ़ा—"रायबहादुर फकीरचन्द को अपनी लड़की के लिए एक ट्यूटर की ज़रूरत है।" लिखा था, "उम्मीदवार कोठी पर मुलाकात करें। पता—21 गॉफ रोड।" चुनाँचे मैं भी किस्मत आज़माने के लिए सुबह तड़के गॉफ रोड की तरफ चल पड़ा। जब अनेक बाज़ार, सड़कें, बाग़ पार करने के बाद गॉफ रोड नज़र न आयी तो मैंने बड़ी घबराहट की हालत में हर आने-जानेवाले से पूछना शुरू किया, "क्यों साहब, आप मुझे 21 गॉफ रोड का पता बता सकते हैं?" लेकिन किसी भले आदमी को 21 गॉफ रोड का पता मालूम न था। सोचा, रास्ते से भटक गया हूँ और लौट चलूँ कि इतने में एक मोड़ के पास एक कमजोर-से आदमी ने साइकिल से उतरकर बड़े मरे हुए स्वर में मुझसे पूछा, "क्यों साहब, आप मुझे 21 गॉफ रोड का पता बता सकते हैं?"

मैंने भेद-भरे स्वर में कहा, "आपको रायबहादुर फकीरचन्द के यहाँ जाना है?"

अजनबी एक सूखी हँसी हँसा, "आपको कैसे मालूम हुआ?"

मैंने कहा, "क्योंकि मुझे भी वहीं जाना है।"

"अख़्खाह!" उसने कहा, "तो आप ट्यूटर हैं?"

हम दोनों ने हाथ मिलाया और ठहाका मारकर हँसे।

अब हम दोनों इस बात पर बहस कर रहे थे कि क्या रायबहादुर फकीरचन्द को सिवाय 21 नम्बर गॉफ रोड के और कहीं जगह न मिली कि वहाँ कोठी बना सकते कि तभी एक तीसरा नौजवान हमारी तरफ आता हुआ दिखाई दिया। छूटते ही उसने पूछा, "क्यों साहब, 21 गॉफ रोड किधर है?"

हम दोनों ने अनायास कहा, "आपको रायबहादुर फकीरचन्द के यहाँ जाना है?"

वह कुछ घबराया। पर जब हम हँसने लगे तो वह हमारी बात समझ गया और अब मोड़ पर हम तीन ट्यूटर खड़े थे। हमने प्रस्ताव रखा कि हम इस मोड़ पर चन्द मिनट और ठहरें ताकि अपनी बिरादरी के कुछ और लोगों को अपने साथ लेकर एक जुलूस के रूप में रायबहादुर के घर पर चलें। कुछ ही देर में उस मोड़ पर ट्यूटरों की एक भीड़ इकट्ठी हो गयी। ऐसा लगता था कि लाहौर के हर पढ़े-लिखे आदमी ने ट्यूटर का पेशा अपना रखा है। उस भीड़ में हर तरह के लोग शामिल थे—प्रोफेसर, वकील, क्लर्क, बेकार। चुनाँचे अब हम जिस साइकिल सवार को अपनी तरफ आता देखते, उससे पूछते—"क्या आपको 21 गॉफ रोड जाना है ?" और उसे अपने जुलूस में शामिल कर लेते। दस-पन्द्रह मिनट के बाद हम ट्यूटरों की एक अच्छी-खासी भीड़ रायबहादुर की कोठी में दाखिल हुई। देखने में यद्यपि हम सब अलग थे, पर बहुत-सी बातों में एक-दूसरे से बिलकुल मिलते-जुलते थे। जैसे घबराहट, परेशानी और बदहाली सब के चेहरों से टपकती थी। जेबें सबकी खाली, साइकिलें सबकी पुरानी, निगाहें सबकी भूखी और उदास।

रायबहादुर ने ट्यूटरों के स्वागत के लिए एक खास कमरे में इन्तज़ाम कर रखा था, जिसमें दो क्लर्क सिर्फ़ इस काम के लिए बैठाए गए थे कि हरेक ट्यूटर का नाम, शिक्षा, अनुभव और सर्टीफिकेटों की तादाद वगैरह नोट करें। इसके बाद एक-एक करके हर ट्यूटर को रायबहादुर के पास मुलाकात के लिए भेजें। लगभग तीन घंटे के बाद मेरी बारी आयी। रायबहादुर फकीरचन्द ने एक छिछलती निगाह से मेरा निरीक्षण किया और कुर्सी पर बैठने का इशारा किया। इसके बाद उन्होंने मुझसे तीन बातें पूछीं—

"आपकी शादी हो चुकी है ?"

"जी नहीं !"

"आपने पहले भी किसी लड़की को पढ़ाया है ?"

"जी नहीं !"

"आप मेरी लड़की को बी . ए . पास कराने की गारंटी दे सकते हैं ?"

"जी नहीं !"

"आप बाहर जाएँ ! मेरे पास ऐसे ट्यूटरों के लिए कोई जगह नहीं।"

मैं माथे से पसीना पोंछता हुआ बाहर आया और बिना किसी से बात किए साइकिल पर सवार होकर हवा हो गया . . .

चन्द दिन की दौड़-धूप के बाद मुझे खबर मिली कि चौधरी वहाबदीन के यहाँ ट्यूटर की जगह खाली है। चौधरी साहब को ऐसे ट्यूटर की ज़रूरत थी, जो उनकी तीन-चार लड़कियों को तीन-चार घंटे रोज़ पढ़ा सके। एक दोस्त के जरिए मैंने चौधरी साहब से मुलाकात का इन्तज़ाम किया। जब उनकी कोठी पर पहुँचा तो देखा कि चौधरी साहब पलँग पर लेटे हैं। इर्दगिर्द चापलूसों की भीड़ है। फ़र्श पर दस-बारह उर्दू की पत्र-पत्रिकाएँ बिखरी पड़ी हैं और कोने में एक कुत्ता सिसक रहा है। चौधरी साहब की उम्र कोई पचास-साठ बरस की होगी। रंग काला भुजंग, चेहरे पर रोब, आवाज़ में कड़ापन और हाथों में कम्पन। मैंने सलाम किया और अपने दोस्त की सिफ़ारिशी चिट्ठी उनके सामने रख दी। चिट्ठी को पढ़कर चौधरी साहब ने कहा, "देखो साहबज़ादे ! मुझे तुम्हारी लियाकत से ज़्यादा तुम्हारी शराफत की ज़रूरत है। लड़कियों को पढ़ाना है, इसलिए बड़ी ही ज़िम्मेदारी का काम है।"

"जी हाँ", एक चापलूस ने कहा, "यह कोई लड़कों को थोड़े ही पढ़ाना है।"

मैंने जवाब में कहा, "जनाब, मैं आपको अपनी शराफत का किस तरह यकीन दिलाऊँ, सिवाय इसके कि सौ पीढ़ियों से शरीफ चला आता हूँ, और अगर इसके बावजूद कहीं कोई शरारत बाकी रह गयी थी तो उसे भूख और बेकारी ने जड़ से उखाड़ दिया है।"

चौधरी साहब ने दूसरी बात वेतन के बारे में पूछी। मैंने पचास रुपये माँगे। पचास रुपये का नाम सुनकर चौधरी साहब पलँग पर उठकर बैठ गए। दो-तीन बार 'लाहौल' पढ़ा। इसके बाद बड़ी व्यंग्य-भरी मुद्रा में कहने लगे, "अरे, इस छोकरे की तरफ तो देखो। सिर्फ़ चार घंटे पढ़ाना है और पचास रुपये माहवार माँगता है।"

एक चापलूस बोला, "बाबू साहब, क्या दिमाग चल गया ?"

दूसरे ने कहा, "म्याँ, होश की दवा लो। पचास रुपये में तो बड़े-से-बड़ा प्रोफेसर मिल सकता है।"

तीसरे ने क़हा, "अजी चौधरी साहब, याद है आपको वह छोकरा, जो पिछले साल आपके यहाँ पढ़ाने आता था। कितना शरीफ था बेचारा। पाँच घंटे पढ़ाता, इसके बाद आपके सारे खत टाइप करता, उसके बाद बच्चों को सैर कराने ले जाता, उसके बाद . . ."

चौधरी साहब ने सिर खुजाते हुए कहा, "हाँ उसके बाद मुझे अखबार पढ़कर सुनाता, मेरे लिए अंग्रेज़ी में स्पीचें लिखता और कभी-कभी तो मेरी गाड़ी तक हाँक देता था। और इन सब बातों के बावजूद," चौधरी साहब ने मेरी तरफ देखते हुए कहा, "तनखाह क्या लेता था ? सिर्फ़ तीस रुपये।"

मैंने बड़ी गम्भीरता से कहा, "मैं उस नौजवान की हिम्मत को दाद देता हूँ। मगर तीस रुपये में मैं · · · "

"अच्छा, हम चालीस रुपये दे देंगे।" चौधरी साहब ने मेरी बात काटकर कहा, "ज़्यादा तकरार मत करो। कल से पढ़ाना शुरू कर दो।"

इस फैसले के बाद चौधरी साहब ने एक नौकर को बुलाया और कहा कि वह मुझे जनानखाने में दाखिल होने के तरीके समझा दे। उस नौकर से मालूम हुआ कि जनानखाने के बाहर एक छोटी-सी घंटी है, जिसको आकर ट्यूटर बजाता है। इस घंटी की आवाज़ सुनकर एक नौकरानी बाहर आती है, जो ट्यूटर को अन्दर ले जाती है। पढ़ने के कमरे में एक घंटी रखी है, जिसको ट्यूटर बजाता है। इसका मतलब यह होता है कि पढ़नेवालियाँ पढ़ने के लिए तैयार हो जाएँ। फिर नौकरानी अन्दर जाकर लड़कियों को साथ लाती है और जब तक ट्यूटर पढ़ाता रहता है, वह नौकरानी ट्यूटर की गतिविधि का ध्यान रखती है। साथ ही पता चला कि चौधरी साहब ने हर विषय के लिए अलग-अलग ट्यूटर रख छोड़े हैं। यानी घर में अच्छा-खासा स्कूल चलता है। लड़कियाँ बारी-बारी हर एक ट्यूटर से विभिन्न विषय पढ़ती हैं, सारे ट्यूटर एक समय पर आते और जाते हैं। मुझे बताया गया कि मैं कल दोपहर को एक बजे, जब दूसरे ट्यूटर आते हैं, पहुँच जाऊँ।

दूसरे दिन मैं ठीक समय पर पहुँच गया। दूसरे ट्यूटरों से मुलाकात की। उनमें से एक मौलवी साहब थे, जो फारसी के ट्यूटर थे; एक पंडित जी हिसाब पढ़ाते थे; एक मास्टरजी इतिहास और भूगोल पढ़ाते थे। जैसे ही हम नौकरानी के साथ जनानखाने में दाखिल हुए, दो-चार लौंडियों ने चिल्लाना शुरू किया, "बीबी पर्दा, मास्टर लोग आ गए। बीबी पर्दा ! अज़्मत बीबी, पर्दा ! रिफअत बीबी, पर्दा ! बड़ी बेगम, पर्दा · · · मास्टर लोग आ गए।"

वह इस जोश से चिल्ला रही थी मानो मास्टर लोग उठाईगीरे या डाकू हैं। पढ़ाने के कमरे में चार कोनों पर चार मेज़ें थीं, जिनके सामने दो-दो कुर्सियाँ रखी थीं। दीवारों पर अनेक नक्शे लटके हुए थे और हरेक मेज़ पर अलग-अलग विषय की किताबें पड़ी थीं। पढ़ाने का पहला दिन मुझे अच्छी तरह याद है। हम सबने अपनी-अपनी मेज़ पर रखी हुई घंटी को बजाया। नौकरानी अन्दर गयी और चिलमन के पीछे कुछ खुसर-फुसर शुरू हुई। कुछ इस किस्म की आवाज़ें सुनायी दीं —'तुम पहले चलो · · · तुम चलो · · · चलो भी न ! इसके बाद एक लाइन में चार नौजवान लड़कियाँ कमरे में दाखिल हुईं। उनमें से एक मेरी तरफ बढ़ी। उसकी अर्धनग्न वेशभूषा, अधखुली आँखें, उसका सरका हुआ आँचल, जो कमर के निकट

आ गया था, देखकर मुझे फुरहरी-सी आयी और इससे पहले कि मैं शायर की तरह पुकार उठूँ--

"सागर का मेरे हाथ से लेना कि चला मैं

कि एकदम मेरी नज़र नौकरानी पर पड़ी, जिसकी आँखें शोले बरसा रही थीं। मैं झट सम्हल गया। दूसरे ही क्षण वह खूबसूरत लड़की मेरे सामने कुर्सी पर तनकर बैठी हुई थी और बड़ी उपेक्षा से मेरी तरफ देख रही थी। अगर मैं यह कहूँ कि उसे पहली नज़र में ही मुझसे नफरत हो गयी तो इसमें कोई अतिशयोक्ति न होगी। दो ही मिनट पढ़ने के बाद वह मुँह फेरकर दरवाज़े की ओर ताकने लगी। मैंने कहा, "ज़रा ध्यान दीजिए, कहानी की भूमिका तो आपने सुन ली, अब व्याख्या सुनिए।" उसने उसी तरफ देखते हुए कहा, "मुझे आपके पढ़ाने का तरीका पसन्द नहीं।" यह कहकर वह उठी, और चिलमन के पीछे गायब हो गयी।

कुछ देर के बाद दूसरी लड़की अंग्रेज़ी पढ़ने आयी। पाँच मिनट पढ़ने के बाद उसने कहा कि कल उसने प्यानो पर एक नयी धुन सीखी है, जिसका अभ्यास वह अन्दर जाकर करना चाहती है। यह कहकर वह भी अन्दर चली गयी।

तीसरी लड़की ने पढ़ने से पहले मुझे बताया कि उसका पढ़ने को जी नहीं चाहता।

चौथी ने कहा कि उसके सिर में दर्द है।

अब हम पढ़ाने के कमरे में चार बेकार ट्यूटर एक-दूसरे का मुँह ताक रहे थे। चन्द मिनट बैठने के बाद हम चले आए। दूसरे दिन भी लगभग वही पहले दिन वाला मामला पेश आया। तीसरे दिन एक नयी मुसीबत हो गयी। चारों पढ़नेवालियाँ हमसे रूठ गयीं। अब हम एक-एक को मना रहे थे। मौलवी साहब कह रहे थे, "बीबी तनवीर ! अब मेरा कहना मान लो और पढ़ो।" और बीबी तनवीर सिर हिलाकर कह रही थीं, "उँह, मैं बिलकुल नहीं पढूँगी।" पंडितजी कह रहे थे, "लो जुबैदा, अब गुस्सा थूक दो।" मैं कह रहा था, "बीबी नरगिस, जाने भी दो। मान भी जाओ।" और मास्टरजी कह रहे थे, "अच्छा अनवर, छोड़ो भी अब पिछली बातें !" उस दिन मुझे मालूम हुआ कि कामयाब ट्यूटर वह नहीं, जो सबसे अच्छा पढ़ा सके, बल्कि वह है, जो सबसे ज़्यादा नाज उठा सके। बड़ी मुश्किल से हमने तनवीर, नरगिस, जुबैदा और अनवर को पढ़ने पर राजी किया। चन्द दिन आराम से गुज़रे। एक दिन मैंने नरगिस को इस बात पर डाँटा कि वह अंग्रेज़ी में निबन्ध क्यों लिखकर नहीं लायी।

मेरा यह कहना था कि वह नाराज होकर अन्दर चली गयी। मैंने नौकरानी को बुलाने के लिए अन्दर भेजा। उसने कहला भेजा कि हम ऐसे ट्यूटर से पढ़ने के लिए तैयार नहीं, जिसे बात करने की भी तमीज नहीं। उससे अगले दिन वह पढ़ने को न आयी। उसकी जगह चौधरी साहब आए और आते ही उन्होंने कहा कि मैं नौकरी से अलग कर दिया गया हूँ, क्योंकि नरगिस के खयाल में मुझे पढ़ाना नहीं आता।

अब फिर मैं ट्यूशन की तलाश में परेशान रहने लगा। सौभाग्य से एक हिन्दू ठेकेदार के यहाँ एक ट्यूटर की ज़रूरत थी। उनकी लड़की को, जो एफ. ए. में पढ़ती थी, अंग्रेज़ी और उर्दू पढ़ाना था। मुझे इस शर्त पर ट्यूटर रखा गया कि मैं लड़की को उसकी माँ या पिता के सामने ही अंग्रेज़ी पढ़ाऊँ। पहले दिन जितनी देर मैं पढ़ाता रहा, लड़की की माँ पुलिस अफसर की तरह लड़की की कड़ी निगरानी करती रही। हर दो मिनट के बाद वह पुकार उठती, "शीला ! सिर पर कपड़ा लो।" "शीला, हँसो नहीं।" "शीला, आँखें नीची करो।" "शीला, उनके मुँह की तरफ क्या देख रही हो?" और बेचारी शीला का मुँह हर बार शर्म से लाल हो जाता। दूसरे दिन शीला के पिता पधारे। जिस समय मैं पढ़ाकर वापस जाने लगा, आप मेरे साथ हो लिये। रास्ते में कहने लगे, "आप नंगे सिर न आया करें। मेरा मतलब है कि आजकल सर्दी काफी है और आपके बीमार होने का डर है।"

मैंने कहा, "बहुत अच्छा।"

"एक बात और, लालाजी ने कहा, "आप सिर में खुशबूदार तेल न लगाया करें। मेरा मतलब है कि आप गरीब आदमी हैं और आपको इस किस्म की फिजूलखर्ची से बचना चाहिए। · · · और अब सिर्फ़ एक बात और, वह यह कि आप पान मत खाया करें। मेरा मतलब है कि इससे दाँत खराब हो जाते हैं।"

मैंने मन में कहा कि आपका जो मतलब है, वह मैं अच्छी तरह जानता हूँ, मगर खैर।

सारांश यह कि इस तरह कोई दो हफ्ते पढ़ाता रहा। अब गद्य की किताबें खत्म हो गयी थीं और मुझे अंग्रेज़ी कविता की किताब और उर्दू में गालिब का दीवान पढ़ाना शुरू करना था। एक दिन लालाजी बैठे थे। मैं पढ़ा रहा था। मैंने अंग्रेज़ी कविता की व्याख्या शुरू की—

"शायर कहता है—औरतें हमेशा बेवफा होती हैं।"

लालाजी कुर्सी से उछल पड़े। कहने लगे, "यह आप क्या पढ़ा रहे हैं और क्या कह रहे हैं।"

मैंने कहा, "जनाब, यह शायर कह रहा है। यह मेरी निजी राय नहीं है।"

लालाजी ने हुक्म दिया, "यह कविता मत पढ़ाइए। इससे अगली कविता पढ़ाइए।"

"बहुत अच्छा।" मैंने कहा और अगली कविता पढ़ाने लगा, "शायर कहता है—खूबसूरत औरतो ! सर्द आहें मत भरो ! क्योंकि मर्द हमेशा बेवफ़ा होता है।"

लालाजी ने चौंककर कहा, "यह कविता भी मत पढ़ाइए। आगे चलिए।"

मैंने कहा, "शायर कहता है—हुस्न दो दिन की चीज़ है, इसलिए ऐ नौजवान लड़कियो ! जितनी जल्दी हो सके, शादी कर लो !"

लालाजी गुस्से से लाल-पीले हो गए, "क्या इस किताब में खुराफात के सिवा और कुछ नहीं। आप यह किताब मत पढ़ाइए, उर्दू पढ़ाइए।"

मैंने गालिब का दीवान पढ़ाना शुरू किया—

"सोहबत में गैर की न पड़ी हो कहीं ये खू
देने लगा है बोसा, बगैर इलतिजा किए।"

लालाजी ने चिल्लाकर कहा, "ऐसे शेर मत पढ़ाइए !"

मैंने दूसरी गज़ल निकाली—

"हमसे खुल जाओ ब-वक्ते-मय-परस्ती एक दिन"

"यह गजल भी मत पढ़ाइए।"

मैंने तीसरी गजल का शेर पढ़ा—

"दिखा के जुम्बिशे-लब ही तमाम कर मुझको
न दे जो बोसा तो मुँह से कहीं जवाब तो दे।"

लालाजी ने गालिब का दीवान मेरे हाथ से छीन लिया और कहने लगे, "क्या अंग्रेज़ी और उर्दू शायरी में सिवाय इश्कबाजी के और कुछ नहीं। मैं आज ही यूनिवर्सिटी को चिट्ठी लिखूँगा कि ये कैसी गन्दी कविताएँ कोर्स की किताब में शामिल कर रखी हैं।" इसके बाद उन्होंने लड़की को अन्दर जाने को कहा और मुझसे कहने लगे, "यह ठीक नहीं मालूम होता कि आप इस तरह की कविताएँ मेरी लड़की को पढ़ाएँ। खासकर जबकि वह जवानी की मंजिल में कदम रख चुकी है। मैं किसी लेडी ट्यूटर का इन्तज़ाम करूँगा। आपको बुरा तो मालूम होगा, मगर मैं मजबूर हूँ।" इसी

सिलसिले में उन्होंने मुझे कुछ किस्से ऐसे ट्यूटरों के भी सुनाए, जो अपनी शिष्याओं को भगा ले गए और आज तक उनका पता नहीं चला। और कहा, "यद्यपि आप इस किस्म के आदमी नहीं, लेकिन फिर भी सावधानी बरतना ज़रूरी है।" फिर मेरी फीस का हिसाब चुकाया और मुझे विदा किया।

कुछ हफ्ते बेकारी की ज़िन्दगी बिताने के बाद मुझे एक प्रतिष्ठित मुसलमान घराने में ट्यूशन मिल गयी। यहाँ भी एक शर्त पर पढ़ाना था। वह यह कि लड़की पर्दे में पढ़ेगी। मेरा खयाल था कि लड़की बुर्के में बैठकर पढ़ेगी। मगर यह खयाल गलत निकला। लड़की के बाप चूँकि पुराने खयाल के आदमी थे, इसलिए वह बुर्के को ही काफी नहीं समझते थे। उन्होंने एक कनात लगा रखी थी, जिसके एक तरफ लड़की बुर्के में नौकरानी के साथ बैठती और दूसरी तरफ मैं बैठता। नियत समय पर मैं कनात के सामने बैठ जाता और नौकरानी अन्दर से पुकारती, "मास्टरजी ! आदाब अर्ज। वह आ गयी हैं। आप पढ़ाना शुरू करें।" और मैं कनात को सम्बोधित करके कहता, "सुनिए। कल मैंने आपको बताया था कि शेक्सपियर ने कुल सैंतीस ड्रामे लिखे।"

अन्दर से आवाज़ आती, "जी हाँ, जी।"

कभी-कभी ऐसा होता कि नौकरानी साथ न आती। उस हालत में मुझे यह पता लगाना मुश्किल होता कि कनात की दूसरी तरफ वह आ गयी हैं या नहीं। मुसीबत यह थी कि वह कभी मुझे अपने आने की सूचना न देतीं और मुझे उनके आने का पता उनकी चूड़ियों की खनक या पाँव की चाप से मिलता। कभी-कभी पाँव की चाप बड़े भ्रम में डाल देती। यानी मैं कहता, "आप आ गयी हैं ? और अन्दर से आवाज़ आती, "नहीं जी, यह तो मैं हूँ करीमबख्श। कुर्सी झाड़ रहा हूँ।"

यह पर्दा जहाँ मुसीबत था, वहाँ राहत भी। क्योंकि मुझे पढ़ाने में बहुत आसानी होती। मैं शब्दकोश, किताबों की कुंजियाँ इत्यादि अपने साथ ले जाता और उनमें से देख-देखकर पढ़ाए जाता। एक बात जो मुझे परेशान करती, वह यह थी कि जिस दिन नौकरानी साथ न आती, वह मुझसे अजीब-अजीब सवाल करतीं। एक दिन मैं जान कीट्स की कविता पढ़ा रहा था। उसमें एक जगह कहा गया था, "मैंने उसके चार चुम्बन लिये और फिर वह सो गयी।" एकदम उन्होंने कनात की दूसरी तरफ से पूछा, "जी, ये चार प्यार क्यों लिये गये पाँच क्यों नहीं ?"

मैंने कहा, "चार चुम्बन काफी हैं।"

उन्होंने पूछा, "और अगर पाँच होते ?"

मैंने कहा, "तो फिर आप यह कहतीं कि छह क्यों नहीं ?"

इस पर वह हँसने लगीं।

कभी-कभी वह सेक्स के विषय पर इस बेबाकी से बातें करतीं कि मुझे डर लगने लगता। जैसे यह कि सभी शायर आशिक़ मिज़ाज क्यों होते हैं? क्या सचमुच इंग्लैंड की हर लड़की को लॉर्ड बायरन से मुहब्बत थी? मिल्टन इतना साधु और चरित्रवान था, फिर उसने तीन शादियाँ क्यों कीं?

उस लड़की को मैंने तीन माह पढ़ाया। मगर मुझे ऐसा लगता था कि मैं तीन महीने एक कनात को पढ़ाता रहा हूँ। आखिर किसी तरह उस ट्यूशन से छुटकारा मिला।

इसके बाद मुझे एक हिन्दू रायसाहब के इकलौते लड़के को पढ़ाना पड़ा। यह लड़का गवर्नमेंट कॉलेज में बी . ए . में पढ़ता था। रायसाहब से मैं उनकी कोठी पर मिला। आपने मुझे देखते ही पूछा, "आप कुमार हैं?"

मैंने कहा—"नहीं, मैं बेकार हूँ।"

कहने लगे—"तो यह आपने अनाथों की-सी शक्ल क्यों बना रखी है, और क्या आपके पास इतने पैसे भी नहीं कि बाल बनवा सकते? और फिर इतनी लम्बी दाढ़ी रखने से क्या फायदा है? इस ठाठ से आप रईसज़ादों को पढ़ायेंगे ! ओफ, क्या बे-रोब चेहरा है।"

मैंने अर्ज किया, "जनाब, मेरी दाढ़ी या कपड़ों को तो पढ़ाना नहीं है, इसलिए उनकी फिक्र न करें। हाँ, अगर आपको मेरी योग्यता में कोई शक हो तो उसे मैं दूर कर सकता हूँ।"

कहने लगे, "सिर्फ़ योग्यता और प्रतिभा किस काम की ! मुझे तो ऐसा ट्यूटर चाहिए, जो मेरे लड़के को आचार-व्यवहार सिखा सके। ज़िन्दगी की हर उलझन में उसको रास्ता दिखा सके।"

मैंने यह समझकर कि मेरी दाल यहाँ न गलेगी, आखिरी हरबा इस्तेमाल करने का फैसला कर लिया। मैंने कहा, "मैं इससे पहले भी रईसज़ादों को पढ़ाता रहा हूँ। आप मेरे बारे में चौधरी वहाबदीन से पूछ सकते हैं।"

चौधरी वहाबदीन का नाम सुनकर वह पसीजे और कहने लगे, "अच्छा, कल से मदन को पढ़ाना शुरू कर दो।"

मिस्टर मदन, जिनका पूरा नाम मिस्टर मदनमोहन था, उन रईसजादों में से थे, जिन्हें पढ़ने-लिखने से नफरत और कुत्तों और लड़कियों से मुहब्बत होती है। वह बड़े सुन्दर, कोमल और खाने-पहनने के शौकीन विद्यार्थी थे और सच तो यह कि विद्यार्थी

काहे के, अच्छे खासे लॉर्ड बायरन थे। उनका प्रिय शौक हसीन लड़कियों को अपने जाल में फँसाना था। चुनाँचे जितनी भी लड़कियाँ उनकी कोठी के आस-पास रहती थीं, उन सब पर आपका दाँत था। जिस वक्त मैं पढ़ाना शुरू करता, वह अपने किसी ताजा रोमांस का किस्सा छेड़ देते। कभी-कभी किताब मेरे हाथ से छीनकर ज़मीन पर पटक देते और कहते, "अजी मास्टरजी, छोड़िए इस बक-बक को। हर रोज़ वही बायरन, वही शेली। क्यों न हम और तुम खुद बायरन और शेली बनें।" और फिर "मास्टरजी, सच बताइए क्या आपने भी कभी मुहब्बत की है?" फिर खुद ही कहते, "मगर आपसे मुहब्बत करेगा कौन? सूखकर तो आप काँटा हो रहे हैं—बिलकुल मजनूँ की तरह। मगर मजनूँ से तो लैला की मुहब्बत थी मास्टरजी, आपसे किसी लैला को मुहब्बत है? अच्छा, भला कोई अच्छा-सा शेर सुनाइए—निहायत खूबसूरत शेर! ... क्या कहा? आपको कोई शेर याद नहीं? कितने खुश्क आदमी हैं आप! ... सुनिए, मैं आपको शेर सुनाता हूँ। 'दाग' देहलवी का शेर है।" ... फिर एक बाज़ारी-सा शेर सुनाकर पूछते हैं, "क्यों, पसन्द आया? ... अच्छा तो आज प्लाजा में कौन-सी पिक्चर है? ... चलेंगे आप? गाड़ी मँगवाऊँ? मेरे इम्तहान की फिक्र न करें। सब परीक्षक जाने-पहचाने हैं। हर साल रिश्वत या असर से मैं पास हो ही जाता हूँ।" और इसके पहले कि मैं कुछ कहता, वह घसीटकर मुझे प्लाज़ा ले जाते। लगभग सारा वक्त इसी तरह की बातों में नष्ट हो जाता पर क्योंकि मुझे उचित वेतन मिल रहा था, इसलिए मैं इसकी कोई चिन्ता न करता।

मेरी सबसे आखिरी ट्यूशन एक खासी मुसीबत साबित हुई। दुर्भाग्य से मुझे एक ऐसे बनिए के लड़के को पढ़ाना पढ़ा, जो स्वयं कंजूस और जिसका लड़का अत्यन्त मूढ़ था। लड़के की बुद्धि का यह हाल था कि यद्यपि वह एफ.ए. में पढ़ता था, उसे यह पता न था कि ग्रीटा गार्बो मर्द है या औरत, और सान फ्रांसिस्को किसी शहर का नाम है या किसी आदमी का। मैं उसे जो कुछ पढ़ाता, वह उसका बिलकुल उल्टा मतलब समझता। जैसे मैं अगर कहता कि दुनिया में बहुत से भेड़िये इन्सानों के लिबास में फिरते दिखायी देते हैं, तो वह कहता, "आपका मतलब है कि दुनिया में हर आदमी भेड़िया है।" अगर मैं उसे यह समझाने की कोशिश करता कि सूरज एक जगह रहता है और पृथ्वी घूमती है तो वह उसका यह मतलब निकालता कि पृथ्वी जड़ है और सूरज घूमता है। कभी-कभी तो मुझे ऐसा लगता कि किसी चीज़ को उसके दिमाग में

धँसाने का सिर्फ़ यही तरीका है कि वह चीज़ उसकी खोपड़ी पर रख दी जाए और उस पर हथौड़े से चोटें लगायी जाएँ।

वह बनिया रुपये-पैसे के मामले में बहुत चालाक था। जब महीना खत्म होता तो हिसाब चुकाते समय वह कोई-न-कोई कारण दिखाकर लगभग एक हफ्ते का वेतन ज़रूर काट लेता। कभी इसलिए कि मुझे दो-तीन दिन ज़ुकाम की शिकायत रही थी, जिसके कारण मैं उसके लड़के को अच्छी तरह पढ़ाता नहीं रहा। कभी इसलिए कि फरवरी के अट्ठाईस दिन होते हैं। मैंने 28 दिन लड़के को पढ़ाया है, इसलिए 30 दिन के बदले 28 दिन की तनख्वाह मिलेगी। कभी कहता कि दो दिन आपने एक घंटे की जगह पचपन मिनट पढ़ाया था, इसलिए आपके दस मिनट के पैसे मैंने काट लिये हैं।

दूसरी कोफ्त उस बनिए के घर यह थी कि वह लगभग पौन दर्जन बच्चों का बाप था। जिस समय मैं उसके बड़े लड़के को पढ़ा चुकता, उन लड़कों की माँ अपने सभी छोटे-छोटे बच्चों को मेरे पास भेज देती कि चलते-चलते मैं उनको एकाध बात समझाता जाऊँ। चुनाँचे वे तरह-तरह के फिजूल सवालों से मेरा दिमाग चाटते रहते।

"मास्टरजी ! नादिरशाह किसका बेटा था ?"

"मास्टरजी ! स्पेन की राजधानी का क्या नाम है ?"

"मास्टरजी ! अगर दो आने तीन पाई का एक खरगोश आए तो पन्द्रह आने नौ पाई के कै खरगोश आएँगे ?"

"मास्टरजी ! 'इस्तक़लाल' और 'इस्तक़बाल' में क्या फर्क है ?"

इस किस्म के सवाल सुनकर मैं कबाब हो जाता और मेरे जी में आता कि इनमें से एकाध का गला घोंटकर कहीं भाग जाऊँ। अजीब मुसीबत में जान थी कि एकदम नसीब ने पलटा खाया। मुझे स्थानीय कॉलेज में नौकरी मिल गयी और बनिये तथा ट्यूशन से छुटकारा।

लेकिन यद्यपि अब मैं ट्यूटर नहीं रहा, फिर भी कभी-कभी सपने में अपने को छोटे-छोटे, काले-कलूटे बच्चों में घिरा हुआ पाता हूँ। इनमें से एक पूछता है, 'मास्टरजी ! नादिरशाह किसका बेटा था ? दूसरा कहता है, 'अगर दो आने तीन पाई का एक खरगोश आए तो पन्द्रह आने नौ पाई के कै खरगोश आएँगे . . . ?'

मुज्तबा हुसेन

हैदराबाद बाइ नाइट

यूनिवर्स बाइ नाइट, वर्ल्ड बाई नाइट, पैरिस बाइ नाइट के बाद ज़रूरी था कि 'हैदराबाद बाइ नाइट' की तरफ ध्यान दिया जाए; क्योंकि इन दिनों 'नाइटों' का एक सिलसिला चल पड़ा है और क्या अजब कि एक दिन यह सिलसिला बड़े शहरों से निकलकर 'बड़ा गाँव बाइ नाइट' और 'खेड़ा बुलाकीराम बाइ नाइट' तक जा पहुँचे। 'नाइटों' का यह सिलसिला कहाँ तक जा पहुँचेगा और आया इन रातों की कोई सुबह भी होगी या नहीं, यह हम नहीं जानते। हमें तो इस वक्त 'हैदराबाद बाइ नाइट' की फिक्र पड़ी है और हम इतना जरूर जानते हैं कि हैदराबाद में भी 'रात' आती है और खासतौर पर सूरज के उदय होने तक बराबर रहती है। कम से कम इस मामले में हैदराबाद दूसरे शहरों से पीछे नहीं है।

फिर पैरिस की रातों से हैदराबाद की रातें भी कुछ कम पीछे नहीं हैं। सुना है कि पैरिस के नाइट क्लबों में नग्नता के प्रदर्शन होते हैं और संयोग से हैदराबाद की सड़कों पर भी नग्नता के दृश्य देखने को मिल जाते हैं। यह और बात है कि पैरिस की नग्नता 'सम्पन्नता की नग्नता' होती है और हैदराबाद की नग्नता 'दरिद्रता की नग्नता' के वर्ग में आती है। वहाँ लोग अमीर होकर नंगे हो जाते हैं और यहाँ लोग गरीब होकर नंगे होते हैं। एक को तन ढाँकने को कपड़ा नहीं मिलता और एक को तन ढाँकने को कपड़ा तो मिलता है, मगर उसे पहनने की फुर्सत नहीं मिलती ! गोया हैदराबादवालों के लिए नग्नता एक 'मजबूरी' है और यही नग्नता पैरिस-निवासियों के लिए एक 'फैशन' ! कहने का मतलब यह है कि 'हैदराबाद की रातों' में वह सबकुछ होता है जो दुनिया के

दूसरे शहरों की रात में होता है। मगर इसकी विशेषता कुछ और होती है। हम अपने निजी अनुभव के आधार पर यह कहने की स्थिति में हैं कि हैदराबाद में दो किस्म की रातें होती हैं —'अँधेरी रातें' और 'उजली रातें'।

'अँधेरी रातें' इस बात का जीता-जागता सबूत होती हैं कि इस शहर में एक बिजली विभाग मौजूद है और अगर रातें उजली हों तो ये भी इत्तिफ़ाक से इस बात का मुर्दा सबूत होती हैं कि यहाँ बिजली विभाग बहरहाल मौजूद है। गोया हर दो सूरतों में बिजली विभाग अपने वजूद को मनवा लेता है !

हैदराबाद में अभी तक ऐसे जाहिल और असभ्य लोगों का बहुमत है जो रात को सिर्फ़ सोने के लिए इस्तेमाल करते हैं और दिन को काम करने के इस्तेमाल में लाते हैं ! अभी हैदराबाद-निवासियों ने दुनिया के अन्य शहरों के लोगों की तरह इतनी तरक्की नहीं की है कि वे दिन में सो जाएँ और रात भर उल्लुओं की तरह जागते रहें। इस मामले में उल्लुओं और हैदराबादवालों के डांडे कभी नहीं मिलते !

ले-दे के मुट्ठीभर सभ्य लोग यहाँ आबाद हैं जो इस शहर में वही कुछ करना चाहते हैं जिसके करने के लिए उन्हें उसूलन यूरोप के किसी शहर में पैदा होना चाहिए था। अब ये लोग हैदराबाद में पैदा होकर पछता रहे हैं और हैदराबाद की पहाड़ जैसी रातें काटने के लिए इनके पास एक ही जरिया बाकी रह जाता है कि वे रातों में 'वर्ल्ड बाइ नाइट', 'ओरियन्ट बाइ नाइट' और 'पैरिस बाइ नाइट' जैसी फ़िल्में देख डालें और अपने दिल को ढ़ारस बँधायें कि हमने हैदराबाद की रात में पैरिस की रात देख ली। गोया मिलावट का फन अब इतनी तरक्की कर गया है कि हैदराबाद की रात में पैरिस की रात यों मिलायी जाती है जैसे मसाले में घोड़े की लीद !

दो बातों की वजह से हमें हैदराबाद की रातों से डर लगता है। पहली बात तो यह कि यहाँ रात के शुरू होते ही रास्तों पर बिना बत्ती साइकिलें पकड़ने का श्रीगणेश हो जाता है और दूसरी बात यह कि रातों में यहाँ की सड़कें बड़ी खतरनाक हो जाती हैं। चुनाँचे हैदराबाद वालों का बहुमत रातों को इसलिए बाहर नहीं निकलता कि उनके पास साइकिलों की बत्तियाँ नहीं होतीं; और जिनके पास बत्तियाँ होती हैं उनके पास साइकिलें नहीं होतीं और जिन अभागे सज्जनों के पास साइकिलें और बत्तियाँ दोनों मौजूद होती हैं वे घरों से इसलिए बाहर नहीं निकलते कि रात के वक्त यहाँ की सड़कें 'साइकिल रानी' के काबिल नहीं रहतीं। यही वजह है कि हैदराबाद के अधिकांश निवासी दिन डूबने से पहले ही अपने घरों को पहुँच जाते हैं। वैसे हर शाम यहाँ साइकिलें पकड़ने और पकड़वाने का दृश्य बड़ा ही मनोहर होता है। पुलिस के सिपाही बिना बत्ती साइकिलों को यों पकड़ते हैं जैसे मछुवा मछलियों को पकड़ता है। हमारे एक

दोस्त ने अभी हाल ही में अपनी साइकिल को पकड़वाने की 'सिलवर जुबली' मनायी है। हमने उनसे इस सिलवर जुबली के मौके पर पूछा था—"भई, तुम्हें आखिर किस तरह यह मालूम नहीं होता है कि आगे पुलिस के सिपाही बिना बत्ती साइकिलें पकड़ रहे हैं ?" इस पर वह संजीदगी से बोले—"भई, मैं क्या करूँ, मेरी साइकिल में बत्ती नहीं होती इसलिए मुझको दिखायी नहीं देता कि आगे क्या हो रहा है और यों मैं पकड़ा जाता हूँ, अलबत्ता एक मर्तबा मैंने बिना बत्ती साइकिल पकड़नेवाले पुलिस के सिपाहियों को दूर ही से देख लेने की खातिर अपनी साइकिल में बत्ती लगायी थी मगर मैं उस दिन पकड़ा नहीं गया !"

साइकिलें पकड़वाना हैदराबाद की 'प्रिय हॉबी' है और साइकिलें पकड़ना वहाँ के पुलिसवालों की 'प्रिय ड्यूटी' है।

साफ़ जाहिर है कि इसके बाद हैदराबाद की सड़कों पर बहुत कम लोग बच रहते हैं और ये लोग भी किसी न किसी मजबूरी की वजह से सड़कों पर आवारागर्दी करते रहते हैं। जिन लोगों के घरेलू हालात अच्छे होते हैं वे फौरन घरों को भागने की फ़िक्र करते हैं और जिनके घरेलू हालात ठीक नहीं होते वे हैदराबाद की रातों की रंगीनी से लुत्फ़ उठाने के लिए मारे-मारे फिरते रहते हैं और उन्हें रात देर गए पता चलता है कि जब तक जेब में पैसा न हो, रंगीनीं कोई मानी नहीं रखती। चुनाँचे जब रात के पिछले पहर उन पर इस हकीकत का भेद खुलता है तो ये सुबह के भूले दूसरी सुबह को अपने घरों को वापस हो जाते हैं और आनेवाली रात में फिर रंगीनियों की तलाश में घरों से निकल पड़ते हैं। यह सिलसिला बस यों ही चलता रहता है।

हैदराबाद के होटल और शराबखाने रातों को बहुत आबाद रहते हैं। लेकिन ये सिर्फ़ आबाद रहते हैं, कारोबार कुछ भी नहीं होता क्योंकि हैदराबाद के अधिकांश निवासी होटलों में इस उम्मीद के साथ जाते हैं कि वहाँ कोई उन्हें चाय पिलायेगा। नतीजा। नतीजा यह होता है कि होटलों में लोगों का हुजूम तो बेहद रहता है मगर होटल में चाय की प्याली बहुत आहिस्ता बिकती है। आखिरकार होटल का मालिक निराश होकर होटल बन्द कर देता है और हैदराबाद वाले भी चाय की प्याली पिए बगैर हताश होकर घरों को लौट जाते हैं।

यहाँ के शराबखानों में भी हमने यही हाल देखा है। अगर किसी शराबखाने में किसी टेबिल पर आदमी पीकर भी न बहके तो जान लेना चाहिए कि यही शख्स शराब का बिल अदा कर रहा है और जो व्यक्ति पीकर बहुत जल्द बहक जाते हैं, उनके बारे में यह बात विश्वासपूर्वक कही जा सकती है कि उन्होंने मुफ्त की पी है। यहाँ के रहने वालों को मुफ्त की शराब का नशा बहुत तेजी से चढ़ता है और जो शख्स बिल अदा

करता है वह तो बिलकुल ही नहीं बहकता। हैदराबाद की रातों में रंगीनी उस वक्त पैदा होती है जब शराबी सड़कों पर निकलकर हैदराबादी गालियाँ बकने लगते हैं और रात के सन्नाटे में हैदराबाद तहजीब का नाम रोशन होने लगता है।

हैदराबाद के नौजवान इस ऐतबार से खुशक़िस्मत हैं कि यहाँ एक 'आबिद रोड' है। अगर आबिद रोड को यहाँ से उठाकर किसी दूसरे शहर को स्थानांतरित कर दिया जाए तो हमें यकीन है कि यहाँ के नौजवान भी इस सड़क का पीछा करते हुए दूसरे शहर को निकल जायेंगे। आबिद रोड हैदराबाद का 'शॉपिंग सेंटर' हैं और 'शॉपिंग सेंटर' उसे कहा जाता है जहाँ लड़के लड़कियों को घूरें और अगर घूरने का जरा भी सिला मिले तो पीछा करने लगें और अगर पीछा करने का कुछ नाखुशगवार नतीजा न निकले तो 'लव मैरिज' कर डालें। हम एक नौजवान से परिचित हैं जो सारे-शाम आबिद रोड पर यों खड़ा रहता है जैसे यह मनुष्य नहीं, एक मूर्ति है जिसे सड़क पर स्थापित कर दिया गया है। हम तो एक अरसे तक उसे मूर्ति ही समझते रहे, मगर बाद में पता चला कि मूर्ति साँस भी लेती है और वक्त-ज़रूरत सीटियाँ बजाती है और अपनी आँखें झपकाती है। यह प्रति मिनट दस लड़कियों के हिसाब से लड़कियों को घूरता है और दूसरे ही मिनट उन सबको भूल जाता। ऐसे नौजवानों में कॉलेज के छात्रों का बहुमत होता है जिसके लिए ऐसी गतिविधियाँ 'पाठ्यक्रम में शामिल विषय' की परिभाषा में आती हैं।

हैदराबाद की रातों की शान जिन साहिबान के दमकदम से बाकी है, उनमें साहित्यकार, पत्रकार और शायर, सिने-दर्शक, तमाशबीन प्रमुख हैं। इन महाशयों के लिए रात ही सबकुछ होती है। हैदराबाद के शायर दिन में क्लर्क होते हैं और रात में शायर बन जाते हैं। इनका प्रिय शगल रातों में मुशायरे बरपा करना होता है। यहाँ हर गली-कूचे में मुशायरा होता है और यहाँ शायरों की इतनी बहुतायत है कि हर मुशायरे के लिए शायर आसानी से सप्लाई हो जाते हैं। यहाँ के शायर रात के वक्त पत्थर गटी और मुअज्जम जाही मार्केट पर पाए जाते हैं और मुशायरों के संयोजक इन शायरों को यों हाँककर ले जाते हैं जैसे गड़रिया बकरियों के गल्ले को हाँकता है। यहाँ दर्जनों की तादाद में शायर मिलते हैं। यह और बात है कि अब रातों के वक्त श्रोताओं का मिलना दुश्वार हो गया है। चूँकि हैदराबाद में रातों के वक्त चोरों, शायरों और पत्रकारों का शासन होता है, इसलिए अकसर पुलिस शायरों को चोर समझकर पकड़ लेती है और चोर को शायर समझकर छोड़ देती है। इन दोनों की वजह से यहाँ पुलिस को बड़ी मुश्किल पेश आती है।

हैदराबाद के चोर भी दुनिया के अन्य चोरों की तरह रात में ही चोरी करते हैं और दिन को शरीफ इन्सानों की तरह ज़िन्दगी गुज़ारते हैं।

कभी-कभार हैदराबादवालों को यह एहसास बुरी तरह सताता है कि उनकी रातें बेमज़ा और बुझी-बुझी-सी हैं। इस एहसास के साथ ही वे 'गजल की रात', 'कव्वाली की रात', 'सबे-नग्मा' और 'रक्स की रात' और इसी किस्म की अन्य रातों का आयोजन कर लेते हैं। 'गजल की रात' में हूटिंग होती है; 'कव्वाली की रात' में कानों के पर्दे फाड़े जाते हैं; 'नग्मों की रात' में नींद उड़ायी जाती है और 'रक्त की रात' में आपको इतना थका दिया जाता है कि आपकी तबीयत कई रातों तक सँभलने नहीं पाती।

हैदराबाद की रातों के गुरुत्व केन्द्र का उपनाम 'नहारी और कुल्चे' होता है। सच पूछिये तो हैदराबादवालों के लिए रातें इसीलिए रंगीन बन जाती हैं कि यहाँ सुबह के वक्त नहारी और कुल्चे खाने को मिलते हैं। ये लोग सारी रात इस तसल्ली में काट देते हैं कि रात के पिछले पहर नहारी और कुल्चों का आयोजन होता है।

हम एक साहब से परिचित हैं जो सारी रात सड़कों पर घूमकर इसलिए गुजारते हैं कि सुबह में उन्हें नहारी-कुल्चे खाने की आदत है। हमने एक दिन उनसे कहा—'किब्ला, सुबह में नहारी-कुल्चे खाने के लिए सारी रात जागना क्या ज़रूरी है ?"

इस पर वह बोले—'भई, अगर रात में सो गए और सुबह आँख न खुली तो सारी रात बेकार हो जाती है। इसीलिए रात भर चाय पी-पीकर जागता रहता हूँ और नहारी-कुल्चे खाकर सो जाता हूँ तो दूसरी शाम को बिस्तर से उठता हूँ !

हैदराबाद की रातों का हाल तो आप सुन चुके, अब दुआ कीजिए कि इन रातों की सुबह हो जाए।

फिक्र तौंसवी

खुदा की जन्नत

और फिर यूँ हुआ कि मैं जन्नत के द्वार पर पहुँच गया।

न जाने वह कौन था, जरूर कोई फरिश्ता ही होगा जिसने मुझे उँगली पर उठाया और जैसे हज़ारों किलोमीटर की यात्रा एक क्षण में तय करके मुझे यहाँ छोड़ गया। वह इतनी जल्दी में था कि मैं उसका धन्यवाद न कर सका।

दरवाज़े के बाहर खाकी वर्दी पहने एक मरियल-सा फरिश्ता स्टूल पर बैठा बीड़ी पी रहा था। मैंने अपना शक दूर करने के लिए उससे पूछा—"जनाब ! जहाँ मैं खड़ा हूँ, क्या यह जन्नत का दरवाज़ा है ?"

पहरेदार फरिश्ते ने मेरी ओर यूँ देखा जैसे दो दूनी चार का पहाड़ा पढ़ रहा हो और कहना चाहता हो कि मैं कोई जिम्मेदारी लेने को तैयार नहीं हूँ लेकिन अगर तैयार हो जाऊँ तो इसके बदले मुझे कितने पैसे दोगे ? . . . लेकिन शायद मेरी फटीचर हालत देखकर वह निराश हो गया और पूछा—"कौन हो तुम ?"

"मैं फिक्र तौंसवी हूँ, क्या तुम मुझे नहीं जानते ? पत्र-पत्रिकाएँ नहीं पढ़ा करते ?" पत्र-पत्रिकाएँ और फिक्र तौंसवी दोनों उसके लिए शायद अजनबी चीज़ें थीं। हाथ के एक झटके से जैसे उसने 'शट-अप' कहा और बोला —"बेकार बातें मत करो, यह बताओ काम क्या करते हो ?"

"पहले कविता लिखता था, लेकिन अब . . ." उसे जैसे क्लू हाथ आ गया। मेरी बात काटते हुए कहा, "कवि हो ? तो फिर यहाँ क्यों आ गए ? यहाँ से बाल बराबर दूरी पर जहन्नुम है। सारे कवि महोदय वहीं जाते हैं।"

मैंने व्याख्या की, "श्रीमानजी ! मैं तो कविता लिखना बन्द कर चुका हूँ।"

यूँ लगा जैसे मेरे कविता छोड़ने की घोषणा ने उसे प्रभावित नहीं किया। बोला, "तुम्हारा केस कुछ सन्देहजनक है। कविता छोड़ने के अतिरिक्त कोई और विशेषता?"

"एक भूखे-प्यासे भिखारी को अपने पैकेट का आखिरी सिगरेट दे दिया था हालाँकि मैं सिगरेट का प्यासा था।"

फ़रिश्ते ने एक और बीड़ी निकालकर सुलगाई (मुझे ऑफर नहीं की) और इससे पहले कि कोई और मूर्खता करता, अचानक खटाक से जन्नत के पट्ट खुले और अन्दर से जैसे हज़ारों-लाखों फरिश्ते एक साथ पुकार उठे—"अब आ भी जा कि तेरा इन्तज़ार कब से है ?"

और मैं दूसरे क्षण में जन्नत के अन्दर था। आश्चर्य की बात है कि खुदा ऐसी छोटी-छोटी बातों पर जन्नत बख्श देता है —भिखारी को सिगरेट दे दो, नंगे को लंगोट पहना दो, अंधे को सड़क पार करवा दो . . . तो फिर जन्नत में जाने के लिए बड़े-बड़े मन्दिर, सराय और धर्मशालाएँ क्यों बनाते हैं ?

जन्नत के अन्दर पाँव रखते ही मुझे पहला खयाल यह आया कि यहाँ मेरी स्वर्गीय दादी अम्मा अवश्य मौजूद होंगी क्योंकि जब उनकी अर्थी उठी थी तो सारे मुहल्ले ने प्रार्थना की थी कि ऐ खुदा ! स्वर्गीय को जन्नत में जगह देना . . . और कहते हैं खुदा लोकमत का बहुत सत्कार करता है।

और फिर मैंने देखा कि मेरे दाएँ पहलू में दूध की एक नहर बह रही है और एक व्यक्ति जिसकी मूँछें एक लफँगे बिल्ले की-सी थीं, इस नहर में पानी के लोटे डाल रहा है। मैं उसके निकट चला गया और पूछा, "भाई-जान ! क्या आपने इस जन्नत में मेरी दादी प्रभादेवी को देखा है ? और जैसे हर अजनबी से ठट्ठा करने का चस्का हर आदमी को होता है, वह बोला—"कौन-सी प्रभादेवी ? जन्नत में तो हर तीसरी महिला का नाम प्रभादेवी है।"

मैंने अपनी दादी का नैन-नक्शा बताया और कहा—"स्वर्गीय के पास एक गाय थी। उसका दूध बेचकर वह गुजर-बसर करती थी।"

"क्या दूध में पानी भी मिलाती थी?"

"ऊँ हूँ! वह ईमान से रोज़ी कमाती थी।"

उस व्यक्ति ने एक अपमानजनक कहकहा लगाया—"ईमान! हा-हा-हा! तो फिर जन्नत में उसका क्या काम? बाल बराबर फासले पर जहन्नुम है, वहाँ जाकर मालूम करो।"

और यह कहकर उस जन्नत के वासी ने ज़ोर से हाँक लगाई—"दूध ले लो दूध। गाय का खालिस दूध जन्नत से टैस्ट किया हुआ।"

कितना बड़ा झूठ बोल रहा है यह आदमी, मिलावटी दूध को खालिस कहे जा रहा है। मेरी दादी के बारे में भी झूठ बोलता होगा। वह जरूर जन्नत में होगी। मैंने उसकी हाँक से बचने के लिए कानों में अँगुलियाँ दे डालीं और आँखें बचाकर आगे चल दिया।

जन्नत का वातावरण अत्यन्त सुन्दर और रोचक था। सारी जन्नत एयर-कंडीशन हो रही थी। दूध और शहद की नहरें तो यूँ आम थीं जैसे किसी धनाढ्य पुत्र की अलमारी में रंगारंग की नकटाइयाँ लटक रही हों। चारों ओर नर्म और शोख फूल खिले हुए थे जैसे क्वाँरी-क्वाँरी सुन्दरियाँ पत्तों में से फूट-फूटकर बाहर आ गई हों। पेड़ों पर भाँति- भाँति के फल ग्रामीण क्वाँरियों की तरह जैसे पींगे झूल रहे थे। दूर नीली-नीली और सुनहरी पहाड़ियों की ओट से एक जादू-भरा आनन्दमय अनन्त संगीत लगातार उभर-उभरकर आ रहा था।

वातावरण के इस जादू में जैसे मैं घुलता जा रहा था। अगर यह स्वप्न नहीं था तो यह जन्नत थी और जन्नत नहीं थी तो स्वप्न था। दोनों में से जो भी हालत थी, मनमोहिनी और नशीली थी। मैंने अपने आपसे कहा, "बेटा फिक्र तौंसवी! बड़े भाग्यशाली हो, धरती पर तुम एक संगतरा खरीदते हुए डरते थे क्योंकि तुम्हारी निर्धनता और संगतरे में शताब्दियों का फासला था, लेकिन यहाँ तुम्हें केवल भिखारी को एक सिगरेट देने के बदले में फलों के अनगिनत बाग मिल गए। जन्नत में गरीबी ही नहीं, चरित्र की इज्जत होती है।"

लेकिन जन्नत में घूमते-घूमते मुझे एक अचम्भा हुआ कि आबादी बहुत ही कम थी। कहीं कोई इक्का-दुक्का आदमी नज़र आ जाता। ऐश्वर्य की वस्तुएँ ज्यादा थीं, इन्सान कम थे। दुनिया और जन्नत में यही अन्तर था कि वहाँ वस्तुओं का परिवार

नियोजन था और यहाँ इन्सानों का। और मुझे अच्छा नहीं लगा। यह ठीक है कि जन्नत में केवल खुशनसीब आते हैं और खुशनसीबों की संख्या हमेशा कम ही होती है। लेकिन मैंने सोचा, यहाँ कुछ बदनसीबों को भी बसा दिया जाता तो जरा वैरायटी रहती। इस वीरान जन्नत में कोई कब तक रह सकता है ?

घूमते-घूमते मैं फूलों से लदे एक पेड़ के पास आकर रुक गया, जिसके नीचे एक बहुत ज्यादा सुन्दर और सुडौल बदन नंगी औरत खड़ी थी और एक मोटा-सा आदमी उसके सुन्दर शरीर को अपनी जुबान से चाट रहा था। मैंने उससे पूछा, "भाई साहब ! क्या वह . . ."

भाई साहब ने घूरकर कहा--"यह मेरी हूर है, तुम्हारी नहीं है।"

"तुम्हारी सही, मगर तुम इसे चाट क्यों रहे हो ?"

"इसके बदन से शहद की तरह का मीठा-मीठा रस टपकता है। इस शहद को चाटने से ही तो जन्नत का मज़ा आता है। क्या तुम्हें अभी तक कोई हूर ऐलाट नहीं की गई ?"

मैंने कहा, "नहीं, नया-नया आया हूँ, किसी हूर से मेरी भेंट नहीं हुई। तुम यहाँ कब से आये हो और तुम्हारा शुभ नाम ?"

"घूमीमल हूँ, रबर फैक्टरी वाला।"

"वही जिसकी फैक्टरी में नौजवान क्वाँरियाँ तीन-तीन रुपये रोज़ाना पर मजदूरी करती थीं ?"

"हाँ, और यही मेरी जन-सेवा थी, मैं उन गरीब क्वाँरियों को रोजगार देता था और उनके क्वाँरे बदन चाटा करता था।"

"ज़लील !" मेरे गले में यह शब्द फाँसी की तरह अटक गया और मैंने सोचा—यह हूर उसी रबड़ फैक्टरी में नौकरी करती होगी जिसे खुदा ने जन्नत में इसलिए बुला लिया होगा ताकि यहाँ भी बदन चटवाने के काम आ सके। खुदा को जन्नत के लिए भी धरती से ही हूरें इम्पोर्ट करनी पड़ती हैं। मैंने दिल पर पत्थर रखकर उस व्यक्ति से पूछा—"सात आसमानों के खुदा का दफ्तर कहाँ है, जहाँ मैं अपने आने की रपट कर सकूँ ?"

"मैं नहीं जानता।" वह आदमी रुखाई से बोला। नंग-धड़ंग सुन्दरी ने शायद मुझे कुछ बताने के लिए अपना मुँह खोला लेकिन उस आदमी ने झट अपना मुँह उसके

होंठों पर रख दिया और शहद चाटने लगा। शहद टपकाते होंठ ठंडी आह भरकर रह गए।

जन्नत के दृश्य देखकर कभी विश्वास होता कि यही जन्नत है, कभी सन्देह होता कि जह जहन्नुम है। विश्वास और सन्देह की इस लड़ती-झगड़ती हालत ने मुझे निढाल कर दिया।

एक हूर एक तालाब में नहाते हुए, किनारे पर बेवफूकों की तरह एक भैंसे को जलतरंग सुना रही थी। एक पेड़ पर बहुत से करेन्सी नोट लगे हुए थे जिन्हें कुछ आदमी तोड़ रहे थे और निगल रहे थे।

एक छोटी-सी हरी-भरी पहाड़ी पर एक सुर्ख और सफ़ेद बच्चा बैठा था और ह्विस्की से भरे एक टब में खजूरें डुबो-डुबोकर खा रहा था और उनकी गुठलियाँ नीचे फेंक रहा था और पहाड़ी के नीचे अपना मुँह खोले कुछ सूखे-सड़े बच्चे खड़े थे। जब भी कोई गुठली किसी बच्चे के मुँह में आकर गिरती तो वह नारा लगाता—"इन्क़िलाब ज़िन्दाबाद !" और शेष बच्चे मरी हुई आवाज़ में बोलते—"हमारे लिए भी थोड़ा-सा इन्क़िलाब ज़िन्दाबाद !"

मैंने एक कमजोर बच्चे से पूछा—"बेटा ! जन्नत में आकर भी गुठलियाँ खा रहे थे, ओरिजनल खजूर क्यों नहीं खाते ?"

वह बच्चा हैरानी से मेरा मुँह ताकने लगा और एक दूसरे बच्चे से बोला—"जरा सुनना यह आदमी क्या चाहता है ? इसकी बोली मेरी समझ में नहीं आती।"

"कोई नास्तिक होगा।" दूसरा बच्चा बोला।

"जन्नत की बोली जानता ही नहीं।" तीसरा बच्चा कहने लगा।

"तो फिर जन्नत में कैसे आ गया ?" चौथे ने फरमाया।

और फिर सभी बच्चे एक साथ ही मुझ पर हँसने लगे।

'हाँ, मैं कैसे आ गया ? कैसे ?'

नन्हे बच्चों का यह प्रश्न एक गुठली बनकर मेरे गले में फँस गया। मुझे सचमुच जन्नत की परिभाषा सीखनी चाहिए। अगर जन्नत में रहना है तो मुझे जन्नत की-सी आँखें चाहिए, जन्नत जैसे कान, जन्नत की-सी सोच।

परेशानी और भय से एकदम मेरी चीख निकल गयी—"ऐ खुदा ! ऐ खुदा ! तू कहाँ है ?"

और उत्तर में जन्नत के हज़ारों पेड़, लाखों फल और अनगिनत पहाड़ कह उठे—"ऐ खुदा ! ऐ खुदा ! तू कहाँ है ?"

और फिर वही डरावनी खामोशी छा गई — 'बुरे फँसे हो, फिक्र तौंसवी ! यह जन्नत है या गुम्बद। यहाँ तो हर चीख का अनुवाद चीख में ही होता है। किसी न किसी तरह यहाँ से निकलना चाहिए। तुम यहाँ रहने के योग्य नहीं हो।'

घबराकर मैं एक ओर भागा लेकिन एक विचित्र नज़ारे ने फिर मेरे पाँव रोक लिये—फूलों के एक नर्म और नाजुक बिस्तर पर एक बूढ़ा खूसट लेटा था। उसके चारों ओर भाँति-भाँति के खाने और फल बिछे हुए थे जिन्हें कुत्ते, गीदड़ और चीते खा पी रहे थे। मुझे घिन्न आ गयी और घिन्न मुझे उस बूढ़े के पास ले गयी और मैंने कहा—"अल-सलाम वालेकुम।"

इस बार उसे घिन्न आ गयी। मुँह फेरकर बोला —"मैं इस्लाम का दुश्मन हूँ। इसलिए गुड इवनिंग कहो।" मैंने फौरन अपना सुधार किया और अंग्रेजी में पूछा—"वैल, आप खुद यह खाना क्यों नहीं खाते ?"

"मुझे भूख नहीं है। पशु-पक्षी अगर खाएँ तो मुझे अच्छा लगता है।"

"और इन्सान ?"

इस पर वह खुश नहीं हुआ। उसने एक कुत्ते की ओर इशारा किया और वफ़ादार कुत्ता मुझ पर भूँकने लगा। कुत्ते से शह पाकर एक चूहे ने मेरे पाँव पर काटा और उससे पहले कि कोई गीदड़ मुझ पर हमला कर देता, मैं बगटुट भाग लिया और जानवरों के कहकहे दूर तक मेरा पीछा करते रहे। ये कहकहे मुझे जाने-पहचाने मालूम हुए। दुनिया में ऐसे कहकहों के बड़े टेप-रिकार्ड भरे जा चुके थे और रेडियो स्टेशनों से सुनाये जाते थे।

भागते यूँ लगा जैसे एक प्यारा-प्यारा ममता-भरा हाथ मेरे कन्धे पर आ पड़ा है। मैंने रुककर देखा, एक अति सुन्दर उज्ज्वल चेहरा मेरे सामने था। मेरे मुँह से बेअख्तियार निकला—"जनाब ! मुझ पर उसने कुत्ते छोड़ दिए। मेरा कोई दोष नहीं। उसने मुझे गलत समझा।"

उज्ज्वल चेहरा मुसकरा दिया —"गलत तुम समझे, यह बुड्ढा अपनी दौलत को आखिरी दिनों में अपने खुशामदियों में बाँटने लगा था। दौलत की इस बाँट पर खुदा इससे खुश हो गया और कुछ दिनों के लिए इसे जन्नत में जगह दे दी।"

मैंने कहा—"यह कैसा खुदा है जो धन की बाँट के नियम ही नहीं जानता।" जन्नत में आने के बाद मुझे खुदा का डर ही नहीं रहा था।

उज्ज्वल हाथ ने मेरा कन्धा थपथपाया—"खुदा की महान युक्ति को समझो जिसने बुड्ढे को जन्नत दे दी, मगर भूख छीन ली। नाना प्रकार की वस्तुएँ उसके सामने पड़ी थीं मगर वह खा नहीं सकता था। भूख का छिन जाना बहुत बड़ा दण्ड है, बेटे !"

मगर उसका यह ज्ञान मेरी समझ से ऊँचा था। इसलिए मैंने सोचा, शायद यह जन्नत का ज्ञान है इसलिए थोड़ी देर तक चुप रहने के बाद मैंने पूछा—"ऐ मेहरबान ! क्या आप बता सकते हैं कि मैं जहन्नुम में हूँ या जन्नत में ?"

"अभी बताता हूँ।" यह कहकर उसने अपनी दायीं उँगली से हवा में एक गोल दायरा-सा बनाया और फिर जैसे दूर हज़ारों मीलों से आवाज़ आयी —"इस दायरे में दाखिल होकर पास आ जाओ।"

क्या यह खुदा की आवाज़ थी ?

मैं खुश होकर हल्का-फुल्का गुब्बारा-सा बनकर दायरे में घुस गया और फिर यूँ लगा जैसे मैं नर्म नाजुक हवा के विशाल सागर में तैरता जा रहा हूँ। मैं कहाँ जा रहा हूँ? वह फरिश्ता कौन था ? वह दायरा क्या था ? वह जन्नत कहाँ गयी ? क्या सचमुच मैं खुदा की खिदमत में जा रहा हूँ ? क्या यह बुलाने वाली आवाज़ कोई धोखा तो नहीं थी ? मेरी मंजिल कहाँ है ? क्या यही मेरी मंजिल है ? यूँ तो शताब्दियों तक इस महान सागर में तैरता रहूँगा।

अपने ही प्रश्नों की भीड़ से मैं घबरा गया और एक दर्दनाक चीख मेरे मुँह से निकली—"पथ-प्रदर्शक, ऐ पथ-प्रदर्शक ! मैं कहाँ हूँ ?"

और उत्तर में जैसे मेरे तालुओं से एक कहकहा-सा निकला और यह कहकहा नीचे उतरता चला गया और उसके साथ ही मैं भी उतरता चला गया, यहाँ तक कि मेरे पाँव रेशम जैसी कोमल मिट्टी से जा लगे। इस कोमल मिट्टी के स्पर्श से मेरा तनाव एकदम खत्म हो गया। मेरी आँख खुल गयीं। क्या देखा ?

. . . मैं फिर जन्नत के दरवाज़े पर खड़ा हूँ और वही फरिश्ता स्टूल पर बैठा बीड़ी पी रहा है। उसने मेरी ओर मुसकराकर देखा और बोला—"जन्नत देख ली, कैसी लगी ?"

मैंने कहा—"अच्छी है, बिलकुल हमारी धरती जैसी।"

वह गर्दन अकड़ाकर बोला—"मैंने कहा था न, जन्नत और जहन्नुम में केवल बाल बराबर का अन्तर होता है।"

कृश्न चन्दर

जामुन का पेड़

रात को बड़े ज़ोर का झक्कड़ चला। सेक्रेटेरियट के लॉन में जामुन का एक पेड़ गिर पड़ा। सवेरे को जब माली ने देखा, तो उसे पता चला कि पेड़ के नीचे एक आदमी दबा पड़ा है।

माली दौड़ा-दौड़ा चपरासी के पास गया, चपरासी दौड़ा-दौड़ा क्लर्क के पास गया, क्लर्क दौड़-दौड़ा सुपरिंटेंडेंट के पास गया, सुपरिंटेंडेंट दौड़ा-दौड़ा बाहर लॉन में आया। मिनटों में गिरे हुए पेड़ के नीचे दबे हुए आदमी के चारों ओर भीड़ इकट्ठी हो गयी।

"बेचारा जामुन का पेड़। कितना फलदार था !" एक क्लर्क बोला।

"और इसकी जामुनें कितनी रसीली होती थीं !" दूसरा क्लर्क याद करते हुए बोला।

"मैं फलों के मौसम में झोली भरकर ले जाता था, मेरे बच्चे इसकी जामुनें कितनी खुशी से खाते थे।" तीसरा क्लर्क लगभग रुआँसा होकर बोला।

"मगर यह आदमी ?" माली ने दबे हुए आदमी की तरफ इशारा किया।

"हाँ, यह आदमी।" सुपरिंटेंडेंट सोच में पड़ गया।

"पता नहीं ज़िंदा है कि मर गया ?" एक चपरासी ने पूछा।

"मर गया होगा, इतना भारी पेड़ जिसकी पीठ पर गिरे वह बच कैसे सकता है?" दूसरा चपरासी बोला।

"नहीं, मैं ज़िंदा हूँ।" दबे हुए आदमी ने बड़ी कठिनता से कराहते हुए कहा।

"ज़िंदा है!" एक क्लर्क ने ताज्जुब से कहा।

"पेड़ को हटाकर इसे जल्दी से निकाल लेना चाहिए।" माली ने सुझाव दिया।

"मुश्किल मालूम होता है," एक सुस्त, कामचोर और मोटा चपरासी बोला, "पेड़ का तना बहुत भारी और वज़नी है।"

"क्या मुश्किल है?" माली बोला, "अगर सुपरिंटेंडेंट साहब हुक्म दें, तो अभी पंद्रह-बीस माली, चपरासी और क्लर्क लगाकर पेड़ के नीचे से दबे हुए आदमी को निकाला जा सकता है।"

"माली ठीक कहता है," बहुत-से क्लर्क एक साथ बोल पड़े, "लगाओ ज़ोर, हम तैयार हैं।"

एक साथ बहुत से लोग पेड़ को उठाने को तैयार हो गए।

"ठहरो!" सुपरिंटेंडेंट बोला, "मैं अंडर-सेक्रेटरी से पूछ लूँ।"

सुपरिंटेंडेंट अंडर-सेक्रेटरी के पास गया। अंडर-सेक्रेटरी डिप्टी सेक्रेटरी के पास गया। डिप्टी सेक्रेटरी जाईंट सेक्रेटरी के पास गया। जाईंट सेक्रेटरी चीफ सेक्रेटरी के पास गया। चीफ सेक्रेटरी मिनिस्टर के पास गया। मिनिस्टर ने चीफ सेक्रेटरी से कुछ कहा। चीफ सेक्रेटरी ने जाईंट सेक्रेटरी से कुछ कहा। जाईंट सेक्रेटरी ने डिप्टी सेक्रेटरी से कहा। डिप्टी सेक्रेटरी ने अंडर सेक्रेटरी से कहा। फाइल चलती रही। इसी में आधा दिन बीत गया।

दोपहर के खाने पर दबे हुए आदमी के चारों ओर बहुत भीड़ हो गयी थी। लोग तरह-तरह की बातें कर रहे थे। कुछ मनचले क्लर्कों ने समस्या को खुद ही सुलझाना चाहा। वे हुकूमत के फैसले का इन्तज़ार किए बिना पेड़ को अपने-आप हटा देने का निश्चय कर रहे थे कि इतने में सुपरिंटेंडेंट फाइल लिये भागा-भागा आया। बोला—

"हम लोग खुद इस पेड़ को नहीं हटा सकते। हम लोग व्यापार-विभाग से सम्बन्धित हैं, और यह पेड़ की समस्या है, जो कृषि-विभाग के अधीन है। मैं इस फाइल को अर्जेंट मार्क करके कृषि-विभाग में भेज रहा हूँ—वहाँ से उत्तर आते ही इस पेड़ को हटवा दिया जाएगा।"

दूसरे दिन कृषि-विभाग से उत्तर आया कि पेड़ व्यापार-विभाग के लॉन में गिरा है, इसलिए इस पेड़ को हटवाने या न हटवाने की ज़िम्मेदारी व्यापार-विभाग पर पड़ती है।

यह उत्तर पढ़कर व्यापार-विभाग को गुस्सा आ गया। उन्होंने फौरन लिखा कि पेड़ों को हटवाने या न हटवाने की ज़िम्मेदारी कृषि-विभाग पर लागू होती है, व्यापार-विभाग का इससे कोई सम्बन्ध नहीं है।

दूसरे दिन भी फाइल चलती रही। शाम को जवाब आ गया—हम इस मामले को हार्टीकल्चर डिपार्टमेंट के हवाले कर रहे हैं, क्योंकि यह एक फलदार पेड़ का मामला है और एग्रीकल्चर डिपार्टमेंट अनाज और खेती-बाड़ी के मामलों में फैसला करने का हकदार है। जामुन का पेड़ चूँकि एक फलदार पेड़ है, इसलिए यह पेड़ हार्टीकल्चर डिपार्टमेंट के अन्तर्गत आता है।

रात को माली ने दबे हुए आदमी को दाल-भात खिलाया, जबकि उसके चारों तरफ पुलिस का पहरा था कि कहीं लोग कानून को अपने हाथ में लेकर पेड़ को खुद से हटवाने की कोशिश न करें। मगर एक पुलिस कांस्टेबल को दया आ गयी और उसने माली को दबे हुए आदमी को खाना खिलाने की इजाज़त दे दी।

माली ने दबे हुए आदमी से कहा, "तुम्हारी फाइल चल रही है, उम्मीद है कल तक फैसला हो जाएगा।"

दबा हुआ आदमी कुछ नहीं बोला।

माली ने पेड़ के तने को ध्यान से देखकर कहा, "अच्छा हुआ कि तना तुम्हारे कूल्हे पर गिरा, अगर कमर पर गिरता तो रीढ़ की हड्डी टूट जाती।"

दबा हुआ आदमी फिर भी कुछ नहीं बोला।

माली ने फिर कहा, "तुम्हारा यहाँ कोई वारिस है तो मुझे उसका अता-पता बताओ, मैं उन्हें खबर देने की कोशिश करूँगा।"

"मैं लावारिस हूँ।" दबे हुए आदमी ने बड़ी मुश्किल से कहा।

माली खेद प्रकट करता हुआ वहाँ से हट गया।

तीसरे दिन हार्टीकल्चर डिपार्टमेंट से जवाब आ गया। बड़ा कड़ा जवाब था और व्यंग्यपूर्ण !

हार्टीकल्चर डिपार्टमेंट का सेक्रेटरी साहित्य-प्रेमी आदमी जान पड़ता था। उसने लिखा था, "आश्चर्य है, इस समय जब हम 'पेड़ लगाओ' स्कीम ऊँचे स्तर पर चला रहे हैं, हमारे देश में ऐसे सरकारी अफसर मौजूद हैं जो पेड़ों को काटने का सुझाव देते हैं, और वह भी एक फलदार पेड़ को, और वह भी जामुन के पेड़ को, जिसके फल

जनता बड़े चाव से खाती है ! हमारा विभाग किसी हालत में इस फलदार वृक्ष को काटने की इजाज़त नहीं दे सकता ।"

"अब क्या किया जाए ?" इस पर एक मनचले ने कहा, "अगर पेड़ काटा नहीं जा सकता, तो इस आदमी ही को काटकर निकाल लिया जाए ।"

"यह देखिए, " उस आदमी ने इशारे से बताया, "अगर इस आदमी को ठीक बीच में से यानी धड़ से काटा जाए तो आधा आदमी इधर से निकल आएगा, आधा आदमी उधर से बाहर आ जाएगा । और पेड़ वहीं का वहीं रहेगा ।"

"मगर इस तरह तो मैं मर जाऊँगा ।" दबे हुए आदमी ने आपत्ति प्रकट करते हुए कहा ।

"यह भी ठीक कहता है ।" एक क्लर्क बोला ।

आदमी को काटनेवाली युक्ति प्रस्तुत करनेवाले ने भरपूर विरोध किया, "आप जानते नहीं हैं, आजकल प्लास्टिक सर्जरी कितनी उन्नति कर चुकी है । मैं तो समझता हूँ, अगर इस आदमी को बीच में से काटकर निकाल लिया जाए तो प्लास्टिक सर्जरी से धड़ के स्थान से इस आदमी को फिर से जोड़ा जा सकता है ।"

इस बार फाइल को मेडिकल डिपार्टमेंट में भेज दिया गया । मेडिकल डिपार्टमेंट ने फौरन एक्शन लिया और जिस दिन फाइल उनके विभाग में पहुँची, उसके दूसरे ही दिन उन्होंने अपने विभाग का सबसे योग्य प्लास्टिक सर्जन छान-बीन के लिए भेज दिया । सर्जन ने दबे हुए आदमी को अच्छी तरह टटोलकर, उसका स्वास्थ्य देखकर, खून का दबाव देखा, नाड़ी की गति को परखा, दिल और फेफड़ों की जाँच करके रिपोर्ट भेज दी कि इस आदमी का प्लास्टिक ऑपरेशन तो हो सकता है, और ऑपरेशन सफल भी होगा, मगर आदमी मर जाएगा ।

इसलिए यह फैसला भी रद्द कर दिया गया ।

रात को माली ने दबे हुए आदमी के मुँह में खिचड़ी डालते हुए उसे बताया कि अब मामला ऊपर चला गया है । सुना है कि कल सेक्रेटेरियट के सारे सेक्रेटरियों की मीटिंग होगी । उसमें तुम्हारा केस रखा जाएगा । उम्मीद है सब काम ठीक हो जाएगा ।"

दबा हुआ आदमी एक आह भरकर धीरे से बोला—

"ये तो माना कि तग़ाफुल न करोगे लेकिन
खाक हो जाएँगे हम तुमको खबर होने तक !"

माली ने अचंभे से मुँह में उँगली दबा ली, और चकित भाव से बोला, "क्या तुम शायर हो ?"

दबे हुए आदमी ने धीरे से सिर हिला दिया।

दूसरे दिन माली ने चपरासी को बताया, चपरासी ने क्लर्क को, क्लर्क ने हैड-क्लर्क को। थोड़ी ही देर में सेक्रेटेरियट में यह अफवाह फैल गयी कि दबा हुआ आदमी शायर है। बस, फिर क्या था। लोगों का झुंड का झुंड शायर को देखने के लिए उमड़ पड़ा। इसकी चर्चा शहर में भी फैल गई और शाम तक गली-गली से शायर जमा होने शुरू हो गए। सेक्रेटेरियट का लॉन भाँति-भाँति के कवियों से भर गया और दबे हुए आदमी के चारों ओर कवि-सम्मेलन का-सा वातावरण उत्पन्न हो गया। सेक्रेटेरियट के कई क्लर्क और अंडर-सेक्रेटरी तक जिन्हें साहित्य और कविता से लगाव था, रुक गए। कुछ शायर दबे हुए आदमी को अपनी कविताएँ और दोहे सुनाने लगे। कई क्लर्क उसको अपनी कविता पर आलोचना करने को मजबूर करने लगे।

जब यह पता चला कि दबा हुआ आदमी एक कवि है, तो सेक्रेटेरियट की सब-कमेटी ने फैसला किया कि चूँकि दबा हुआ आदमी एक कवि है, इसलिए इस फाइल का सम्बन्ध न एग्रीकल्चर डिपार्टमेंट से है, न हार्टीकल्चर डिपार्टमेंट से, बल्कि सिर्फ़ कल्चरल डिपार्टमेंट से है। कल्चरल डिपार्टमेंट से अनुरोध किया गया कि जल्द से जल्द मामले का फैसला करके अभागे कवि को इस फलदार पेड़ से छुटकारा दिलाया जाए।

फाइल कल्चरल डिपार्टमेंट के अनेक विभागों से गुजरती हुई साहित्य-अकादमी के सेक्रेटरी के पास पहुँची। बेचारा सेक्रेटरी उसी समय अपनी गाड़ी में सवार होकर सेक्रेटेरियट पहुँचा और दबे हुए आदमी से इण्टरव्यू लेने लगा।

"तुम कवि हो ?" उसने पूछा।

"जी हाँ।" दबे हुए आदमी ने जवाब दिया।

"किस उपनाम से शोभित हो ?"

"ओस।"

"ओस ?" सेक्रेटरी जोर से चीखा, "क्या तुम वही 'ओस' हो, जिसका गद्य-संग्रह 'ओस के फूल' अभी हाल ही में प्रकाशित हुआ है।"

दबे हुए कवि ने हुंकार में सिर हिलाया।

"क्या तुम हमारी अकादमी के मेम्बर हो ?" सेक्रेटरी ने पूछा।

"नहीं !"

"आश्चर्य है, " सेक्रेटरी जोर से चीखा, "इतना बड़ा कवि—'ओस के फूल' का लेखक और हमारी अकादमी का मेम्बर नहीं है। उफ, कैसी भूल हो गयी हमसे ! कितना बड़ा कवि और कैसी अँधेरी गुमनामी में दबा पड़ा है।"

"गुमनामी में नहीं—एक पेड़ के नीचे दबा हूँ, कृपया मुझे इस पेड़ के नीचे से निकालिए।"

"अभी बन्दोबस्त करता हूँ।" सेक्रेटरी फौरन बोला और फौरन उसने अपने विभाग में रिपोर्ट की।

दूसरे दिन सेक्रेटरी भागा-भागा कवि के पास आया और बोला, "मुबारक हो, मिठाई खिलाओ, हमारी सरकारी साहित्य अकादमी ने तुम्हें अपनी केन्द्रीय शाखा का मेम्बर चुन लिया है, यह लो चुनाव-पत्र।"

"मगर मुझे इस पेड़ के नीचे से तो निकालो !" दबे हुए आदमी ने कराहकर कहा। उसकी साँस बड़ी मुश्किल से चल रही थी। और उसकी आँखों से मालूम होता था कि वह घोर पीड़ा और दुःख में पड़ा है।

"यह हम नहीं कर सकते।" सेक्रेटरी ने कहा, "और जो हम कर सकते थे, वह हमने कर दिया है, बल्कि हम तो यहाँ तक कर सकते हैं कि अगर तुम मर जाओ, तो तुम्हारी बीवी को वज़ीफा दे सकते हैं, अगर तुम दरख्वास्त दो, तो हम वह भी कर सकते हैं।"

"मैं अभी जीवित हूँ।" कवि रुक-रुककर बोला, "मुझे जिन्दा रखो।"

"मुसीबत यह है," सरकारी साहित्य अकादमी का सेक्रेटरी हाथ मलते हुए बोला, "हमारा विभाग सिर्फ कल्चर से सम्बन्धित है। पेड़ काटने का मामला कलम-दवात से नहीं, आरी-कुल्हाडी से सम्बन्धित है। उसके लिए हमने फॉरेस्ट डिपार्टमेंट को लिख दिया है और अर्जेंट लिखा है।"

शाम को माली ने आकर दबे हुए आदमी को बताया, "कल फॉरेस्ट डिपार्टमेंट के आदमी आकर इस पेड़ को काट देंगे और तुम्हारी जान बच जाएगी।"

माली बहुत खुश था। दबे हुए आदमी का स्वास्थ्य जवाब दे रहा था, मगर वह किसी न किसी तरह अपने जीवन के लिए लड़े जा रहा था। कल तक—कल सबेरे तक ˙ ˙ ˙ किसी न किसी तरह उसे जीवित रहना है।

दूसरे दिन जब फॉरेस्ट डिपार्टमेंट के आदमी आरी-कुल्हाड़ी लेकर पहुँचे तो उनको पेड़ काटने से रोक दिया गया। मालूम हुआ कि विदेश-विभाग से हुक्म आया था कि इस पेड़ को न काटा जाए। कारण यह था कि इस पेड़ को दस साल पहले पीटोनिया राज्य के प्रधानमन्त्री ने सेक्रेटेरियट के लॉन में लगाया था। अब अगर यह पेड़ काटा गया, तो इस बात का काफी अंदेश था कि पीटोनिया सरकार से हमारे सम्बन्ध सदा के लिए बिगड़ जाएँगे।

"मगर एक आदमी की जान का सवाल है," एक क्लर्क चिल्लाया।

"दूसरी ओर दो राज्यों के सम्बन्धों का सवाल है," दूसरे क्लर्क ने पहले क्लर्क को समझाया, "और यह भी तो समझो कि पीटोनिया सरकार हमारे राज्य को कितनी सहायता देती है—क्या हम उनकी मित्रता की खातिर एक आदमी के जीवन का भी बलिदान नहीं कर सकते ?"

"कवि को मर जाना चाहिए।"

"निस्सन्देह।"

अंडर-सेक्रेटरी ने सुपरिंटेंडेंट को बताया, "आज सवेरे प्रधानमंत्री दौरे से वापस आ गए हैं। आज चार बजे विदेश-विभाग इस पेड़ की फाइल उनके सामने पेश करेगा। जो वे फैसला देंगे, वही सबको स्वीकार होगा।"

शाम के पाँच बजे स्वयं सुपरिंटेंडेंट कवि की फाइल लेकर उसके पास आया, "सुनते हो !" आते ही वह खुशी से फाइल को हिलाते हुए चिल्लाया, "प्रधानमन्त्री ने इस पेड़ को काटने का हुक्म दे दिया, और इस घटना की सारी अन्तर्राष्ट्रीय जिम्मेदारी अपने सिर ले ली है। कल यह पेड़ काट दिया जाएगा, और तुम इस संकट से छुटकारा हासिल कर लोगे। सुनते हो ? आज तुम्हारी फाइल पूर्ण हो गयी।"

मगर कवि का हाथ ठंडा था, आँखों की पुतलियाँ निर्जीव और चींटियों की एक लम्बी पाँत उसके मुँह में जा रही थी . . .

उसके जीवन की फाइल भी पूर्ण हो चुकी थी !

खण्ड दो : हिन्दी

अन्नपूर्णानंद

मेरी हजामत

आपने सुना होगा कि कुछ लोग भाड़ झोंकने दिल्ली जाते हैं, कोयला ढोने कलकत्ता जाते हैं और बीड़ी बेचने बम्बई जाते हैं। मैं अपनी हजामत बनवाने लखनऊ गया था।

लखनऊ पहले सिर्फ़ अवध की राजधानी थी, अब महात्मा बटलर की कृपा से सारे संयुक्त प्रान्त की राजधानी है। कई सुविधाओं का खयाल करते हुए यह मानना पड़ता है कि राजधानी होने के योग्य यह है भी। पहले तो रेवड़ियाँ अच्छी मिलती हैं, जो आसानी से जेब में भरकर कौंसिल चेम्बर में खायी जा सकती हैं; दूसरे नवाबज़ादियों का भाव सस्ता है जो बाहर से आये हुए कौंसिल के मेम्बरों का गृहस्थाश्रम बनाये रखने में मदद पहुँचाती हैं; तीसरे पार्कों की बहुतायत है जिनमें कौंसिल की ताती-ताती स्पीचों के बाद माथा ठंडा करने की जगह मिल जाती है। तब भला बताइये कि इन सुभीतों के आगे इलाहाबाद को कौन पूछेगा ? वहाँ सिवाय अक्षयवट के धरा ही क्या है ? गवर्नमेंट की यह शर्त थी कि यदि अक्षयवट का नाम बदलकर बटलर्-वट रख दिया जाए, तो इलाहाबाद को तलाक न दिया जाए; पर हिन्दुओं की धर्मान्धता के कारण ऐसा नहीं हो सका। हैली साहब के आने पर इलाहाबादियों ने उनके पास भी अपनी दुःख-गाथा पहुँचायी, पर उन्होंने कहा कि अधिक-से-अधिक मैं यही वादा कर सकता हूँ कि साल में एक बार इलाहाबाद आकर त्रिवेणी-संगम पर सिर मुँड़वा जाऊँ। खैर, जाने दीजिये, अपने राम को क्या, एक राजधानी से मतलब, चाहे कहीं भी हो। इन्हीं सब झगड़ों से अलग रहने के लिए मैं

बाबा विश्वनाथ की राजधानी काशी में रहता हूँ। मैं तो इलाहाबाद का नाम भी न लेता, पर क्या करूँ, उसका रंडापा देखकर दया आ ही जाती है।

सच बात यह है कि न लखनऊ मेरे ऊपर फिदा है और न मैं लखनऊ पर। जब से सिर गंजा होने लगा, तब से मैंने फिदा होने की आदत ही छोड़ दी। लखनऊ मैं कई बार गया हूँ। नगर ऐसा कोई बुरा नहीं है। सड़कें बहुत चौड़ी हैं, जिन पर मोटरों को लड़ने में कोई बाधा नहीं पहुँचती। हिन्दू होटल कई हैं, जहाँ हिन्दू लोग कुशासन पर बैठकर हिन्दू बिस्कुट और हिन्दू कलिया खाते हैं। स्कूल और कॉलेजों की भरमार है, जहाँ देश के नवयुवक दिन-दहाड़े अपना भविष्य सुधारते हैं। ताँगे और इक्के बेशुमार हैं, जिन्हें अधिकतर नवाबज़ादे ही हाँकते हैं। भांड़ों की पैदावार यहाँ अच्छी हो जाती है। 'जनानी दुकानें' हर गली-कूचे में दिन-रात खुली रहती हैं, जहाँ प्रमेह का विनिमय बड़े धड़ल्ले से होता रहता है। शादी-विवाह के अवसर पर यहाँ के निवासी कचालू और ककड़ी का भोज देते हैं। अण्डा यहाँ की साग-भाजी है, जिसे उबालने के लिए हरिद्वार से गंगाजल मँगाया जाता है। सुना है कि यहाँ सीधी टोपी देकर सड़क पर निकलना मना है। मकड़ी के जाले की पोशाक यहाँ के शौकीन अधिक पसन्द करते हैं। पर्दे की रस्म सबको बहुत प्रिय है, यहाँ तक कि हवाई जहाज़ अगर शहर के ऊपर से उड़कर जाता है, तो उड़ानेवाले को आँख पर पट्टी बाँध लेनी होती है।

नज़ाकत की तो यहाँ हद हो गयी है। रोज़ ही अखबारों में खबर आती है कि अमुक बाग में रात के समय कोई कली चटकी, जिसका परिणाम यह हुआ कि आसपास की औरतों के कानों की झिल्लियाँ फट गयीं। जब ऐसी घटनाएँ अकसर होने लगीं, तो सरकार को लाचार होकर यह घोषणा करानी पड़ी कि शहर के भीतर रात में कोई 'गुल' न खिला करे।

एक बार मेरे एक मित्र रेल से सफर कर रहे थे। उनके बगल में एक मुसलमान सज्जन भी बैठे हुए थे जो लखनऊ के रहनेवाले थे—और इसीलिए अवश्य ही कोई नवाब रहे होंगे। लखनऊ स्टेशन पर दोनों आदमियों ने ककड़ियाँ खरीदीं। मुसलमान सज्जन ने नफासत से ककड़ियों को छीलकर छोटे-छोटे टुकड़े किये और फिर एक-एक टुकड़े को सूँघकर बाहर फेंकने लगे। मेरे मित्र से न देखा गया। उन्होंने पूछा कि आप इन्हें खाते क्यों नहीं, सूँघ-सूँघ कर बाहर क्यों फेंक रहे हैं? उन्होंने उत्तर दिया कि ककड़ियों के खाने में कोई मजा नहीं, उनकी खुशबू ही असल चीज़ है। इसके बाद मेरे मित्र ने भी मुसलमान सज्जन का अनुकरण किया। अन्तर इतना था कि वे खिड़की के रास्ते बाहर फेंक रहे थे और मेरे मित्र मुँह के रास्ते अन्दर।

अभी ज्यादा दिन नहीं हुए कि लखनऊ के दो दलों में एक अच्छी भिड़न्त हो गयी। दोनों भाइयों ने प्रेम से एक-दूसरे का फस्त खोल दिया, आपस में कुछ पटा-बनेठी का अभ्यास कर लिया गया और कंकड़ों के कुमकुमे भी छोड़े गये। मेरे एक मित्र को ठीक इसी अवसर पर किसी बड़े ज़रूरी काम का स्मरण हो आया और वे घर की रक्षा अपनी स्त्री पर छोड़कर डाकगाड़ी से हाँफते हुए बनारस चले आये। मैंने उनसे कुल ब्यौरा पूछना चाहा, पर दंगे को उन्होंने अपनी खिड़की की चिक में से देखा था, इसलिए ठीक हाल न बता सके। तब मैंने लखनऊ-स्थित निज संवाददाता को लिखा जो वहाँ के एक गण्यमान्य सज्जन हैं और अखिल भारतवर्षीय अहिफेलन-मण्डल के संस्थापक भी हैं। उन्होंने तार द्वारा मुझे सूचित किया कि अखबारवाले झगड़े की तह तक नहीं पहुँच पाये हैं। वास्तविक कारण झगड़े का यह था कि नित्य शाम को कुछ लोग गोमती के किनारे जाया करते थे और आटे की रामनामी गोलियाँ मछलियों को खिलाते थे। मुसलमानों ने कहा कि ऐसा करना अप्रत्यक्ष रूप से मुसलमानों को हिन्दू बनाने का प्रयत्न करना है; क्योंकि मछलियाँ रामनामी गोलियाँ खाएँगी और फिर उन मछलियों को मुसलमान भी खायेंगे और इसी तरह धीरे-धीरे उनमें राम-नाम का प्रचार बढ़ेगा। बिलकुल ठीक है। इस सम्बन्ध में मुसलमानों की दूरदर्शिता सराहनीय है। लोग उड़ती चिड़िया पहचानते हैं, ये तैरती मछली पहचान गये। हिन्दू सदा के घोंघा है, सबसे हारे तो मछलियों द्वारा शुद्धि का पैगाम भेजने चले।

करीब तीन सौ वर्ष हुए, बेनी नाम के प्रसिद्ध कवि घुड़दौड़ देखने लखनऊ गये थे। उस समय वहाँ म्युनिसिपैलिटी का इन्तज़ाम अच्छा नहीं था। उन्होंने एक शिकायत म्युनिसिपैलिटी की उस समय के समाचारपत्रों में छपवायी, जो इस प्रकार है —

गड़ि जात बाजी और गयन्दगन अड़ि जात
सुतुर अकड़ि जात मुसकिल गऊकी।
दामन उठाय पाँय धोखे से धरत, होत
आप गरकाप रहि जात पाग मऊ की।
बेनि कवि कहें देखि थरथर काँपै गात
रथन के पथ ना विपद बरदऊकी।
बार बार कहत पुकार करतार तो सों
मीच है कबूल पै न कीच लखनऊ की॥

अब लखनऊ की सड़कों की यह दशा नहीं रही। जब से लखनऊ यूनिवर्सिटी बन गयी है, तब से सड़कों पर धूल रहने ही नहीं पाती, कीचड़ होगा कहाँ से ? हर साल सैकड़ों वकील और ग्रेजुएट पास होते हैं, जो आरम्भ में ख्वाहमख्वाह थोड़े दिनों

तक धूल फाँकते हैं। इसी से अपने-आप सड़कें साफ़ होती रहती हैं, म्युनिसिपैलिटी को विशेष परिश्रम नहीं करना पड़ता। वर्तमान नगर तो वास्तव में अतीव सुन्दर है, और जब से प्रान्तीय सरकार का अखाड़ा यहाँ आ गया है, तब से तो सोने में सुगन्ध आ गयी है।

इधर मुझे एक विशेष काम से लखनऊ जाना पड़ा। वहाँ मेरा एक बड़ा आवश्यक काम अटका हुआ है। मैंने मन्नत मानी है कि यदि मेरा काम हो गया तो देश-भर के पण्डों को एक-एक लंगोट उपहारस्वरूप भेंट करूँगा। भाग्य ने यदि इस बार मेरे साथ आँख-मिचौनी न खेली तो शायद काम हो भी जाए। यों तो भाग्य से मेरी पैदायशी दुश्मनी है, मैं उसे छछूंदर की तरह महकता हूँ। महात्मा गाँधी ने अछूतोद्धार के लिए इतना प्रयत्न किया, पर भाग्य ने मुझे अभी तक अछूत ही समझ रखा है। मुझे 'शॉक' इस बात का रहता है कि किस्मत मुझे देखकर न जाने क्यों घूँघट काढ़ लेती है, मैं यद्यपि न तो उसका ससुर हूँ, न जेठ। यह नहीं होता कि घूँघट के भीतर ही से कभी-कभी मुसकरा दिया करे, खैर !

आप जानते होंगे कि पारसाल अवध में एक बहुत बड़े तालुकेदार राजा गावदीसिंह का लखनऊ में 'काशीवास' हो गया। राजा साहब मरे थे लखनऊ में, पर देश के कई दिग्गज पंडितों ने यह व्यवस्था दी कि चूँकि मरते समय उनके मुख से 'काशी' शब्द निकला था, इसलिए उनके मरने को साधारण मरना न कहकर 'काशीवास' ही कहना उचित है। पता लगाने पर मालूम हुआ कि राजा साहब ने मरते समय अपनी अन्तिम साँस बटोरकर काशी नामक अपने पुराने खिदमतगार को पुकारा था—'अबे कशिया, उल्लू का पट्ठा !'

खैर, राजा साहब को लेने के लिए जो यमदूत उस समय आये थे, वे कुछ ऐसे उजड्ड थे कि उन्होंने राजा साहब को फुरसत के साथ मरने का मौका नहीं दिया। इतनी जल्दी मचायी कि वे अपनी स्टेट का कोई उचित प्रबन्ध भी न कर सके और चल बसे। लड़का नाबालिग था और ज़मींदारी के जरूरी कामों में सिर्फ़ गाली बकना अभी तक सीख पाया था। ऐसी अवस्था में यह आवश्यक हो गया कि स्टेट के सुप्रबन्ध के लिए एक अच्छा मैनेजर नियुक्त किया जाए। फलतः कमिश्नर साहब की आज्ञा से, कलेक्टर साहब की मर्जी से, जण्ट साहब की सलाह से, डिप्टी साहब की राय से और बैरिस्टर साहब की मदद से एक विज्ञापन का मसविदा तैयार कराया गया कि अमुक स्टेट के लिए एक मैनेजर की आवश्यकता है। विज्ञापन अखबारों में छाप दिया गया। सिर्फ़ ऐसे लोगों की अर्जियाँ माँगी गयी थीं, जिन्हें नाच-मुजरे का शौक हो और छठे-छमासे इलाकों के काम को देख लेने की फुरसत। विज्ञापन पढ़ते ही मैंने निश्चय

कर लिया कि यही मौका है अपने कर्म की रेख पर मेख मारने का। मैं इस स्थान के लिए सर्वथा उपयुक्त हूँ, मेरे अस्तित्व में यदि यह स्थान रिक्त रहे तो उस स्टेट का दुर्भाग्य।

विज्ञापन में फुरसत की आवश्यकता बतायी गयी थी। भला फुरसत की कौन-सी कमी मुझे है ! मेरे पास फुरसत के सिवा और है ही क्या ? मेरी पढ़ायी-लिखायी भी निहायत फुरसत के साथ हुई थी और जब से कॉलेज छोड़ा है, तब से फुरसत के अथाह समुद्र में गोते लगा रहा हूँ। यों कहिये कि इस समय फुरसत ही मेरी चौहद्दी है।

रहा नाच-मुजरे का शौक। कुछ तो यह है भी, बाकी राज-काज के सिलसिले में हो ही जायेगा। मेरा यह सदा से विश्वास है कि नाच-मुजरा कोई बुरी चीज़ नहीं है। रईसों के धन के लिए यह एक बहुत ज़रूरी जुलाब है। कोषबद्ध भी कोष्टबद्ध की तरह एक भयानक रोग है। आखिर इतने रईस जो नाच-मुजरे से प्रेम रखते हैं, वे सब-के-सब क्या जहन्नुम की सड़क पीट रहे हैं ? देश के प्रायः सभी बड़े-बूढ़े, सेठ-साहूकार, राजे-महाराजे और सन्त-महन्त जिस प्रथा को अभिनन्दनीय समझें, उसकी तरफ हम-आप कौन होते हैं कि अँगुली उठाएँ ? एक मठाधीश न मुझसे कहा कि यदि मंगलामुखी का नाच न हो, तो कृष्णाष्टमी के दिन ठाकुरजी का जन्म कैसे हो? ठीक ही है, नवजात ठाकुरजी के कर्कश 'केहांव, केहांव' को कर्ण-मधुर बनाने के लिए आवश्यक है कि उसके साथ दो-चार कोकिल-कंठ वालियों की गिरकिरी का पुट दे दिया जाए।

पहले तो नाच-मुजरा किसी हालत से पाप नहीं कहा जा सकता और यदि पाप है भी, तो क्या हम हिन्दू ऐसे डरपोक हैं कि पाप के डर से परम्परा की प्रथा छोड़ देंगे? परमात्मा भी कितना अन्यायी है ! मुसलमानों के लिए मरने के बाद भी हूरों का प्रबन्ध है; पर हम हिन्दू जीते-जी जो कुछ कर लें वही बहुत है। उस पर कुछ अप्सराएँ हैं ज़रूर, पर देवताओं ने पहले ही से उन्हें अपने हत्थे चढ़ा रखा है।

सबसे बड़ी बात इस सम्बन्ध में सोचने की यह है कि जिन बेचारियों ने नाचना-गाना सीख लिया है, वे अब कंठी लेकर कहाँ जाएँ ? काबुल जाकर सुर्खी कूटें—या लंका जाकर रावण के वंशजों का पता लगाएँ—या बंगाल की खाड़ी में डुबकी मारें—या गले में रस्सी बाँधकर झूला झूलें—या क्या करें ? आप इनको लेकर अपने घर बसाने पर राजी हों तो ये आज आप के साथ पानी में मिसरी की तरह घुल-मिल जाएँ। आखिर इनके शरीर में भी तो वही पेट-रूपी 'भूतों की हवेली' बनी हुई है ! आपके फरहारी उपदेश से तो वह भरेगा नहीं। उसके लिए कोई प्रबन्ध कीजिये। जैसे लाखों रुपये देवालय, चिकित्सालय, विद्यालय और अनाथालय बनवाने

में लगाते हैं, वैसे ही दस-पाँच लाख पतुरियालय बनवाने में खर्च कर डालिये । ईश्वर ने अगर मुझे धन दिया तो मैं अवश्य एक 'पतुरियालय' खोलकर समाज-सेवा करूँगा । उसका पता मैं प्रकाशित कर दूँगा ।

हाँ, तो इस विज्ञापन को देखकर कितने फुरसत के सताये हुए नवयुवकों के मुँह में लार के चश्मे फूट पड़े । नियुक्ति न जाने कैसे लखनऊ के कमिश्नर साहब के हाथ में थी । विज्ञापन निकलने के कुछ ही घंटों बाद से कमिश्नर साहब के ऊपर अर्जियों के ओले बरसने लगे । मैंने भी झट से बारह पेज की अर्जी लिखकर बैरंग रवाना कर दी ।

अर्जी भेज देने पर हृदय में इस बात की खलबली पड़ी कि देखें कोई उत्तर आता है या नहीं ! चार-पाँच दिन तक तो मारे चिन्ता के नींद नहीं आयी, मुश्किल से दो घंटे दिन में और सात घंटे रात में सो सका । जब कभी डाकिये को देख पाता तो उसके गले से लिपटकर पूछता कि 'प्यारे ! कोई मेरी भी चिट्ठी है ?' देर होते देखकर मुझे यह भी चिन्ता हुई कि कहीं कमिश्नर साहब को लँगड़े बुखार ने तो नहीं धर दबाया । एक बार इरादा हुआ कि उनको लिखें कि आशा करता हूँ, आप सपरिवार कुशल से होंगे; पर इसी बीच में उनका एक खत आ ही गया । इस पत्र को मैंने बड़े यत्न से रख छोड़ा है । यदि काम हो गया तो ठीक ही है, नहीं दिखाने के लिए रहेगा कि मुझे ऐसी अच्छी जगह मिल रही थी पर मैंने ली नहीं ।

अब मैं इस उधेड़-बुन में लगा कि राह-खर्च के वास्ते कुछ रोकड़ा जुटाना चाहिए । जब से रुपयों ने मेरी जेब में हड़ताल बाल दी, तब से मैं अपने पास छदाम रखना भी हराम समझता हूँ; और ज़रूरत ही क्या है ? पान-पत्ता दोस्तों के यहाँ, नाश्ता-पानी ससुराल में और भोजन सत्रों में कर लेता हूँ । यदि आपने पुराणों के पन्ने उलटे होंगे तो अवश्य जानते होंगे कि मेरी जेब की ऐसी सोचनीय दशा क्यों, कैसे और कब से हुई । भगवान् ने वामन-रूप धारण करके दानवराज बलि से तीन पग भूमि माँगी । बलि ने बिना वकीलों की राय लिये उन्हें तीन पग भूमि संकल्प कर दी । परिणाम यह हुआ कि दो ही पग में वामन भगवान् ने स्वर्ग और मर्त्यलोक नाप डाला; तीसरा पग रखने के लिए कोई स्थान ही नहीं बचा । जब बलि ने देखा कि किसी प्रकार छुटकारा नहीं है, तब चुपके से उन्होंने मेरी जेब की ओर इशारा कर दिया और वामन भगवान् तीसरे पग से उसे नापकर चलते हुए ।

बहुत दिनों के बाद यह एक ऐसी परिस्थिति आ पड़ी थी, जो बिना कुछ रुपयों के हल होती नहीं दीख पड़ती थी । बहुत सोच-विचार के बाद मैंने कुछ कर्ज लेने का निश्चय किया । अर्थशास्त्र का कई मन्वन्तर लगातार अध्ययन करके मैंने यह निष्कर्ष निकाला है कि कर्ज लेना सभ्य समाज की अनुकरणीय सुव्यवस्थाओं में है ।

खाना-पीना, सोना और कर्ज लेना शरीर के धर्म हैं। जब इतनी बड़ी गवर्नमेंट कर्ज लेती है तो हम-आप उसकी प्रजा होकर क्यों न लें? यूरोप में लोग ऋण के बल पर महासमर छेड़ देते हैं। मैं अपने देश में ऋण के बल पर सफर भी न करूँ!

पर कहीं कर्ज मिले तब तो! कितने ही दोस्त और साथियों के दरवाज़े खटखटाये, पर सब व्यर्थ। किसी का कोई मर गया था, किसी का कोई मरनेवाला था, किसी के सेफ की ताली खो गयी थी और कोई बड़े लाट की जमानत माँगता था। एक मित्र ने कहा कि मैं रुपये तुम्हें ज़रूर देता, पर कल ही मेरी बिरादरी की पंचायत हुई जिसमें यह तय पाया कि अगर कोई किसी को उधार देगा तो जाति से बाहर कर दिया जायेगा। क्या ऐन वक्त से पंचायत हुई थी!

कहा जाता है कि आवश्यकता आविष्कारों की जननी है। जब मैंने देखा कि ऋण उधार पाने की कोई आशा नहीं है तब एक उपाय सोच निकाला जो अन्त में अचूक साबित हुआ। रात में स्त्री को सोती हुई पाकर उसके एक हाथ का पेंचदार कड़ा उतार लाया। पुराने ज़माने में राजा नल ने इस तरकीब की रजिस्ट्री कराई थी—दमयन्ती को सोती हुई पाकर उसकी आधी साड़ी फाड़कर चम्पत हो गये थे।

कड़े को बन्धक रखकर मैंने कुछ रुपये खड़े कर लिये और झट टिकट कटाकर रेल पर सवार हो गया। रास्ते में कोई भी उल्लेखनीय घटना नहीं हुई, यहाँ तक कि एक बार भी मेरी गाड़ी ने किसी दूसरी गाड़ी से टक्कर नहीं ली। हाँ, एक बात मैंने बड़ी विचित्र देखी, वह यह कि जब गाड़ी जोर से चलती थी तो ऐसा जान पड़ता था कि आस-पास के मकान और पेड़ भी एक ओर दौड़ते जा रहे हैं। इसका कारण मैंने प्रमुख विज्ञानवेत्ता प्रो. रामदास गौड़ से पूछा। उन्होंने उत्तर दिया कि आपका प्रश्न टेढ़ा है। मैं स्वयं भी इस विषय पर बहुत दिनों से गौर कर रहा हूँ। इसका उत्तर पाने के लिए आपको वैज्ञानिक अद्वैतवाद का सहारा लेना पड़ेगा। सुनिए—

जिस प्रकार माया-ब्रह्म के संश्लेष-जन्य अन्योन्याश्रय की अनावच्छिन्न शक्यता के सम्बद्धघर्ष और समवायीकरण से हेतु-हेतु-मद्भूतत्व का आविर्भाव होकर, विधेय-प्राधान्य और अनुभवगम्य द्वंद्व-रूपता तथा उपबृंहण विकल्पाभासों में अस्मद्युष्मद् का भ्रम होता है, ठीक उसी प्रकार रेल की सवारी में आस-पास की स्थावर चीज़ें जंगम प्रतीत होती हैं। कहने की आवश्यकता नहीं कि इस उत्तर ने मेरे मस्तिष्क के लिए ब्राह्मीघृत का काम किया।

तीसरे पहर रेल ने मुझे लखनऊ स्टेशन पर उतार दिया। कुली और ताँगेवालों की छाती पर मूँग दलता हुआ मैं पैदल ही, गठरी बगल में दबाकर, वहाँ से चलता हुआ। मैं आजकल के छड़ी के सहारे चलनेवाले नौजवानों-सा नहीं हूँ कि एक

छोटी-सी गठरी ले चलने में कमर की तीलियाँ खिसक जातीं। मैं अब यह सोच रहा था कि ठहरूँ कहाँ, शहर में किसी से भी परिचित नहीं था। होटल में ठहरता तो टोटल कहाँ से चुकाता, इतने रुपये पास थे नहीं। कुछ निश्चय नहीं कर पाया। घूमते-घूमते संध्या हो गयी और थोड़ी देर में समस्त नगर बिजली की रोशनी से 'चमकायमान' हो उठा। कुछ भूख-मिश्रित नींद भी मालूम पड़ने लगी; पेट को कुछ दे-दिलाकर शान्त किया और एक निर्जन सड़क के किनारे पड़कर 'जहैं पड़े मुसल, तहैं छेम कुसल' को चरितार्थ करने लगा।

सुबह मेरी नींद खुली तो देखा कि छह बजा है। कमिश्नर साहब से मुझे नौ बजे मिलना था। मैंने सोचा कि अभी समय काफी है, दाढ़ी बनवा लूँ; क्योंकि अफसर-गण ऐसे लोगों से नहीं मिलना चाहते जो अपने मुँह पर काँटों की खेती करते हैं। मुझे दाढ़ी बनवाने का खयाल भी न आता, पर एक मक्खी ने बार-बार मेरे चेहरे पर बैठकर मुझे याद दिलायी। उसे मारने के लिए झुँझलाकर ज्यों ही मैंने अपने मुँह पर एक तमाचा लगाया, त्यों ही ऐसा जान पड़ा कि हथेली में काँटे चुभ गए, दाढ़ी इस कदर बढ़ आयी थी। जब खुद अपने हाथों को इतनी तकलीफ हुई तब अगर किसी वजह से कमिश्नर साहब एक चपत मार बैठे तो उनकी कोमल हथेलियाँ छिदकर छलनी हो जाएँगी। यह ख़याल एक राजभक्त को व्यग्र कर देने के लिए काफी था। मैंने तत्क्षण निश्चय किया कि दाढ़ी साफ़ कराकर ही साहब से मिलूँगा।

लखनऊ में गली-गली नाई हैं। मैं एक ऐसी दुकान में पिल पड़ा और नाई की प्रतीक्षा करने लगा जो संभवतः थोड़ी देर के लिए किसी काम से बाहर गया था। कमरे में एक शुभ्र वस्त्रधारी सज्जन भी बैठे थे जो शायद मेरी ही तरह दुकान के मालिक की प्रतीक्षा कर रहे थे। जब मुझे करीब आधा घंटा इन्तज़ार करते हो गया और नाई के दर्शन न हुए, तो मैंने घबराकर इन्हीं सज्जन से पूछा कि आप बता सकते हैं कि इस दुकान का मालिक कहाँ मर गया है ? आधा घंटे से उसके इन्तज़ार में बैठा हूँ, पर उस कमबख्त का कहीं पता तक नहीं है। उस शुभ्र वस्त्रधारी सज्जन ने इसका जो उत्तर दिया उससे मैं बड़ा लज्जित हुआ। उन्होंने कहा—महाशय ! मैं ही इस दुकान का मालिक हूँ और आपकी दाढ़ी बनाऊँगा तो मैं ही बनाऊँगा। आपने आते ही अपना अभिप्राय तो बताया नहीं, चुपके से बैठ रहे, मैंने जाना कि आप रास्ते की थकावट दूर कर रहे हैं। अब आपकी दाढ़ी उसी हालत मे बन सकती है जब आप उन बेजा अलफाज को वापस लें, जिन्हें आपने अभी मेरी शान में कह डाले हैं।

सुभान तेरी कुदरत ! भला मैं ख्वाब देख रहा था कि ऐसे सुन्दर वस्त्रों से आच्छादित, कुर्सी पर आसीन, देखने में मुअज्जिज़ जेन्टलमैन पेशे से हज्जाम है।

हमारी काशी में हज्जाम हैं, पर वे बेचारे तो काँख में किसबत और हाथ में लुटिया लिये घूमते रहते हैं। मैंने अपनी गलती के लिए उनसे केवल क्षमा ही नहीं माँगी बल्कि यह भी वायदा किया कि अब किसी शुभ्र वस्त्रधारी को देखूँगा तो पहले उन्हें हज्जाम समझकर तब दूसरा कुछ समझूँगा।

इसके बाद नापितवर ने प्रसन्न होकर कहा—"यहाँ आइए।"

मैं उनके पास गया।

कुर्सी की ओर इशारा करके —"बैठ जाइए।"

मैं कुर्सी पर बैठ गया।

"सिर उठाइए।"

मैंने सिर उठाया।

"आँखें बन्द कीजिए।"

मैंने आँखें बन्द कीं।

"ईश्वर का ध्यान कीजिए।"

मैंने ईश्वर का ध्यान किया।

"परमात्मा से अपने गुनाहों की माफी माँग लीजिए।"

मैंनें ऐसा ही किया, गो अपने गुनाहों की फेहरिस्त मैं मकान ही पर भूल आया था। यह सब किया तो, पर समझ में न आया कि क्यों। ईश्वर का ध्यान करना और अपने गुनाहों की माफी माँगना बहुत अच्छे काम हैं, लेकिन मौके से। दाढ़ी बनवाने के पूर्व इन कार्रवाइयों का क्या मौका था—यह मेरी समझ में नहीं समाया। आखिर मैंने दबी जबान पूछा कि आपने यह जो धार्मिक कवायद मुझसे करायी, उसका क्या अर्थ है? उत्तर मिला—"दाढ़ी बनवाना आग से खेलना है; मेरा तेज उस्तरा बराबर आपके चेहरे पर नाचता रहेगा; कहीं बहककर आपके गले में लग गया तो निश्चय जानिए कि आपका काम तमाम हो जाएगा। इसलिए आपकी आत्मा को हर तरह से तैयार रहना चाहिए कि कौन जाने संसार से कूच करना ही पड़े।"

नाहक पूछने गया। अनजाने जो कुछ हो जाता वह तो सहन करना ही पड़ता। पूछकर मुफ्त में जड़ैया-बुखार मोल लेने गया। घरवालों और घरवाली की सुध से आँखें डबडबा उठीं। सोचने लगा कि देखूँ, अब इन आँखों से काशी के 'बन बाग-तड़ाग' निहारता हूँ या नहीं।

नापिता-कुल-कमल-दिवाकर ने छप-छप ध्वनि के साथ दो चुल्लू पानी से मेरे मुख पर तर्पण किया। इसका अर्थ मैंने यह लगाया कि अब मेरी दाढ़ी भिगोयी जा रही है। इसके बाद उन्होंने एक छोटा-सा झाड़ और एक बट्टी साबुन कहीं से बरामद

किया। हिन्दी व्याकरण के जाननेवाले छोटे से झाड़ू को झडुआइन कहेंगे—जैसे साढ़ू, सढ़ुआइन—पर अंग्रेज़ी जाननेवाले उसी के नाम से पुकारेंगे। खैर, साबुन और शेविंग ब्रुश के संयुक्त उद्योग से मेरा मुँह थोड़ी देर में क्षीरसागर का मानचित्र बन गया। नापितवर ने कृपा करके थोड़ा साबुन मेरी आँखों में भी चले जाने दिया, जिससे मुझे दिव्य दृष्टि का आनन्द मिलने लगा।

यह सब तो हो रहा था, पर बीच-बीच में नापितवर बड़ी कुरुचिपूर्ण निगाहों से मेरी ओर देखते जाते थे। उन्होंने ऐसा कहा तो नहीं, पर अन्य तरीकों से यह भाव प्रकट कर दिया कि मेरे मुख की बनावट उनको बिलकुल नापसन्द थी। मुझे स्वयं भी अपने मुख की बनावट के दुरुस्त होने में सन्देह है; पर अब तो चाहे भला है या बुरा, है तो अपना मुँह।

नापितवर ने अब उस्तरे का प्रयोग आरम्भ किया। उस्तरे की सूरत से यह साफ़ जाहिर होता था कि कभी उसने किसी आरी से आशनाई कर ली थी। उसे देखकर मेरे शरीर में भूकम्प-सा आने लगा। यदि थोड़ी देर के लिए मेरा मुख चन्द्रमा मान लिया जाए तो यह कहा जा सकता है कि यह उस्तरा राहु बनकर मेरे मुखचन्द्र को ग्रसने आ रहा था।

नापितवर ने पूछा—'कहिये, क्या साफ़ करूँ और क्या छोड़ दूँ?'

मैंने अत्यन्त नम्रता के साथ उत्तर दिया कि दाढ़ी तो साफ़ ही कर दीजिये, भौं और बरौनी यदि कोई अड़चन न डालें तो उन्हें छोड़ दीजिये। और मूँछों के बारे में जैसी आपकी राय हो वैसा ही करिये।

इसके बाद जो कुछ हुआ उसका ब्यौरेवार वर्णन मैं नहीं कर सकता। अपनी जान की पड़ी थी, ब्यौरा कहाँ मैं नोट करता। इतना याद है कि उस्तरे ने वह-वह पैंतरे दिखलाये कि मैं काठ बन गया। चेहरे पर खर-खर-खरर-खरर-खर-खर-खर का संगीत हो रहा था और मैं अपने सी-सी-उफ़-उफ़-सी-सी-उफ़ से ठेक भर रहा था। जब कभी इससे छुट्टी मिलती तो हनुमान चालीसा का पाठ करने लगता।

इतना मुझे अच्छी तरह याद है कि नापितवर को जब-जब मेरा मुँह दाहिने-बाएँ घुमाना होता था, तो मेरी नाक पकड़कर घुमा देते थे। यद्यपि उनका ऐसा करना प्रकृति के नियमों के विरुद्ध नहीं था, क्योंकि मुँह का यह स्वाभाविक धर्म है कि जिधर-जिधर नाक जाए, उधर-उधर वह भी जाए; पर इस प्रकार की धर-पकड़ से मेरी नाक चुटैली हो चली और मैंने नापितवर से कहा—"आपको मेरा मुँह दाहिने-बाएँ घुमाना हो तो या तो आप मुझसे कह दिया करिये, मैं स्वयं अपना मुँह घुमा लिया करूँगा,नहीं तो मेरे दोनों कान हाजिर हैं जिनको बचपन से पकड़े जाने की आदत है, नाक के बजाय इनको

पकड़कर दाहिने-बाएँ जैसे चाहिए, घुमा लीजिये, पर मेरी इकलौती नाक से यदि आप मुँह घुमाने का काम न लें तो मैं आपका बड़ा एहसान मानूँ।"

मुझे अपनी नाक ही की पड़ी थी, पर यहाँ तो उस्तरे के दुर्दान्त प्रलयचक्र से मेरी मौखिक आकृति का सर्वांशतः संहार होता दिखायी पड़ता था, और उसके रोकने का कोई उपाय भी न था। यदि नापितवर ने अपना काम अधूरे पर ही छोड़ दिया होता तो मैं उन्हें हार्दिक धन्यवाद देता और अपने बचे-खुचे मुख से ही अपनी ज़िन्दगी काट लेता, पर इतने सस्ते छूटना भाग्य में नहीं लिखा था। उस्तरे की लपलपाती जिह्वा सारे मुख को चाटती चली जा रही थी। देखते-देखते मुँह का एक परत चमड़ा छील डाला गया। एक बार प्राणभिक्षा माँगने के लिए मैंने मुँह खोलना चाहा, पर उस्तरे ने मुख-दिवर में घुसने की इच्छा प्रकट करके मुझे फौरन मुँह बन्द करने के लिए बाध्य किया।

अधिक क्या कहूँ, यही समझिये कि बड़े संकट में प्राण पड़ा हुआ था। सोचने लगा कि इतनी उमर अकारथ गयी। कुछ परमार्थ नहीं कमाया, अब चला-चली के समय हाथ मलना हाथ लगा। एक ज्योतिषी ने मुझे बताया कि तुम्हारी मृत्यु किसी सुन्दर देव-स्थान में होगी, पर मुझे यह नहीं मालूम था कि देव-स्थान का अर्थ हजामत की दुकान है।

एक बार मेरी स्त्री ने मुझे अपने पैर के नाखून बनाने के लिए कहा था, पर मैंने मारे शान के नहीं बनाये। सम्भवतः आज उसी पाप का फल भोग रहा था।

इसमें तो कोई सन्देह नहीं कि जितने जख्म इस समय मुँह पर लगे थे, उतने गत यूरोपियन महासमर में लगे होते तो मैं अब तक भारत का सिपहसालार बना दिया गया होता। इन विचारों ने मुझे और भी दुःखित कर दिया और मैं आँख बन्द करके सोचने लगा कि वैतरणी का पाट कुल कितना चौड़ा है।

आखिर इस कृत्य का भी अन्त हुआ और नापितवर ने मुझे कुर्सी से उठने की अनुमति दी। इसमें कोई शक नहीं कि मेरी नयी ज़िन्दगी हुई। उठकर मैंने अपनी नाक टटोली। देखकर खुशी हुई कि नाक करीब-करीब ज्यों-की-त्यों थी; पर जब मैंने अपने मुँह पर हाथ रखा तो ऐसा जान पड़ा कि मुँह पर खून की क्यारियाँ बन गयी हैं। नापितवर से मैंने आईना माँगा, पर उन्होंने देने से इनकार किया और कहा—'आपका मुँह इस काबिल नहीं है कि आप आईना देखें।'

मेरा अनुमान है कि किसी ऐसे ही नाई से काम पड़ने पर कबीर साहब ने लिखा था—'मुखड़ा क्या देखे दरपन में'।

विश्वंभरनाथ शर्मा 'कौशिक'

दुबेजी की चिट्ठियाँ

1

अजी सम्पादकजी महाराज,

आपने तो तकाजों के मारे ऐसा नाक में दम किया कि नाक हर समय फूली रहने लगी। नाक फूली देखकर लल्ला की महतारी ने मुँह फुलाया, बोली—"जब देखो तब नाक फुलाए रहते हैं, मानो किसी को खा जावेंगे—न जाने हर घड़ी नाक फुलाए रहने की आदत कहाँ से सीखी है।"

खैर, जब मैंने उसे समझाया तब मानी। आप लिखते हैं कि लेख लिखो—खासे रहे। मैं आपकी तरह फालतू तो हूँ नहीं। लेख लिखना तो आजकल बेकारों का काम है—कोई और काम नहीं तो चलो बैठे कागज ही रँगा करो—कागज रँगने की अपेक्षा यदि कपड़े रँगे जावें तो कुछ पैसे ही हाथ लगें। ये सब बातें समझते-बूझते हुए भी सम्पादकों से पिण्ड छुड़ाना बड़े वीर का काम है। लखनऊ के शोहदे बेचारे मुफ्त ही बदनाम हैं। तुम सम्पादक लोग तो उनके भी चचा हो—बिना लेख लिये टलते ही नहीं। खैर, आपसे कुछ मित्रता का नाता भी है, इसलिए जी में आया कि कुछ साँप-बिच्छू लिखकर बला टालूँ। लेख लिखने बैठा तो कागज नदारद। लल्ला की महतारी रसोई में बैठी रोटी बेल रही थी, मैंने उससे कहा—"लल्ला की महतारी, दो आने पैसे हों तो दो।" लल्ला की महतारी आँखें चढ़ाकर बोली—"क्या करोगे ?" मैंने उत्तर दिया—"लेख लिखने के लिए कागज लाऊँगा।" वह बोली—"लेख

. . . लेख क्या?" अब बड़ी कठिनता पड़ी। लेख के अर्थ कैसे समझाऊँ। मैंने सिर खुजलाते हुए कहा—

"लेख . . . लेख —यही लेख जो हुआ करते हैं।" बहुत ठीक—यही लेख जो हुआ करते हैं। कितना अच्छा अर्थ है, पर करता क्या, इसके अतिरिक्त समझाने का कोई और ढंग ही न सूझा। लल्ला की महतारी बोली—"तो दो आने का क्या करोगे? दो पैसे का पोस्टकार्ड बहुत है —बहुत-कुछ लिखना हो तो चार पैसे का लिफाफा ले आओ।" मैंने कहा—"पोस्टकार्ड और लिफाफे से काम नहीं चलेगा, बहुत-कुछ लिखना है।" लल्ला की महतारी चिल्लाकर बोली—"बहुत-कुछ क्या लिखना है, क्या अपनी जनम-पत्री लिखकर भेजोगे? मैं ये बातें सब समझती हूँ —पैसे ले जाकर भाँग खाओगे। तुम्हारी भाँग खाने की आदत कभी छूटेगी थोड़ा ही।" इतना सुनते ही मुझे भी क्रोध आ ही गया, आखिर ब्राह्मण का पुत्र ही ठहरा। मैंने हृदय कड़ा करके कहा—"मैं भाँग खाता हूँ, यह बिलकुल गलत बात है। महीने में यदि पन्द्रह-बीस बार खा ली तो यह भी कोई खाने में खाना है। हमारे पिताजी महीने भर में गिनकर 101 बार भाँग खाया करते थे। इसीलिए लोगों में उनका बड़ा मान था और लोग उनके नाम के पहले 101 श्री लिखा करते थे। हमारे नाम के आगे तो कोई 1 श्री भी नहीं लिखता। सो लिखें कैसे, जब से तुम्हारे खुरार-बिन्द आए तब से भाँग छूट ही गई। ईश्वर माताजी को चिरंजीव रक्खे—(सम्पादकजी, चौंकिए मत ! माताजी को मरे बहुत दिन हो गए —मुझे विश्वास है कि उनका दूसरा जन्म हो गया होगा और इस समय वे बाल्यावस्था में होंगी)। हाँ, तो ईश्वर उन्हें चिरंजीव रक्खे —वे स्वयं भाँग की बड़ी शौकीन थीं— पिताजी ने भाँग पीना उन्हीं से सीखा था—और एक तुम हो कि कभी दूसरे-तीसरे भी भाँग नहीं पीतीं। यह मेरा दुर्भाग्य नहीं तो और क्या है !"

इतना सुनते ही लल्ला की महतारी ने रोटी की तरह मुँह फुलाकर बेलन खींच मारा। वह तो कहिए मेरी खोपड़ी ने बेलन को बीच ही में रोक लिया, नहीं तो पानी का घड़ा फूट जाता—बड़ा नुकसान होता। अजी, खोपड़ी तो अपनी चीज़ ठहरी—कुछ किराए की थोड़ा ही है, परन्तु यदि घड़ा फूट जाता तो दो आने के माथे जाती। खैर साहब—लल्ला की महतारी का व्यवहार देख जी में तो आया कि मैं भी बिगड़ जाऊँ, परन्तु फिर यह सोचकर कि इस समय लल्ला की महतारी का मिजाज तवे की तरह गरम है—बिगड़ने से अपनी ही खराबी होगी—अर्थात् इच्छा न रहते हुए भी व्रत रखना पड़ेगा। यदि एकादशी होती तो कोई बात न थी—अवश्य ही बिगड़ जाता। यदि व्रत भी रखना पड़ता तो कुछ चिन्ता न थी, एक पन्थ दो काज हो जाते, परन्तु उस

दिन चैत सुदी प्रतिपदा थी, इसलिए मैंने चुप रहना ही अच्छा समझा। और क्या, एक चुप सौ बलाएँ टालती है।

कागज के लिए पैसे न मिले, अब क्या करूँ। इसी चिन्ता में बड़ी देर तक बैठा रहा। अन्त में आपकी चिट्ठियों का ध्यान आया। सब चिट्ठियाँ निकालकर गिनीं—कुल 221 चिट्ठियाँ निकलीं—इनमें पोस्टकार्ड भी मिले थे। पोस्टकार्ड निकाल देने पर लगभग 150 ऐसे पत्र निकले जो हल्दी, मिर्चों की पुड़िया बनाने का काम बहुत ही सुन्दरतापूर्वक दे सकते थे। बस, फिर क्या था ! झट पड़ोस के पन्सारी के पास पहुँचा। उसने सब चिट्ठियों के दस पैसे लगाए। मैंने कहा—"ये बड़े मूल्यवान पत्र हैं। मैं इन्हें कदापि न बेचता, पर क्या कहूँ, मुसीबत में फँसकर बेचे डालता हूँ।" पन्सारी ने पूछा, "क्यों दुबेजी, इनमें कौन-सी ऐसी बात है जो आप इन्हें इतना मूल्यवान बता रहे हैं ?" मैंने उनमें से आपका एक पत्र जिसमें आपने मेरे एक लेख की प्रशंसा करते हुए मुझे उसके लिए धन्यवाद दिया था, उसे पढ़कर सुनाया। पन्सारी सुनकर बोला—"क्यों दुबेजी, आप जो यह सब लिखकर भेजते हैं तो अखबारवाले आपको कुछ देते भी होंगे ?" मैंने कहा—"अजी, देना-लेना क्या, मुहब्बत अजब चीज़ है।" पन्सारी बोला—"मेरे साले के साले का मामा भी लिखकर भेजा करता है—उसे तो अखबारवाले कुछ दिया करते हैं। आपको क्यों नहीं देते ?" यह सुनते ही मुझे क्रोध आ गया—जी में तो आया कि एक चपत मारकर भाग जाऊँ, परन्तु सोच-समझकर क्रोध को दबाया और बोला—"वह कोई थर्ड क्लास लेखक होगा, हमारे लेख अमूल्य होते हैं, उनका मूल्य कोई क्या दे सकता है। जितने थर्ड क्लास लेखक होते हैं उन सबको लेख के बदले में कुछ मिलता है, क्योंकि वे कुछ के लिए ही लिखते हैं। हम लिखते हैं अपना चित्त प्रसन्न करने के लिए और सम्पादक जी के प्रेम-पाश में फँसे होने के कारण। हमारी और उन थर्ड-क्लास लेखकों की क्या तुलना ?"

खैर, इस वार्तालाप के पश्चात् जब पन्सारी को यह मालूम हो गया कि वास्तव ही में ये पत्र मूल्यवान हैं, तब उसने दो पैसे अधिक दिए। अर्थात् तीन आने दिए। उन तीन आने में से दो आने की तो भाँग छान डाली और चार पैसे का कागज लिया। उसी कागज पर यह पत्र लिख रहा हूँ।

अब आप कृपा करके लेख के लिए सौ-सवा सौ चिट्ठियाँ न लिखकर केवल एक पोस्ट कार्ड लिखा करें, और साथ में एक दस्ता कागज भेज दिया करें—इससे आपको लेख शीघ्र मिल जाया करेगा। और यदि आपको यह बात स्वीकार न हो तो कम से कम डेढ़ सौ चिट्ठियाँ—पोस्टकार्ड नहीं—एकदम से लिख दिया करें, जिससे उन्हें बेचकर कागज खरीद लिया जाया करे। आशा है, आप प्रसन्न होंगे।

भवदीय

विजयानन्द (दुबेजी)

2

अजी सम्पादकजी महाराज,

परसों मेरी एक व्यक्ति से झोड़ हो गई। हिन्दी-साहित्य पर बातचीत हो रही थी। उसी में हिन्दी कवियों का जिक्र आ गया। इस पर वह दुष्ट कहता क्या है कि हिन्दी में अभी तक कोई कवि उत्पन्न नहीं हुआ। इतना सुनना था कि मेरे बदन में आग ही तो लग गयी। आप जानिए, अपने राम नाक पर मक्खी नहीं बैठने देते। मैंने कहा—"आजकल तो बरसाती मेंढक की तरह गली-गली कवि उछलते फिरते हैं, ये क्या आपको दिखाई नहीं देते? यदि यही दशा है तो आपको दिन में ऊँट काहे को सूझता होगा?" वह महाशय बोले—"इन्हें आप कवि कहते हैं?" मैंने कहा—"इससे आपको क्या मतलब कि मैं इन्हें क्या कहता हूँ? आप जो कुछ कहते हों, वह बताइए।" वह बोले—"इन लोगों को मैं तुक्कड़ कहता हूँ।" मैंने कहा—"आप झख मारते हैं।" वह कहने लगे—"यह क्या, आप बात करते हैं या गालियाँ बकते हैं?" मैंने उत्तर दिया— "बस, आपकी योग्यता का पता चल गया। जिस प्रकार आप झख मारने को गाली समझते हैं, उसी प्रकार कवियों को तुक्कड़ समझते हैं। कहिए, कैसी दलील पेश की? अब आपको बोलने की गुंजाइश नहीं रही।" उन्होंने कहा—"दलील क्या खाक पेश की, बेवकूफी की बातें . . ." मैं चिल्ला उठा--"हाय-हाय, यह क्या? जरा समझ बूझकर मुँह से बात निकालिए, क्योंकि मैं भी आप से किसी बात में कम नहीं हूँ।" वह बोले —"अच्छा, न हम आपकी मानें, न आप हमारी। चलिए, मैं आपको एक साहित्य-मर्मज्ञ के पास लिये चलता हूँ —वह जो कुछ कह दें वही ठीक माना जाए।" मैं झट कमर कसकर बोला—"चलिए, मैं क्या किसी से डरता-दबता हूँ।"

खैर साहब, वह मुझे लेकर एक महोदय के पास पहुँचे। वह महोदय उस समय हजामत बनवा रहे थे। उन्होंने मेरे साथ के सज्जन को देखते ही मुसकराकर कुछ कहना चाहा; पर उसी समय नाई ने उनका मुँह दबा दिया, इसलिए उन्होंने हाथ से बैठने का इशारा किया। मुझे नाई की इस धृष्टता पर क्रोध आया परन्तु फिर यह सोचकर कि नाई ने कुछ मेरा मुँह तो दबाया नहीं, मैं चुप हो रहा।

जब वह महाशय हजामत बनवा चुके, तब मेरे साथी से बोले—"कहिए शर्माजी, कैसे पधारे —सब कुशल तो है?" वह बोले—" हाँ, आपकी कृपा से सब

कुशल हैं। इस समय आपके पास झगड़ा लेकर आया हूँ। आप उसका फैसला कर दीजिए।"

वह बोले —"कैसा झगड़ा ?"

मेरे साथी ने मेरी ओर संकेत करके कहा—"ये सज्जन कहते हैं कि हिन्दी में असंख्य कवि हैं और मैं कहता हूँ कि हिन्दी में अभी तक कोई कवि ही उत्पन्न नहीं हुआ। आपकी इस सम्बन्ध में क्या राय है ?"

वह सज्जन कहने ही को थे कि मैं बीच में बोल उठा। मैंने कहा—"ठहरिए महाशय, पहले मुझे यह ज्ञात हो जाना चाहिए कि आप इस विषय पर कुछ कहने के अधिकारी हैं या नहीं ?"

मेरे साथी ने कहा—"इससे आपको क्या ?"

मैंने कहा—"इससे मुझे सब कुछ है। पहले मेरे-तीन-चार प्रश्नों का उत्तर मिलना चाहिए।"

उन सज्जन ने कहा—"पूछिए।" मैंने पूछना आरम्भ किया —

पहला प्रश्न —आप स्वयं कवि हैं या नहीं ?

उत्तर —मैं स्वयं कवि नहीं, परन्तु मैंने सैकड़ों कवि बना डाले। मैं कवि नहीं हूँ, परन्तु कविकार अवश्य हूँ।

दूसरा प्रश्न —काव्य के सम्बन्ध में आपका ज्ञान कहाँ तक है ?

उत्तर —मेरा ज्ञान काव्य में बहुत बढ़ा-चढ़ा है। मैंने पिंगल का नाम सुना है, छन्दशास्त्र भी एक दिन एक पुस्तक-विक्रेता के यहाँ रखा देखा था।

तीसरा प्रश्न —अलंकारों के सम्बन्ध में भी कुछ ज्ञान है कि नहीं ?

उत्तर —(हँसते हुए) अजी, अलंकार तो मैंने अनेकों अपनी पत्नी के लिए गढ़ा डाले, उनका यहाँ क्या प्रसंग ?

चौथा प्रश्न —भाव आप समझ लेते हैं ?

उत्तर —हाँ, जिन चीज़ों का घर में नित्य खर्च रहता है, उनका भाव तो हरदम ज़बान की नोक पर है, आजकल का भाव सुनिए—घी साढ़े आठ छटाँक, गेहूँ नौ सेर, चावलों में कई भाव हैं —जैसा लीजिए, वैसा भाव।

पाँचवाँ प्रश्न —उर्दू के शेर भी कभी देखे या सुने हैं ?

उत्तर —शेर मैंने सरकस में कई बार देखे, पर यह नहीं मालूम कि उर्दू के थे या हिन्दी के।

छठा प्रश्न —कुछ बंगला-काव्य का भी ज्ञान है ?

उत्तर —बंगला मिठाई तो बहुत खायी, पर बंगला-काव्य भी होता है—यह आप ही के मुँह से सुना।

सातवाँ प्रश्न —शेक्सपियर या टेनीसन की पुस्तकें पढ़ी हैं ?

उत्तर —भई, हाथरस के नत्था-चिरंजी की पुस्तकें तो बहुत सुनीं ; पर शेक्सपियर-टेनीसन का नाम नहीं सुना। ये क्या कोई नये पुस्तकवाले पैदा हुए ? जरा पता बता दीजिए, मैं इनके यहाँ से भी पुस्तकें अवश्य ही मँगाऊँगा।

मेरे साथी ने पूछा—"बस, अब सन्तोष हुआ कि नहीं ? अब तो मान गए कि यह काव्य पर राय देने के अधिकारी हैं ?

मैंने कहा—"बिलकुल मान गया। ऐसे विद्वान् आदमी राय न देंगे तो फिर कौन देगा ?"

मेरे साथी ने उन सज्जन से कहा—"हाँ, तो अब आप बताइए कि हिन्दी में कोई कवि है या नहीं ?"

वह सज्जन बोले —"भई, मैंने तो आज तक किसी का नाम सुना नहीं। होते तो मेरे कान में उनके नाम की भनक ज़रूर ही पड़ती। अभी तक एक ही कवि है।"

मैंने पूछा—"वह कौन है ?"

वह बोले —"वही, जिसने पूरनमल, बेला का ब्याह और न जाने किसका गौना लिखा है।"

मैंने उस कवि का नाम पूछा। उन्होंने कहा—"नाम तो उसका आज तक सुना ही नहीं।"

मेरे साथी उछल पड़े, बोले —"बस, इससे यह प्रमाणित हो गया कि हिन्दी में कोई कवि नहीं है। जिसका नाम नहीं मालूम वह भी न होने ही के बराबर है। कहिए, अब आप हार गए ?"

सम्पादकजी, मैंने देखा ये दोनों तो मेरे भी चचा हैं, जहाँ जरा कुछ चीं-चपड़ की तो वे बे-भाव के पड़ेंगे कि कम से कम छह महीने तक हजामत बनवाने की आवश्यकता न रहेगी। इसलिए मैंने कहा—"जी हाँ, जी हाँ, आप बिलकुल ठीक कहते हैं—मैं आपकी बात मान गया।" यह कहकर मैं वहाँ से रस्सियाँ तुड़ाकर भागा और सीधे आकर लल्ला की महतारी की गोद में दम लिया।

सम्पादकजी, उस दिन मुझे ज्ञात हुआ कि ईश्वर सेर के लिए सवा सेर भेज ही देता है। आशा है आप प्रसन्न होंगे।

राधाकृष्ण

एक सड़ी हुई बिल्ली

यहाँ चारों ओर ईमानदारी, तत्परता और हित-कामनाएँ बहुत हैं। पड़ोसियों से भी अच्छे सम्बन्ध बनाए ज़ा रहे हैं। आज सबेरे उठकर देखा कि कोई पड़ोसी अपने घर से मरी हुई बिल्ली लाकर मेरे दरवाज़े पर डाल गया है। सबसे पहले उसे नौकरानी ने देखा और नाक-भौं सिकोड़ती हुई आकर बोली, 'मैं झाड़ू-बुहारू कर सकती हूँ, मगर बिल्ली फेंकने का काम मेरा नहीं है।'

पत्नी से पूछने पर भी इस बात की सचाई साबित हुई। नौकरानी के 'ड्यूटी चार्ट' में कहीं भी मरी हुई बिल्ली को फेंकने का काम सम्मिलित नहीं था। मरी हुई बिल्ली कौन फेंके ? उसकी लाश से बड़ी बुरी बास आ रही थी। मैंने पत्नी से कहा कि क्या हर्ज है, तुम्हीं उठाकर फेंक दो और डिटोल से हाथ धो लो। इस पर वे तमक गयीं और कहने लगीं, 'वाह जी, बड़े आए हैं कहाँ के हुक्म चलानेवाले ! मेरे पिताजी ने मुझे तुम्हारे यहाँ इसलिए नहीं भेजा है कि मैं सड़ी-गली बिल्ली उठाती फिरूँ और फेंकती चलूँ। कायस्थ की लड़की हूँ, कोई डोमिन नहीं हूँ।'

तब मैं स्वयं फेंकने को तैयार हो गया, मगर इस पर भी आपत्ति उठायी गयी। मुझसे बतलाया गया कि मेरी जाति भी कायस्थ ही है। अतएव मुझे डोम का काम करने की अनुमति नहीं मिल सकती। इसके अलावा मैं एक सम्पादक भी हूँ। सम्पादक को अधिकार है कि वह किसी गरीब लेखक की रचना को उठाकर फेंक दे, लेकिन कहीं भी ऐसा नहीं देखा गया है कि सम्पादक मरी हुई बिल्ली को भी उठाकर फेंक रहा है। पत्रकार कला के इतिहास में भी इस प्रकार का उल्लेख नहीं मिलता। आप गाँधी जी भी

नहीं हैं कि आपका फोटो खींचा जाएगा और अखबारों में छपेगा कि महाशयजी मरी हुई बिल्ली फेंककर एक महान आदर्श स्थापित कर रहे हैं ! अतएव आप अपना काम कीजिए और जिसका काम बिल्ली फेंकने का है उसे मरी हुई बिल्ली फेंकने दीजिए।

मगर इस बात की चिन्ता तो करनी ही होगी कि मरी हुई बिल्ली को फेंकने का काम किसका है ? लोगों ने बतलाया कि यह साफ़-साफ़ म्युनिसिपैलिटी का काम है। म्युनिसिपैलिटी में खबर कर दीजिए। वहाँ से कोई आएगा और मरी हुई बिल्ली को उठाकर ले जाएगा। तब म्युनिसिपैलिटी में फ़ोन किया। उधर से उत्तर आया कि आपके आदेश पर हम बिल्ली नहीं उठा सकते। इसके लिए चेयरमैन का आदेश प्राप्त करना होगा। आप चेयरमैन से अनुरोध करें।

चेयरमैन को फ़ोन किया तो उधर से बोले—"नौस्ते जी ˙ ˙ ˙ आप बिल्ली जी ˙ ˙ ˙ जी, मरी हुई बिल्ली ˙ ˙ ˙ अजी भाई जी, मरी हुई बिल्ली दुर्गन्धि नहीं देगी तो क्या सुगंधि फेंकेगी ˙ ˙ ˙ जी, जहाँ तक उसे फेंकने का सवाल है उसके विषय में विचार करना होगा ˙ ˙ ˙ आप जरा आ जाइए तो मैं आपसे बातें कर लूँ ˙ ˙ ˙ जी, मैं म्युनिसिपैलिटी के दफ्तर में तो कभी जाता नहीं ˙ ˙ ˙ अपने पास कोटा, परमिट, लाइसेन्स के बहुत सारे काम हैं ˙ ˙ ˙ सो दफ्तर ही मेरे यहाँ आ जाता है ˙ ˙ ˙ आप आ जाइए तो बातें हों ˙ ˙ ˙ "

तब पिचहत्तर पैसे खर्च हुए और मैं चेयरमैन के यहाँ पहुँचा। उन्होंने कहा, "अच्छा जी, आप आ गए। मैंने भी सोचा था बिल्ली की गंध के कारण आप तुरत आ जाएँगे। अभी ही तो म्युनिसिपैलिटी के बड़े बाबू यहाँ से गए हैं। वे कह रहे थे कि आपके मकान से बिल्ली उठाने की ड्यूटी मेरी नहीं है।"

मैं आसमान से टपक पड़ा। चकित होकर पूछा, "ऐसा क्यों ?"

"आपका मामला टेकनिकल मामला है, साहब !" चेयरमैन ने कहा, "आपको याद होगा कि जब आपने अपना मकान बनवाने का नक्शा म्युनिसिपैलिटी में दाखिल किया था, तो इम्प्रूवमेंट-ट्रस्ट ने आपत्ति उठायी कि मकान का नक्शा पास करने का और अनुमति देने का अधिकार चेयरमैन को नहीं, इम्प्रूवमेंट-ट्रस्ट को है। मैंने हज़ार कहा, मगर मेरी कोई सुनवाई नहीं हुई। आपको मकान बनवाने की अनुमति इम्प्रूवमेंट-ट्रस्ट से ही प्राप्त हुई थी। अब आपके मकान में कोई मरी हुई बिल्ली फेंक देता है तो मैं उसके लिए सिरदर्द क्यों लूँ ? आप इम्प्रूवमेंट-ट्रस्ट में जाइए। मैं कोई सरकारी मुलाजिम तो हूँ नहीं, जो किसी का मुँह देखकर काम करूँ। पब्लिक का

आदमी हूँ और खरा काम जानता हूँ। जिसने आपको मकान बनवाने की अनुमति दी है उसी से बिल्ली फेंकने के लिए कहिए।"

मैंने कहा, "मगर होल्डिंग-टैक्स तो मैं आपको देता हूँ।"

"वह म्युनिसिपल-टैक्स है, जनाब !" चेयरमैन ने कहा, "वह तो आपको हर हालत में देना ही होगा। मगर जब मैंने आपको मकान बनाने की अनुमति नहीं दी, तो मैं उस मकान से बिल्ली भी नहीं फेंक सकता। साफ़ बात है। आप इम्प्रूवमेंट-ट्रस्ट के पास जाइए। बिल्ली वही फेंकेंगे।"

टका-सा जवाब पाकर मैं इम्प्रूवमेंट-ट्रस्ट में पहुँचा। वहाँ कार्यालय के लोग बड़े प्रेम से मिले और मीठी-मीठी बातें कीं। जब उन्हें मालूम हुआ कि मैं बिल्ली फेंकने का अनुरोध लेकर आया हूँ तो बिदक गए और रुखाई से पेश आने लगे। बोले, "यह सब काम हमारा नहीं। हम लोग मकान बनाने की अनुमति देते हैं, मकान का नक्शा पास करते हैं, मगर बिल्ली नहीं फेंकते। यह म्युनिसिपैलिटी का काम है। आप वहीं जाइए।"

मैंने कहा, "मैं म्युनिसिपैलिटी से ही आ रहा हूँ। चेयरमैन ने मुझे बतलाया है कि मेरे घर से बिल्ली को इम्प्रूवमेंट-ट्रस्ट ही फेंकेगा।"

"ऐसा क्यों ?"

"ऐसा इसलिए कि मकान बनाने की अनुमति मुझे चेयरमैन ने नहीं दी, मुझे आप लोगों ने मकान बनाने की अनुमति दी है। चेयरमैन का कहना है कि जिसने मकान बनाने की अनुमति दी है वही आपके मकान से मरी हुई बिल्ली फेंकेगा।"

"अजीब बात है !" इम्प्रूवमेंट-ट्रस्ट के बड़े बाबू ने कहा, "अगर ऐसी बात है तो आप हमारे इंजीनियर साहब से बातें कर लें। मगर जहाँ तक मेरा खयाल है वे आपकी कोई मदद नहीं कर सकेंगे, क्योंकि हम लोगों के पास मरी हुई बिल्ली फेंकने का कोई इन्तज़ाम नहीं है।"

तब मैं वहाँ से उठ गया और उधर जाकर देखने लगा जिस ओर इंजीनियर लोग बैठते थे। एक मकानों के इंजीनियर थे, एक नालियों के इंजीनियर थे, एक सेप्टिक टैंकवाले पाखानों के इंजीनियर थे, एक पार्कों के इंजीनियर थे, एक सड़कों और गलियों के इंजीनियर थे और सब के परली ओर चीफ इंजीनियर बैठते थे। मेरे लिए यह स्वाभाविक था कि मैं मकानों के इंजीनियर से मिलता। वे एक गंजे सिरवाले आदमी थे और बड़ी मोटी चुरुट मुँह में डाले हुए बैठे थे। मुझे देखकर वे बड़ी शालीनता से मुसकराये और मेरे आने का कारण पूछा। मैंने उन्हें अपना बिल्ली-वृत्तान्त बतलाया और कहा कि कृपा करके उस सड़ी हुई बिल्ली को फेंकवा दें। मेरी बात उन्होंने पूरी

तरह सुनी भी नहीं और आगबबूला हो गए। आवेश में आकर उन्होंने अपने दोनों हाथों से मेज़ को थपथपाना और सिर हिलाना शुरू किया। आँखें तरेरकर कहने लगे, "भला देखिए · · · देखिए तमाशा · · · यह भी कोई बात है · · · बिल्ली फिंकवाने के लिए आ गए हैं · · · मेरा काम बिल्ली फेंकने का है? · · · मेरा · · · मेरा · · · इसी की ट्रेनिंग के लिए मुझे अमेरिका भेजा गया था कि मैं आपके मकान की मरी हुई बिल्ली को उठाकर फेंक दूँ · · · वाह जी, क्या कहने हैं ! · · · अजी साहब, आप आदमी हैं या पाज़ामा ? आपका दिमाग सही है या उसमें कोई कसर है ? · · · मुझसे कहने आ गए कि मैं आपके मकान से मरी हुई बिल्ली फेंक दूँ ?"

मैंने कहा, "आपसे फेंकने के लिए कौन कहता है ? मैं तो आपके पास यही अनुरोध लेकर आया हूँ कि यदि आपके पास इस बात का इंतजाम हो और आपके द्वारा सम्भव हो, तो कृपा करके बिल्ली फेंकने का आदेश दे दें।"

उन्होंने तेज आवाज़ में कहा, "आप मेरा दिमाग न चाटिए, यहाँ से जाइए। यह काम म्युनिसिपैलिटी का है। वहाँ जाकर चेयरमैन से मिलिए।"

"मिल चुका हूँ।"

"तो फिर दुबारा जाकर मिलिए। उनसे जाकर कह दीजिए कि यह काम इम्प्रूवमेंट-ट्रस्ट का नहीं। आप तो चेयरमैनी झाड़ेंगे और अपना काम भी ठीक से नहीं करेंगे।"

"चेयरमैन ने इनकार कर दिया है, इसीलिए मैं आपके पास आया हूँ। वे कहते हैं कि जो मकान बनवाने की अनुमति देता है उसी का काम है कि वह बिल्ली को भी फेंके।"

"उन्हें जाकर सुना दीजिए कि इम्प्रूवमेंट-ट्रस्टवाले भी इनकार कर रहे हैं। देखना है कि वे क्या कर लेते हैं।"

"मगर इससे मेरा क्या लाभ होगा ?"

"मैं नहीं जानता साहब, मैं आपको भी नहीं जानता, आपकी मरी हुई बिल्ली को भी नहीं जानता। आपकी जहाँ खुशी हो वहाँजाइए, जिससे इच्छा हो उससे मिलिए।"

"क्या मैं आपके चीफ इंजीनियर से मिल लूँ ?"

"आपकी खुशी। मिल लीजिए। मगर यहाँ से जाइए।"

मेरी नाक में उस मरी हुई बिल्ली की बदबू आने लगी। मैंने सोचा कि यह आदमी तो उस मरी हुई बिल्ली से भी ज़्यादा मरा हुआ और बदबूदार है। तब मैं चीफ इंजीनियर के पास पहुँचा। वे काला कोट पहने चुपचाप बैठे हुए थे। चेहरे पर कोई

भाव नहीं। मालूम होता था कि वे समस्त कामनाओं और मनोभावनाओं को पीकर निर्विकार हो गए हैं। मैं कहता जा रहा था और वे सुनते जा रहे थे। मालूम होता था जैसे वे पत्थर के बने कोई देवता हैं जिनके सामने मैं मरी हुई बिल्ली के लिए स्तुति कर रहा हूँ। उनका सिर भी नहीं हिलता था, उनकी पलकें भी नहीं झपकती थीं। काले पत्थर की मूर्ति की तरह वे चुपचाप सुन रहे थे। मेरी सारी बात सुनकर उन्होंने निर्लिप्त भाव से कहा, "महाशयजी, अब आप ही बतालाइए कि मैं इस प्रसंग में आपकी क्या मदद कर सकता हूँ ?"

मैंने सीधी बात की, "मेरे घर से बिल्ली उठाकर फेंक दी जाए, बस !"

उन्होंने कहा, "मुझे खेद है कि इम्प्रूवमेंट-ट्रस्ट आपकी यह सेवा करने में असमर्थ है।"

मैं और भी कुछ कहने जा रहा था कि उन्होंने हाथ जोड़कर मुझे प्रणाम किया और दाहिनी ओर पड़ी हुई फाइलों की ओर सिर घुमाकर देखा। स्पष्ट था कि मुझसे जाने के लिए कह दिया गया है। फाइलों की ओर देखते हुए मानो उन्होंने बताया कि मेरे पास और भी बहुत-बहुत काम हैं। मैं उठ गया और अभिवादन करता हुआ जाने लगा। मुझे वहाँ भी मरी हुई बिल्ली की बदबू-जैसी मालूम हुई। जाते-जाते मैं रुक गया और पूछा, "इस ट्रस्ट के चेयरमैन कौन हैं ?"

उन्होंने उसी प्रकार निर्विकार चित्त से कहा, "यहाँ के जिलाधीश महोदय से मिल लीजिए। वही हमारे चेयरमैन हैं।"

मैं मरी हुई बिल्ली से और उसकी बदबू से निस्तार पाना चाहता था। सोचा कि चलो, उनसे भी मिल लिया जाए। जिलाधीश महोदय का कार्यालय वहाँ से निकट ही था। वहाँ पहुँचने पर पता चला कि जिलाधीश महोदय की तबीयत कुछ ऐसी-वैसी है, सो बँगले पर ही काम कर रहे हैं। आप वहीं चले जाइए। यह सूचना मुझे वहाँ के चपरासी ने दी और मेरी ओर इस भाव से देखा मानो उसने कोई बहुत बड़ी खबर सुनाई है, जिसके द्वारा मेरा महान उपकार हो जाएगा। और इसके लिए उस चपरासी को कुछ पुरस्कार मिलना नितान्त उचित है।

तब जिलाधीश के बँगले पर पहुँचने में आधा घंटा लग गया। उसके बाद प्रतीक्षा करने में इतनी देर हो गयी कि मैं प्रायः भूलने लगा कि मैं यहाँ किस प्रयोजन से आया हूँ। बड़ी देर के बाद उन्होंने साक्षात्कार के लिए बुलाया। वे पैंतीस-सैंतीस साल के सुदर्शन आई . ए . एस . थे। चेहरे पर हल्की-सी तेजस्विता और हल्की-सी पाउडर की परत थी। उनके शरीर की ओर से किसी अपरिचित सेंट की भीनी-भीनी खुशबू भी आ रही थी। ऐसी सज-धज के साथ बैठे हुए थे मानो शासन-सेवा में नियुक्त न

होकर हनीमून के लिए प्रस्तुत हैं। उन्होंने सिर उठाकर मेरी ओर देखा और मुसकराने की असफल चेष्टा की।

"कहिए।" उन्होंने इस तरह कहा मानो वे बलिदान होने के लिए प्रस्तुत हैं, मानो निश्चय ही उनका बलिदान होगा और न जाने कितनी देर तक व्यर्थ ही वह बलिकर्म चलता रहेगा।

तब मैं उनके सम्मुख अपना बिल्ली-वृत्तान्त सुनाने लगा। वे सुन रहे थे, कभी अपना सिर खुजला रहे थे और कभी विचित्र दृष्टि से मेरी ओर देख रहे थे। एक बार तो ऐसा लगा जैसे उठकर वे वहाँ से भाग जाएँगे। उन्हें अपने आपको संयत करना कठिन हो रहा था। फिर भी उन्होंने आदि से अन्त तक मेरी बात सुनी। उसके बाद उन्होंने निष्कृति की साँस ली और कहने लगे, "चेयरमैन साहब को देखिए। जनता के प्रतिनिधियों की ओर से ऐसे-ऐसे अड़ंगे आते हैं कि जी झल्ला उठता है। मुझे दुःख है कि आपको खामख्वाह सताया जा रहा है। उस मरी हुई बिल्ली को फेंकना म्युनिसिपैलिटी का ही काम है।"

मैंने कहा, "यही बात जरा उन्हें बुलाकर समझा दें या टेलीफ़ोन पर कह दें।"

उनका हाथ टेलीफ़ोन की ओर बढ़ा, फिर रुक गया। बोले, "यह बात चेयरमैन से ट्रस्ट के इंजीनियर कहते तो दूसरी बात होती। मेरा कहना ठीक नहीं होगा। चेयरमैन अपने को समझते हैं तो मैं भी क्यों न अपने को लगाऊँ। मैं उनसे कुछ नहीं कहूँगा। यह टेकनिकल मामला है और इसे नियमपूर्वक ही हल होना चाहिए। आप एक बार लोकल-सेल्फ मिनिस्टर से मिलकर कह दीजिए।"

तब लोकल-सेल्फ मिनिस्टर . . .

एक घंटे के बाद लोकल-सेल्फ मिनिस्टर पान चबाते हुए मेरी ओर कुतूहल से देख रहे थे और मैं अपना बिल्ली-वृत्तान्त उनके सम्मुख प्रस्तुत कर रहा था। उनके चेचक के चिह्नवाले खुरदरे चेहरे पर हास्य, करुण, वीर, रौद्र आदि भाव एक-एक करके प्रकट होकर विलुप्त होते जा रहे थे। जब मेरी बात समाप्त हो गयी तब उनके चेहरे पर एक ऐसा भाव दिखलाई दिया जिससे मैं नितान्त अपरिचित था। ऐसा लगा जैसे उन्हें कुछ मिनटों तक लोकल-सेल्फ मिनिस्टर की गद्दी से उतार दिया गया था और अब उन्हें फिर से यथास्थान स्थापित कर दिया गया हो। उन्होंने प्रसन्नतापूर्वक मेरी ओर देखा और कहा, "मुझे आपके लिए दुःख है। मगर मैं कर ही क्या सकता हूँ। चेयरमैन दूसरे दल के आदमी हैं। अगर अपने आदमी होते तो कर देता। और एक बात आप जानते हैं ? वह चैयरमैन कायस्थ हैं। ये कायस्थ लोग . . . खैर,

छोड़िए इस बात को। अगर आप कायस्थ होते तो आपके साथ यह सवाल उठता ही नहीं।"

अब मैं उनसे यह बात कैसे कहूँ कि मैं भी कायस्थ हूँ और मेरे साथ ही ऐसी बात उठ आयी है। मगर मैं चुप रहा और उनकी बात सुनता रहा। वे कह रहे थे, "आप सोचते होंगे कि यह लोकल-सेल्फ का मिनिस्टर है। यह चेयरमैन को कुछ भी कह सकता है। मगर ऐसी बात नहीं। अब युग बहुत बदल गया। हर बात के लिए सवाल होते हैं, हर बात के लिए विधानसभा में जवाब देना पड़ता है। हम मंत्रियों के समान दयनीय संसार में कोई नहीं। मैं चेयरमैन को कुछ भी नहीं कह सकता। सिर्फ़ उनके लिए सहायता की रकम मंजूर कर सकता हूँ और दे सकता हूँ। आप ही कहिए कि इसके अलावा मेरा अधिकार क्या है?"

मंत्री बड़े दयनीय और अशक्त होते हैं। भगवान मुझे भी वैसा ही दयनीय और अशक्त बना देता तो मुझे कितनी प्रसन्नता होती। मुझे यह सुनकर भी आश्चर्य हुआ कि ये म्युनिसिपैलिटी को रुपये दे सकते हैं, लेकिन उनसे उनका काम करने के लिए नहीं कह सकते। मैं इस सम्बन्ध में सवाल करनेवाला ही था कि उन्होंने कहा, "इसके अलावा बिल्ली फेंकनेवाली बात मेरे पोर्टफोलियो में आती भी नहीं। यह विषय पब्लिक-हेल्थ से सम्बन्ध रखता है। आप जन-स्वास्थ्य मंत्री से मिलकर बिल्लीवाली बात कहें। चेयरमैन खुद भीगी बिल्ली बन जाएँगे और आपके घर की बिल्ली को उठवाकर तुरंत फिंकवा देंगे।"

अब जाकर बात बनी। जन-स्वास्थ्य मंत्री महोदय के पास पहुँचा। मालूम हुआ कि उन्हें अपने स्वास्थ्य का खयाल भी जनता के स्वास्थ्य के समान ही रहता है। अभी डॉज़ पर चढ़कर टहलने के लिए निकले हैं। थोड़ी देर के बाद आ जाएँगे तो बातें कर लीजिएगा। तब मैं थोड़ी देर ठहरने के बदले बहुत देर ठहर गया। उसके बाद जन-स्वास्थ्य मंत्री के दर्शन हुए। जन-स्वास्थ्य मंत्री का स्वास्थ्य अद्‌भुत था। वे अपने शरीर के द्वारा, तोंद के द्वारा, हाथ और पैर के द्वारा, एक विशाल और प्रकाण्ड स्वास्थ्य का प्रदर्शन कर रहे थे। कम से कम तीन क्विंटल उनका वजन होगा। ऐसे भारी-भरकम स्वास्थ्य-मंत्री को देखकर मेरा हृदय पुलकित हो गया और उनसे मैंने अपना बिल्ली-वृत्तान्त बतलाना शुरू कर दिया। सुनते सुनते उन्होंने अपनी आँखें बंद कर लीं और खर्राटा लेने लगे। यह देखकर मैंने बिल्ली-वृत्तान्त बंद कर दिया और चुप हो रहा। तब उन्होंने अपनी आँखें बंद किए हुए ही कहा, "आप कहते जाइए। मैं सब सुन रहा हूँ।"

उनकी ऐसी तत्परता और जन-स्वास्थ्य के सम्बन्ध में ऐसी करुणा देखकर मेरा मन संतुष्ट हो गया और मैं मरी हुई बिल्ली की सारी कहानी सुना गया। उसके बाद देखता हूँ कि वे अचेत के समान आरामकुर्सी पर पड़े हुए हैं और खर्राटे ले रहे हैं। सुविधा के लिए उन्होंने अपना मुँह इस तरह खोल दिया है मानो वे मेरी बात को कान से नहीं, अपने मुँह से ही सुन रहे हैं। मगर जब मेरी बात का उन्होंने कोई उत्तर नहीं दिया तब मैंने सोचा कि ये नींद में ग़ाफ़िल हो गए। मैंने डरते-डरते कहा, "मेरी बात का कोई उत्तर नहीं मिला?"

तब उन्होंने बड़े कष्ट से अपनी आँखें खोलीं। मेरी ओर कठोर दृष्टि से देखते हुए कहा, "जनता के स्वास्थ्य के साथ ऐसा खिलवाड़ करने का अधिकार चेयरमैन को नहीं है।"

मैंने उनका यह वक्तव्य सुना और सोचने लगा कि इसके बाद क्या कहा जाने वाला है। मगर यह वक्तव्य किसी इशारे के समान था जिसे सुनते ही उनके प्राइवेट सेक्रेटरी तुरंत वहाँ प्रकट हो गये। वे इस तरह वहाँ पहुँचे मानो वक्तव्य के द्वारा उन्हें यहाँ आने के लिए कहा गया हो और वे जानते हों कि उन्हें आगे क्या करना है। एक बार उन्होंने टेलीफ़ोन की ओर देखा, फिर मंत्रीजी की ओर देखने लगे। मंत्रीजी ने कहा, "चेयरमैन को फ़ोन करके कहो कि नगीना बाबू के घर में जो मरी हुई बिल्ली पड़ी है उसे उठाकर फौरन फेंकवा दें। अगर वे ऐसा नहीं करेंगे और शहर में हैजा या प्लेग फैल गया तो वे उसके जिम्मेवार होंगे।"

प्राइवेट सेक्रेटरी ने टेलीफ़ोन कर दिया। उधर से भी कुछ जवाब आया जिसे मैं सुन नहीं सका। टेलीफ़ोन की बातचीत समाप्त करके प्राइवेट सेक्रेटरी ने कहा, "चेयरमैन का कहना है कि इनके मकान से बिल्ली फेंकने का मामला टेकनिकल मामला है। वे कहते हैं कि इस बात को क़ानूनी रूप से ही हल किया जा सकता है।"

मंत्रीजी ने पूछा, "वे क्या कहते हैं?"

प्राइवेट सेक्रेटरी बोले, "वे कह रहे हैं कि वे बिल्ली नहीं फेंकेंगे। इस बात में उन्हें खतरा महसूस हो रहा है।"

"उन्हें अभी यहाँ बुला भेजिए।"

प्राइवेट सेक्रेटरी ने कहा, "वे खुद ही यहाँ आ रहे हैं।"

मंत्रीजी ने मेरी ओर देखकर कहा, "चेयरमैन यहीं आ रहे हैं। मैं अभी उनसे बिल्ली फेंकने के लिए कह देता हूँ, तब तक आप यहीं आराम करें।"

यह कहकर वे स्वयं आराम करने लगे। आरामकुर्सी पर टाँगें फैला दीं, आँखें बंद कीं और तत्काल खर्राटा लेने लगे। जब चेयरमैन वहाँ मुसकराते हुए पहुँचे तो प्राइवेट

सेक्रेटरी ने उन्हें जगाया। मंत्रीजी ने आँखें खोलते ही पूछा, "चेयरमैन साहब, यह मैं क्या सुन रहा हूँ ? इनके घर पर मरी हुई बिल्ली पड़ी हुई है और आप उसे उठाने से इनकार कर रहे हैं ? मान लीजिए कि अगर हैजा फैल गया तो क्या होगा ?"

चेयरमैन ने कहा, "हैजे की बात पीछे होगी, पहले इस बात का फैसला कर लिया जाए कि इनके मकान से मैं बिल्ली उठवा सकता हूँ या नहीं। इनके मकान का नक्शा मैंने पास नहीं किया है, इम्प्रूवमेंट-ट्रस्ट ने पास किया। अब मैं उस मकान से बिल्ली फेंकनेवाला कौन होता हूँ ? आप ही कहिए, किस न्याय से मैं इनके यहाँ की बिल्ली उठवाऊँ ?"

मंत्री महोदय कुछ कहने ही जा रहे थे कि चेयरमैन ने फिर कहा, "मान लीजिए कि इनके घर में कोई मरी हुई बिल्ली फेंक गया है। जब इनके घर में बिल्ली है, तो अब वह इनकी सम्पत्ति है जिस पर इनका पूरा अधिकार है। अब मान लीजिए कि मैं इनके यहाँ अपने आदमियों को बिल्ली उठवाने के लिए भेजता हूँ और ये हम पर ट्रेसपास का मुकदमा चला देते हैं, तब क्या होगा ? ऐसी अवस्था में आप मेरी क्या मदद कर सकते हैं ? मैं आप लोगों से बाहर नहीं हूँ मगर कायदे के साथ काम होना चाहिए। यह बात आप भी पसंद करेंगे। इनके यहाँ से बिल्ली फिंकवाने के लिए मुझे पुलिस-फोर्स चाहिए। पुलिस की एक टुकड़ी लेकर हमारे आदमी जायेंगे और इनके यहाँ से मरी हुई बिल्ली निकालकर फेंक देंगे।"

मंत्रीजी ने कहा, "पुलिस के अधिकारियों से आप पाँच आदमियों का फोर्स माँग लें।"

चेयरमैन ने कहा, "मैं पुलिस के पास प्रार्थना करने के लिए क्यों जाऊँ ? आप मुझे पुलिस-फ़ोर्स दें तो मैं अभी इनके यहाँ से बिल्ली को हटवा दूँ।"

जन-स्वास्थ्य मंत्री ने कहा, "मगर फ़ोर्स तो पुलिस मंत्री ही दे सकते हैं। नगीना बाबू, आप एक बार पुलिस मंत्री से मिलकर पाँच सिपाहियों की टुकड़ी, एक जमादार के साथ माँग लें और उसके बाद चेयरमैन साहब से मिलिए। ... मगर ठहरिए, पुलिस मंत्री अभी टूर में गए हैं। वे चार-पाँच दिन के बाद आएँगे, तब तक ..."

तब तक मैं अपनी सारी उम्मीदें खो चुका था। मैंने उत्साहपूर्वक कहा, "कोई बात नहीं हुजूर, आप आराम करें। मैं बिल्ली का इन्तज़ाम खुद किए लेता हूँ।"

और मैं वहाँ से सीधे घर आ गया। मुझे वहाँ बिल्ली तो दिखलाई नहीं दी, परन्तु अभी तक उसकी गंध आ रही थी। मैंने पत्नी से पूछा, "मरी हुई बिल्ली की गंध अभी तक क्यों आ रही है ?"

पत्नी ने कहा, "तुम यहाँ से गए, उसके तुरत बाद मैंने दस पैसे देकर एक छोकरे से बिल्ली फेंकवा दी। अब गंध कहाँ ?"

मगर मैं मरी हुई बिल्ली की गंध महसूस करता ही रहा। आज उस बात को कई सप्ताह हो गये हैं, फिर भी मरी हुई बिल्ली की गंध मेरी नाक में आती ही रहती है। घर, बाहर—जहाँ कहीं भी मैं जाता हूँ, मेरी नाक में, मरी हुई बिल्ली की गंध आती रहती है। सड़कों पर, गली में, भीड़ में, एकान्त में , म्युनिसिपैलिटी में, सरकारी दफ्तरों में, सभा में, समिति में—सब जगह मुझे मरी हुई बिल्ली की गंध मिलती रहती है। जहाँ शासक और अधिकारी दिखलाई देते हैं वहाँ मुझसे नाक नहीं दी जाती। वहाँ की गंध ऐसे असहनीय मालूम होने लगती है कि जैसे मेरा गला घुट जायेगा, जैसे मैं बेहोश होकर गिर जाऊँगा।

पता नहीं कि इस सड़ी हुई बिल्ली की गंध से मुझे कब निस्तार मिलेगा।

भगवतीचरण वर्मा

दो बाँके

शायद ही कोई ऐसा अभागा हो जिसने लखनऊ का नाम न सुना हो; और युक्तप्रान्त में ही नहीं, बल्कि सारे हिन्दुस्तान में, और मैं तो यहाँ तक कहने को तैयार हूँ कि सारी दुनिया में लखनऊ की शोहरत है। लखनऊ के सफ़ेदा आम, लखनऊ के खरबूजे, लखनऊ की रेवड़ियाँ; ये सब ऐसी चीज़ें हैं जिन्हें लखनऊ से लौटते समय लोग सौगात की तौर पर साथ ले जाया करते हैं, लेकिन कुछ ऐसी भी चीज़ें हैं जो साथ नहीं ले जायी जा सकतीं, और उनमें लखनऊ की ज़िन्दादिली और लखनऊ की नफ़ासत विशेष रूप से आती है।

ये तो वे चीज़ें हैं जिन्हें देशी और परदेशी सभी जान सकते हैं, पर कुछ ऐसी भी चीज़ें हैं जिन्हें कुछ लखनऊवाले तक नहीं जानते और अगर परदेशियों को उनका पता लग जाय, तो समझिये कि उन परदेशियों के भाग्य खुल गये। उन्हीं विशेष चीजों में आते हैं लखनऊ के 'बाँके'।

'बाँके' शब्द हिन्दी का है या उर्दू का, यह विवादग्रस्त विषय हो सकता है, और हिन्दीवालों का कहना है—इन हिन्दीवालों में मैं भी हूँ—कि यह शब्द संस्कृत के 'बंकिम' शब्द से निकला है; पर यह मानना पड़ेगा कि जहाँ 'बंकिम' शब्द में कुछ गम्भीरता है, कभी-कभी कुछ तीखापन झलकने लगता है, वहाँ 'बाँके' शब्द में एक अजीब बाँकापन है। अगर जवान बाँका-तिरछा न हुआ, तो आप निश्चय समझ लें कि उसकी जवानी की कोई सार्थकता नहीं। अगर चितवन बाँकी नहीं, तो आँख का फोड़ लेना अच्छा है। बाँकी अदा और बाँकी झाँकी के बिना ज़िन्दगी सूनी हो जाए।

मेरे खयाल से अगर दुनिया से बाँका शब्द उठ जाय, तो कुछ दिलचले लोग खुदकुशी करने पर आमादा हो जाएँगे। और इसलिए मैं तो यहाँ तक कहूँगा कि लखनऊ बाँका शहर है, और इस बाँके शहर में कुछ बाँके रहते हैं, जिनमें गजब का बाँकपन है। यहाँ पर आप लोग शायद झल्लाकर यह पूछेंगे—"म्याँ, यह 'बाँके' है क्या बला ? कहते क्यों नहीं ?" और मैं उत्तर दूँगा कि आप में सब्र नहीं, अगर इन बाँकों की बाँकी भूमिका नहीं हुई, तो फिर कहानी किस तरह बाँकी हो सकती है !

हाँ, तो लखनऊ शहर में रईस हैं, तवायफें हैं और इन दोनों के साथ शोहदे भी हैं। बकौल लखनऊवालों के, ये शोहदे ऐसे-वैसे नहीं हैं। ये लखनऊ की नाक हैं ! लखनऊ की सारी बहादुरी के ये ठीकेदार हैं और ये जान ले लेने तथा जान दे देने पर आमादा रहते हैं। अगर लखनऊ से ये शोहदे हटा दिए जाएँ, तो लोगों का यह कहना 'अजी, लखनऊ तो जनानों का शहर है' सोलह आने सच्चा उतर जाय।

जनाब, इन्हीं शोहदों के सरगनों को लखनऊ वाले 'बाँके' कहते हैं। शाम के वक्त तहमत पहने हुए और कसरती बदन पर जालीदार बनियाइन पहनकर उसके ऊपर बूटेदार चिकन का कुरता डाटे हुए जब ये निकलते हैं तब लोग-बाग बड़ी हसरत की निगाहों से इन्हें देखते हैं। उस वक्त इनके पट्टेदार बालों में करीब आधा पाव चमेली का तेल पड़ा रहता है, कान में इत्र की अनगिनती फुरहरियाँ खुँसी रहती हैं और एक बेले का गजरा गले में तथा एक हाथ की कलाई पर रहता है। फिर ये अकेले भी नहीं निकलते, इनके साथ शागिर्द-शोहदों का जुलूस रहता है, एक-से-एक बोलियाँ बोलते हुए, फबतियाँ कसते हुए और शेखियाँ हाँकते हुए। उन्हें देखने के लिए एक हुजूम उमड़ पड़ता है।

तो उस दिन मुझे अमीनाबाद से नख्खास जाना था। पास में पैसे कम थे, इसलिए जब एक नवाब साहब ने आवाज़ दी—'नख्खास', तो मैं उचककर उनके इक्के पर बैठ गया। यहाँ यह बतला देना बेजा न होगा कि लखनऊ के इक्केवालों में तीन चौथाई शाही खानदान के हैं, और यही उनकी बदक़िस्मती है कि उनका वसीका बन्द या कम कर दिया गया, और उन्हें इक्का हाँकना पड़ रहा है।

इक्का नख्खास की तरफ चला और मैंने मियाँ इक्केवाले से कहा—"कहिए नवाब साहब ! खाने-पीने भर को तो पैदा कर लेते हैं ?"

इस सवाल का पूछा जाना था कि नवाब साहब के उद्गारों के बाँध का टूट पड़ना था। बड़े करुण स्वर में बोले—"क्या बतलाऊँ हुजूर, अपनी क्या हालत है, कह नहीं सकता ! खुदा जो कुछ दिखलाएगा, देखूँगा ! एक दिन थे जब हम लोगों के बुजुर्ग हुकूमत करते थे। ऐशो-आराम की ज़िन्दगी बसर करते थे। लेकिन आज हमें—उन्हीं

की औलाद को—भूखों मरने की नौबत आ गयी। और हुजूर, अब पेशे में कुछ रह नहीं गया। पहले तो ताँगे चले, जी को समझाया-बुझाया—म्याँ, अपनी-अपनी किस्मत ! मैं भी ताँगा ले लूँगा, यह तो वक्त की बात है, मुझे भी फायदा होगा; लेकिन क्या बतलाऊँ हुजूर, हालत दिनोंदिन बिगड़ती ही गई। अब देखिए मोटरों-पर-मोटरें चल रही हैं। भला बतलाइए हुजूर, जो सुख इक्के की सवारी में, वह भला ताँगे या मोटर में मिलने का ? ताँगे में पालथी मारकर आराम से बैठ नहीं सकते। जाते उत्तर की तरफ हैं, मुँह दक्खिन की तरफ रहता है। अजी साहब, हिन्दुओं में मुरदा उल्टे सिर ले जाया जाता है, लेकिन ताँगे में लोग ज़िन्दा ही उल्टे सिर चलते हैं। और जरा गौर फरमाइये ! ये मोटरें शैतान की तरह चलती हैं, जहाँ जाती हैं, वह बला की धूल उड़ाती हैं कि इंसान अन्धा हो जाए। मैं तो कहता हूँ कि बिना जानवर के आप चलनेवाली सवारी से दूर ही रहना चाहिए, उसमें शैतान का फेर है।"

इक्केवाले नवाब और न जाने क्या-क्या कहते, अगर वे 'या अली' ! के नारे से चौंक न उठते।

सामने क्या देखते हैं कि आलम उमड़ा पड़ रहा है। इक्का रकाबगंज के पुल के पास पहुँचकर रुक गया।

एक अजीब समाँ था। रकाबगंज के पुल के दोनों तरफ करीब पन्द्रह हजार की भीड़ थी; लेकिन पुल पर एक आदमी नहीं। पुल के एक किनारे करीब पचीस शोहदे लाठी लिये हुए खड़े थे, और दूसरे किनारे भी इतने ही। एक खास बात और थी कि पुल के एक सिरे पर सड़क के बीचोंबीच एक चारपाई रखी थी, और दूसरे सिरे पर भी सड़क के बीचोबीच दूसरी। बीच-बीच में रुक-रुककर दोनों ओर से 'या अली' ! के नारे लगते थे।

मैंने इक्केवाले से पूछा—"क्यों म्याँ, क्या मामला है ?"

म्याँ इक्केवाले ने एक तमाशाई से पूछकर बतलाया—"हुजूर, आज दो बाँकों में लड़ाई होनेवाली है, उसी लड़ाई को देखने के लिए यह भीड़ इकट्ठी है।"

मैंने फिर पूछा—"यह क्यों ?"

म्याँ इक्केवाले ने जवाब दिया—"हुजूर, पुल के इस पार के शोहदों का सरगना एक बाँका है और उस पार के शोहदों का सरगना दूसरा बाँका। कल इस पार के एक शोहदे से पुल के उस पार के दूसरे शोहदे का कुछ झगड़ा हो गया और उस झगड़े में कुछ मार-पीट हो गयी। इस फिसाद पर दोनों बाँकों में कुछ कहा-सुनी हुई और उस कहा-सुनी में ही मैदान बद दिया गया।"

चुप होकर मैं उधर देखने लगा। एकाएक मैंने पूछा—"लेकिन ये चारपाइयाँ क्यों आयी हैं ?"

"अरे हुजूर ! इन बाँकों की लड़ाई कोई ऐसी-वैसी थोड़ी ही होगी; इसमें खून बहेगा और लड़ाई तब तक खत्म न होगी, जब तक एक बाँका खत्म न हो जाए। आज तो एक-आध लाश गिरेगी। ये चारपाइयाँ उन बाँकों की लाश उठाने आयी हैं। दोनों बाँके अपनी बीवी-बच्चों से रुखसत लेकर और कर्बला के लिए तैयार होकर आयेंगे।"

इसी समय दोनों ओर से 'या अली' ! की एक बहुत बुलन्द आवाज़ उठी। मैंने देखा कि पुल के दोनों तरफ हाथ में लाठी लिये हुए दोनों बाँके आ गये। तमाशाइयों में एक सकता-सा छा गया, सब लोग चुप हो गए।

पुल के इस पारवाले बाँके ने कड़ककर दूसरे पार वाले बाँके से कहा, "उस्ताद !"

और दूसरे पारवाले बाँके ने कड़ककर उत्तर दिया—"उस्ताद !"

पुल के इस पारवाले बाँके ने कहा—"उस्ताद, आज खून हो जाएगा, खून !"

पुल के उस पारवाले बाँके ने कहा—"उस्ताद, आज लाशें गिर जाएँगी, लाशें !"

पुल के इस पारवाले बाँके ने कहा—"उस्ताद, आज कहर हो जाएगा, कहर !"

पुल के उस पारवाले बाँके ने कहा—"उस्ताद, आज कयामत बरपा हो जाएगी, कयामत !"

चारों ओर एक गहरा सन्नाटा फैला था। लोगों के दिल धड़क रहे थे, भीड़ बढ़ती ही जा रही थी।

पुल के इस पारवाले बाँके ने लाठी का एक हाथ घुमाकर एक कदम बढ़ते हुए कहा—"तो फिर उस्ताद होशियार !"

पुल के इस पारवाले बाँके के शागिर्दों ने गगन-भेदी स्वर में नारा लगाया—"या अली !"

पुल के उस पारवाले बाँके ने भी लाठी का एक हाथ घुमाकर एक कदम बढ़ते हुए कहा, "तो फिर उस्ताद, सम्हलना !"

पुल के उस पारवाले बाँके के शागिर्दों ने गगन-भेदी स्वर में नारा लगाया—"या अली !"

दोनों तरफ से दोनों बाँके, कदम-ब-कदम लाठी के हाथ दिखलाते हुए तथा एक-दूसरे को ललकारते आगे बढ़ रहे थे, दोनों तरफ के बाँकों के शागिर्द हर कदम

पर 'या अली' ! के नारे लगा रहे थे, और दोनों तरफ के तमाशाइयों के हृदय उत्सुकता, कौतूहल तथा इन बाँकों की वीरता के प्रदर्शन के कारण धड़क रहे थे।

पुल के बीचोबीच, एक-दूसरे से दो कदम की दूरी पर दोनों बाँके रुके। दोनों ने एक-दूसरे को थोड़ी देर गौर से देखा। फिर दोनों बाँकों की लाठियाँ उठीं, और दाहिने हाथ से बाएँ हाथ में चली गयीं।

इस पारवाले बाँके ने कहा—"फिर उस्ताद !"

उस पारवाले बाँके ने कहा—"फिर उस्ताद !"

इस पारवाले बाँके ने अपना हाथ बढ़ाया, और उस पारवाले बाँके ने अपना हाथ बढ़ाया। और दोनों के पंजे गुँथ गए।

दोनों बाँकों के शागिर्दों ने नारा लगाया—"या अली !"

फिर क्या था—दोनों बाँके जोर लगा रहे हैं; पंजा टस-से-मस नहीं हो रहा है। दस मिनट तक तमाशबीन सकते की हालत में खड़े रहे।

इतने में इस पारवाले बाँके ने कहा—"उस्ताद, गजब के कस हैं !"

उस पारवाल बाँके ने कहा—"उस्ताद, बला का जोर है !"

इस पारवाले बाँके ने कहा—"उस्ताद, अभी तक मैंने समझा था कि मेरे मुकाबले का लखनऊ में कोई दूसरा नहीं है।"

उस पारवाले बाँके ने कहा—"उस्ताद, आज कहीं जाकर मुझे अपनी जोड़ का जवाँमर्द मिला !"

इस पारवाले बाँके ने कहा—"उस्ताद, तबीयत नहीं होती कि तुम्हारे जैसे बहादुर आदमी का खून करूँ !"

उस पारवाले बाँके ने कहा—"उस्ताद, तबीयत नहीं होती कि तुम्हारे जैसे शेर-दिल आदमी की लाश गिराऊँ !"

थोड़ी देर के लिए दोनों मौन हो गए; पंजा गुँथा हुआ, टस-से-मस नहीं हो रहा है।

इस पारवाले बाँके ने कहा—"उस्ताद, झगड़ा किस बात का है?"

उस पारवाले बाँके ने कहा—"उस्ताद, यही सवाल मेरे सामने है !"

इस पारवाले बाँके ने कहा—"उस्ताद, पुल के इस तरफ के हिस्से का मालिक मैं!"

उस पारवाले बाँके ने कहा—"उस्ताद, पुल के उस तरफ के हिस्से का मालिक मैं !"

और दोनों ने एक साथ कहा—"पुल की दूसरी तरफ से न हमें कोई मतलब है और न हमारे शागिर्दों को !"

दोनों के हाथ ढीले पड़े, दोनों ने एक-दूसरे को सलाम किया और फिर दोनों घूम पड़े। छाती फुलाये हुए दोनों बाँके अपने शागिर्दों से आ मिले। बिजली की तरह यह खबर फैल गयी कि दोनों बाँके बराबर की जोड़ छूटे और उनमें सुलह हो गयी।

इक्केवाले को पैसे देकर मैं वहाँ से पैदल ही लौट पड़ा क्योंकि देर हो जाने के कारण नख्खास जाना बेकार था।

इस पारवाला बाँका अपने शागिर्दों से घिरा हुआ चल रहा था। शागिर्द कह रहे थे—"उस्ताद ! इस वक्त बड़ी समझदारी से काम लिया, वरना आज लाशें गिर जातीं।"—"उस्ताद, हम सब-के-सब अपनी-अपनी जान दे देते !"—"लेकिन उस्ताद, गजब के कस हैं।"

इतने में किसी ने बाँके से कहा—"मुला स्वाँग खूब भर्‌यो !"

बाँके ने देखा कि एक लम्बा और तगड़ा देहाती, जिसके हाथ में एक भारी-सा लट्ठ है, सामने खड़ा मुसकरा रहा है।

उस वक्त बाँके खून का घूँट पीकर रह गए। उन्होंने सोचा—एक बाँका दूसरे बाँके से ही लड़ सकता है, देहातियों से उलझना उसे शोभा नहीं देता।

और शागिर्द भी खून का घूँट पीकर रह गए। उन्होंने सोचा—भला उस्ताद की मौजूदगी में उन्हें हाथ उठाने का कोई हक भी है ?

विनोद शर्मा

राष्ट्रकवि की यमलोक-यात्रा

एक समय था जब मैथिलीशरणजी गुप्त एकमात्र राष्ट्रकवि माने जाते थे। बाद में दिनकरजी उनके उत्तराधिकारी समझे जाने लगे। लोग उन्हें युवराज राष्ट्रकवि कहकर उनसे मजाक किया करते थे। तब सोहनलालजी द्विवेदी राष्ट्रकवि के रूप में विख्यात नहीं थे, उनके कुछ प्रशंसक उन्हें तब भी राष्ट्रकवि कहा करते थे। किन्तु गुप्तजी और दिनकरजी के बाद उनके लिए मैदान साफ हो गया और वे प्रायः सर्वमान्य राष्ट्रकवि हो गए। जिस तरह इंद्र बदला करते हैं, क्योंकि इंद्रासन खाली नहीं रह सकता, उसी प्रकार राष्ट्रकवि का देश में सिंहासन खाली नहीं रह सकता। वे वर्तमान राष्ट्रकवि हैं।

राष्ट्रकवि जी कानपुर गए हुए थे। वे पुराने खानदानी रईस और भूतपूर्व जमींदार हैं। उनकी आदतें 'एरिस्टोक्रेटिक' हैं। बिना परिचारक या शिष्य के यदि वे यात्रा करें तो उनका सूटकेस और अटैची रेल के डिब्बे ही में रह जाएँ। पानी पिलाने, चाय पेश करने, सिगरेट आदि के लिए शिष्य या परिचारक का होना आवश्यक है। उस दिन शाम को उनके सम्मान में कहीं चाय थी। उन्होंने रात में एक जगह बढ़िया माल छककर खाया था, यद्यपि वे स्वल्पभोजी हैं, पर रुचि रईसाना है। भोजन के समय और बाद में भी उनके प्रशंसक और शिष्य घेरे बैठे रहे, और बीच-बीच में उनके मुखारविन्द से ज्ञान के जो स्वाति-बिन्दु निकलते, उन्हें वे चातक की तरह तत्काल ग्रहण कर लेते थे। प्रायः साढ़े ग्यारह बजे मजलिस बर्खास्त हुई। उनका एक शिष्य सदा की भाँति उनके कमरे ही में सोया। संयोग से एक कलम-घसीट जो उनकी कृपा से कहीं कोई स्थान प्राप्त करने की आशा से उनकी शरण में आया था, वह भी वहीं लेट गया। वह

कई महीनों से उनके पीछे पड़ा था कि वे उन्हें 'जागरण' में संवाददाता का पद दिलवा दें। देवता बड़ी तपस्या के बाद प्रसन्न होते हैं। वह यह जानता था और महीनों से उन्हें पिछियाये हुए था। सोचता था कि 'कबहुँ तो दीनदयाल के भनक परैगी कान . . .'

प्रायः बारह बजे उस प्रत्याशी ने देखा कि उनकी साँस की आवाज कुछ अप्राकृतिक हो गयी है। वह उठ बैठा। थोड़ी देर में आवाज बंद हो गयी और वह यह देखकर घबरा गया कि उनकी साँस बंद हो गयी है। हृदय पर हाथ रखा, वह भी बंद। घबराकर उसने कमरे में रखा टेलीफोन उठाया और एक बड़े डॉक्टर को फोन किया। घंटी बजती रही पर किसी ने फोन नहीं उठाया। तब उसने एक दूसरे डॉक्टर को फोन लगाया। उधर से आवाज आयी— "क्यों इस 'अनअर्थली ऑवर' में नींद हराम कर दी ?"

"डॉक्टर साहब, आप तुरन्त अमुक मोहल्ले के अमुक भवन में आ जाइए, रोगी की साँस बंद हो गयी है।"

उत्तर आया, "इस समय तुम मेरी भी साँस बंद करना चाहते हो ? रोगी को यहीं ले आओ।" तब उसने पास के डॉक्टर को फोन किया—"अजी डॉक्टर साहब, तुरन्त आइए, राष्ट्रकवि सोहनलाल द्विवेदी की दशा बहुत खराब है।"

"जी हाँ, " उधर से उत्तर आया, "यानी आधी रात में आऊँ और फीस भी न मिले ! ये नेता, राष्ट्रकवि कहीं फीस भी देवे हैं ?" उसने कई डॉक्टरों को फोन किया पर कोई परिणाम नहीं निकला। अन्त में वह भागकर पड़ोस के एक कम्पाउंडर के घर गया जिसे वह जानता था और उसे पकड़ लाया। उसने आकर राष्ट्रकवि को देखा। बोला—"खेल खत्म हो गया, अब क्या हो सकता है ?" इतना कहकर वह चला गया। कुछ देर वह प्रत्याशी किंकर्तव्यविमूढ़ सोचता रहा, फिर सहसा उसकी सरस्वती जागृत हुई। उसने सोचा, 'अरे, यह तो बड़ी गरम खबर है। पूरा 'स्कूप' है। यदि 'जागरण' को समाचार दे दूँ तो मेरी नौकरी तुरन्त लग जाएगी। किन्तु वे मुझे जानते तो नहीं, मेरा विश्वास कैसे करेंगे ? अच्छा, उनके बिंदकी के संवाददाता के नाम से फोन कर दूँ, बाद में जब बिंदकी वाला कहेगा कि मैंने संवाद नहीं भेजा, तब मैं अपने को प्रकट करूँगा। और इस अमूल्य समाचार के लिए मेरी नौकरी 'जागरण' में तुरन्त लग जाएगी।" उसने फोन उठाकर 'जागरण' का नंबर लगाया, और आवाज़ बदलकर कहा— "जागरण ?" उधर से उत्तर आया, "हाँ।" "लीजिए, बिंदकी से एक अर्जेन्ट काल है।" तब वह अपने सामान्य स्वर में बोला, "मैं बोल रहा हूँ आपका विशेष संवाददाता बिंदकी से, अभी 12 बजकर 20 मिनट पर राष्ट्रकवि पं० सोहनलाल द्विवेदी का हार्टफेल हो गया और उनकी अचानक मृत्यु हो गयी।"

सबेरे 'जागरण' के प्रथम पृष्ठ पर बड़े प्रमुख रूप से यह समाचार छाप दिया गया। जल्दी में सब-एडीटर का गणित भूल गया, जन्म 1905 बतलाया पर आयु 76 बतला दी। सबेरे यह समाचार बिजली की तरह सारे शहर में फैल गया। उसका क्या परिणाम हुआ, वह आगे बतलावेंगे।

इधर चार मुस्टंडे यमदूत राष्ट्रकवि की आत्मा को लिये हुए यमलोक पहुँचे। राष्ट्रकवि हक्का-बक्का रह गये। "भाई, मुझे यहाँ क्यों ले आये ? क्या यहाँ कोई कवि-सम्मेलन या सम्मान-समारोह है ?"

"जी नहीं, यह यमलोक है। आपका शरीर पृथ्वी पर रह गया है। चलिए मुंशी चित्रगुप्त के पास।" मुंशी चित्रगुप्त बहुत व्यस्त थे, राष्ट्रकवि काफी देर खड़े रहने के बाद बोले— "मुंशीजी, जरा अपनी बही तो देखिए। अभी मेरा समय यहाँ आने का नहीं हुआ, मुझसे एक ज्योतिषी ने बतलाया था। मालूम पड़ता है कुछ भूल हो गई है।" मुंशीजी ने कहा— "देखते नहीं कि मैं काम में कितना मशगूल हूँ ? जब फुर्सत मिलेगी तब तुम्हारी बात सुनूँगा।" राष्ट्रकवि ने कहा— "मुंशीजी, जरा रहम कीजिए, आपका जो हक होगा उसका दुगुना नजर करूँगा। मैं पैसेवाला आदमी हूँ।" मुंशीजी इस पर कुछ नरम हुए, उठे, एक बही निकाल लाये, दोनों में वार्तालाप हुआ और वे जवाब सुनकर उसमें टिक लगाते गए—

"तुम्हारा नाम ?"— "सोहनलाल द्विवेदी।"

"कौम ?"— "ब्राह्मण।"

"साकिन ?"— "बिंदकी, जिला फतेहपुर।"

"उम्र ?"— "70 साल।"

यह सुनकर मुंशीजी सोच में पड़ गए। बोले, "गलती हो गयी। दूसरे सोहनलाल का वारंट निकाला गया था। उसकी वल्दियत, सकूनत और उम्र दूसरी है, आप गलती से धर लिये गए।"

"तो मुंशीजी, मुझे वापस कर दीजिए।"

"यह तो आला हाकिम ही कर सकते हैं। चपरासी, इन्हें साहब के पास ले जाओ।"

राष्ट्रकवि इस यमदूत के साथ यमराज की सभा में पहुँचे। उनकी सूरत और उनके पास बैठनेवालों के मुख देखकर कोमल कवि-हृदय सहम गया। तुतलाते हुए बोले—"हे मृत्युदेव, मेरा प्रणाम स्वीकार कीजिए।"

"क्या बात है ?"

"श्रीमान्, आपके दूत मुझे दूसरे सोहनलाल के धोखे में ले आए। कृपा कर मुझे वापस कर दीजिए।"

"यह कैसे हो सकता है ? हमारे अधीनस्थ कर्मचारी जो सही-गलत काम करते हैं उसका मुझे समर्थन करना चाहिए, नहीं तो प्रशासन ठप्प हो जाय। यह दूसरी बात है कि मैं बाद में उनके विरुद्ध विभागीय कार्रवाई करके उन्हें दण्ड दूँ, किन्तु सार्वजनिक रूप से तो प्रशासन और अनुशासन की दृष्टि से मुझे उनका समर्थन करना ही उचित है। आपकी पृथ्वी पर तो 'मीसा' अब लगा है। यहाँ तो सदा से 'मीसा' है। मैं आपको कोई सबब बतलाने को तैयार नहीं हूँ। चित्रगुप्त बुड्ढे हो गए हैं। उन्होंने आपको यह बतलाया है, उनके खिलाफ 'डिपार्टमेंटल' कार्यवाही की जाएगी। आप यहाँ आ गए हैं। अब जब तक आपको फिर मनुष्य योनि में न भेजा जाए, आप यहीं बंद रहेंगे। रियायतन हम आपको 'ए' क्लास दे देंगे।"

"पर श्रीमान्, 28 नवम्बर को मेरी धेवती का विवाह है, आप सोच सकते हैं कि मेरे यहाँ आने से विवाह में भरभण्ड हो जाएगा। आप पन्द्रह-बीस दिन के लिए 'पैरोल' पर छोड़ दीजिए, धेवती का विवाह राजी-खुशी हो जाने दीजिए, फिर पैरोल समाप्त होने पर बुला लीजिएगा।"

"देखो, हमारे आदेशों पर 'रिवीजन' नहीं होता। दूत, इन्हें ले जाओ और जहाँ और खद्दर वाले हैं, वहाँ इन्हें भी रख दो।"

बेचारे राष्ट्रकवि क्या करते, दूत के पीछे चले गए। वहाँ देखा तो कितने ही मित्र मौजूद हैं। नवीनजी सामने ही खड़े थे। देखते ही बोले— "आओ गुरु, खूब आए। कहो, क्या नये समाचार हैं ?" राष्ट्रकवि ने अपना दुखड़ा सुना दिया। नवीनजी उसे सुनकर कुपित होकर बोले— "इतना अंधेर, इतना अन्याय और साला अपने को धर्मराज कहता है ? चलो, उसकी अक्ल ठीक करते हैं।" नवीनजी ने हजार-पाँच सौ खद्दरधारी एकत्र कर लिये और दूतों को ढकेलकर यमराज की सभा में घुस गए। बोले— "सुनो यमराज, यदि तुम तुरन्त सोहनलाल को वापस भेजकर अपनी गलती ठीक नहीं करते तो हम दो हजार लोग तुम्हारी सभा में सत्याग्रह करके तुम्हारा घिराव करेंगे। तुम्हारा शासन ठप्प कर देंगे। यह मनमानी, यह स्वेच्छाचारिता, यह तानाशाही, यह अन्याय हम बर्दाश्त नहीं करेंगे। एक तो गलती करो और फिर क्षमा माँगने की जगह अन्याय करते चले जाओ, हम लोग तुम्हारे भैंसे की पूँछ काट लेंगे, और उसके सींग तोड़ डालेंगे, इन्क़िलाब ज़िन्दाबाद !"

यमराज को इतिहास में कभी ऐसी दशा का सामना नहीं करना पड़ा था। वे किंकर्तव्यविमूढ़ हो गए। अंत में मुंशी चित्रगुप्त को बुलाया, धीरे-धीरे कुछ मंत्रणा की,

फिर जो यमदूत राष्ट्रकवि को लाए थे, उनसे पूछा, "इनका शरीर कहाँ है ? दाह-संस्कार तो नहीं हुआ ?"

"नहीं श्रीमन्, अभी तो इनकी मृत्यु का समाचार इनके घरवालों को भी नहीं लगा।"

"अच्छा नवीनजी, हम कृपावंत होकर आपकी बात मान लेते हैं और इन्हें फिर इनके पार्थिव शरीर में भेज देते हैं, किन्तु आप यह वचन दीजिए कि आप यहाँइस प्रकार की गड़बड़ी फिर कभी नहीं करेंगे।"

"करेंगे और सौ बार करेंगे, यदि आप अन्याय करेंगे। आपको लज्जा नहीं आती कि बनते तो धर्मराज हैं और करते अंधेर हैं ? भारतेन्दुजी की 'अंधेर नगरी' की तरह किसी भी सोहनलाल को पकड़ लाए, यह भी कोई बात हुई ?"

यमराज ने मामला बिगड़ते देखकर कहा— "आप जीते, मैं हारा। दूत, ले जाओ, राष्ट्रकवि को उनकी काया में शीघ्र प्रविष्ट कराकर रिपोर्ट करो।" नवीनजी आदि 'गाँधीजी की जय', 'सत्यमेव जयते' आदि नारे लगाते लौट गए। दूत राष्ट्रकवि की आत्मा को चारपाई पर पड़े उनके शरीर में प्रविष्ट कराकर लौट गए और आज्ञा के कार्यान्वयन की रपट धर्मराज को दे दी।

सबेरे पाँच बजे चारपाई पर राष्ट्रकवि का शरीर कसमसाया। वे चैतन्य होकर इधर-उधर देखने लगे। बोले, "न मालूम क्या सपना देखा था, कुछ याद नहीं आता। ज़रा एक प्याला चाय तो दे।"

सोहनलालजी के साथ के संवाददाता प्रत्याशी का दिया हुआ समाचार सबेरे ही 'जागरण' के प्रथम पृष्ठ पर बड़े-बड़े अक्षरों में प्रकाशित हो गया। चार बजे ही उसकी प्रतियाँ मोटर से लखनऊ भेज दी गयीं और पाँच-छह के बीच में सारे कानपुर में वितरित हो गयीं। वे सदा की भाँति बिंदकी भी भेजी गयीं। इस समाचार को पढ़कर साहित्य जगत् और राष्ट्रकवि की मित्र-मण्डली, प्रशंसकों और शिष्यों में तहलका मच गया। बिंदकी से सैकड़ों आदमी उनके घर पहुँचे पर वहाँ पता लगा कि वे तो कानपुर गए हुए हैं। कितने ही लोग बसों से कानपुर चल दिए। उस दिन प्रयागनारायण मन्दिर के ट्रस्ट की बैठक होनेवाली थी। लखनऊ में रहनेवाले श्री विनोद शर्मा भी उसके सदस्य थे। यह समाचार पढ़कर मंदिर के प्रबंधक ने श्री विनोद शर्मा को फोन किया, "बड़ा दुखद समाचार है, पं० सोहनलाल द्विवेदी नहीं रहे, रात बिंदकी में उनका हार्ट फेल हो गया। इस अवस्था में ट्रस्ट की बैठक की जाए या नहीं ?" श्री विनोद शर्मा स्तब्ध रह गए। बोले— "बड़ा अनर्थ हो गया। बैठक स्थगित कर दीजिए।" फिर

उन्होंने 'स्वतंत्र भारत' के संपादक अशोकजी को फोन किया। उन्होंने कहा कि मैंने 'जागरण' नहीं देखा, किन्तु स्थानीय 'जागरण' कार्यालय में अभी पूछता हूँ। थोड़ी देर बाद उन्होंने शर्माजी को फोन किया— "बात सच है", 'जागरण' के स्थानीय प्रतिनिधि ने वह समाचार पढ़कर सुनाया, "मैं 'स्वतंत्र भारत' में समाचार तो दे ही दूँगा, पर आप उन पर एक लेख लिख दें। उनका चित्र आपके पास होगा, उसे भी भेज दें।" फिर शर्माजी ने 'नवजीवन' के प्रधान उपसंपादक ज्ञानचन्द्रजी को फोन किया। उन्होंने दुःख प्रकट करते हुए समाचार प्रकाशित करने का वचन देकर राष्ट्रकवि पर लेख भी भेजा। तब शर्माजी ने उ० प्र० हिन्दी साहित्य सम्मेलन के अध्यक्ष श्री भगवतीचरण वर्मा को सूचना दी। वे बोले, "अरे, सोहनलालजी नहीं रहे, यह क्या हो गया? अभी बेचारे की उम्र ही क्या थी?" शर्माजी ने फिर फ़ोन उठाया। सामने रखी चाय ठंडी हो रही थी। सूचना विभाग के एक वरिष्ठ अधिकारी को फोन किया। बोले— "बड़ा अनर्थ हो गया, सोहनलालजी नहीं रहे, स्थानीय हिन्दी पत्रों को तो मैंने सूचना दे दी है, पर यह दुःखद समाचार पी० टी० आई० और यू० एन० आई० को भी प्रकाशित करना चाहिए। सामान्यतः ये हिन्दीवालों की ओर कम ध्यान देते हैं। आप अपने प्रभाव से उनसे यह समाचार प्रकाशित करा दें।" उन्होंने दोनों न्यूज एजेंसियों से कह दिया। दफ्तर खुलने पर दोनों संवाद प्रतिनिधियों ने आकर अपराह्न में यह समाचार भेज दिया, फिर शर्माजी ने लखनऊ रेडियो के एक अधिकारी को फोन किया और उनसे रेडियो द्वारा समाचार प्रसारित करने की प्रार्थना की। अधिकारी ने उन्हें आश्वासन दिया कि वह अवश्य प्रसारित होगा।

लखनऊ के रॉयल होटल में उत्तर प्रदेश भूदान यज्ञ का कार्यालय है, जिसके मुख्य अधिकारी बिंदकी-निवासी श्री हरप्रसाद गुप्त हैं जो सोहनलालजी के बड़े घनिष्ठ हैं। जब आठ-नौ बजे उन्होंने 'जागरण' का समाचार पढ़ा तब उन्हें बड़ा धक्का लगा। उन्होंने तुरन्त परिवहन मंत्री को फोन करके बिंदकी जाने के लिए एक कार मँगाई, और फिर मुख्यमंत्री को फोन किया। उनके यहाँ से उत्तर आया कि वे कहीं जानेवाले हैं, बहुत व्यस्त हैं, बात न कर सकेंगे। गुप्तजी बिगड़ गए, डाँटकर बोले— "बहुत ही आवश्यक बात करनी है। जिस हालत में हों, उन्हें फोन दीजिए।" गुप्तजी की डाँट से फोन मुख्यमंत्री के पास पहुँच गया। गुप्तजी ने कहा, "राष्ट्रकवि का देहान्त हो गया। आपका हेलिकॉप्टर तैयार है। आप दस मिनट को मेरे साथ बिंदकी चलकर राज्य की ओर से उनके प्रति सम्मान प्रकट कीजिए।" मुख्यमंत्री ने शोक प्रकट करते हुए कहा— "मुझे अभी ही एक अत्यन्त महत्वपूर्ण काम से बाहर जाना है, मैं कैसे चल सकता हूँ?" गुप्तजी ने फिर आगे कहा कि उनकी बात काटकर मुख्यमंत्री ने कहा कि

मैं अभी फतेहपुर के कलक्टर को पुलिस रेडियो से आदेश भेजता हूँ कि राजकीय सम्मान से उनकी अन्त्येष्टि की जाए, पुलिस बैंड और सशस्त्र सिपाही फौरन बिंदकी भेजे जाएँ और स्वयं कलक्टर बिंदकी जाकर मेरी ओर से शव पर माल्यार्पण करें। न जा सकने के लिए मुझे क्षमा करें, मैं एकदम विवश हूँ।" उन्होंने तुरन्त आदेश जारी कर दिए और कलक्टर ने आदेश पाते ही पुलिस अधीक्षक को बुलाकर पुलिस बैंड और पी . ए . सी . की एक टुकड़ी लेकर बिंदकी जाने की आज्ञा दी और कहा कि मैं भी उपयुक्त आकार की माला तैयार करवाकर बिंदकी पहुँचता हूँ। आप फौरन रवाना हो जाएँ। फतेहपुर में फूल मिलना कठिन है, इसलिए काफी बड़ी माला तैयार करने में काफी देर हो सकती है। आप तुरन्त रवाना हो जाएँ और सारा प्रबंध करें, मैं शीघ्र पहुँचता हूँ। पुलिस अधीक्षक ने जनरली हुक्म निकाल दिया। बीस मिनट में पुलिस बैंड और पी . ए . सी . का एक प्लैटून राइफलें लेकर बिंदकी रवाना हो गया। अधीक्षक महोदय पुलिस कार में थोड़ी देर बाद बिंदकी की ओर चल दिए।

परिवहन मंत्री की भेजी हुई मोटरकार गुप्तजी के पास आ गयी और वे कई साथियों को लेकर बिंदकी चल दिए।

पंडित सोहनलाल ने आराम के साथ चाय पी, एक-दो सिगरेटें पीं, निवृत्त हुए और अपने शिष्य से बोले, "दुःस्वप्न देखने के बाद केवल एक भयंकर भैंसे की याद रह गयी है। अब यहाँ रहने को जी नहीं चाहता। आठ बजे की बस से बिंदकी चलेंगे।" राष्ट्रकवि का सिद्धांत है—जल्दी का काम शैतान का। सब काम धीरे-धीरे करते हैं। शिष्य ने बिस्तर बाँधा, सूटकेस में कपड़े रखे। राष्ट्रकवि ने इत्मीनान से कपड़े पहने, अदा के साथ टोपी लगाई। कंधे पर शाल रखा, रिक्शा मँगाने का आदेश दिया और निश्चिन्त होकर सिगरेट पीने लगे। रिक्शा आया और वे घंटाघर के पास बस के अड्डे पर जा पहुँचे। शिष्य टिकट लेने गया। इतने में ही एक परिचित व्यक्ति ने उन्हें देखा। वह भी उनकी अन्त्येष्टि में बिंदकी जा रहा था। इन्हें देखते ही वह आसमान से गिरा। भूत देखकर जो हालत होती है वह उसकी हो गयी। बड़ा साहस बटोरकर वह उनके पास आया और बोला— "आप क्या जीवित हैं ? मरे नहीं ? अथवा, मैं भूत देख रहा हूँ ?" सोहनलाल ने मुसकराकर कहा— "यार, आज क्या सबेरे-सबेरे कुछ अधिक छान ली है जो भूत देख रहे हो ?" तब उसने चुपचाप 'जागरण' के प्रथम पृष्ठ पर छपे समाचार को उनके सामने कर दिया। उन्होंने उसे पढ़ा, कुछ देर सकते के आलम में रहे, फिर ठठाकर हँसे। बोले— "यह अच्छा मजाक है ! इन्होंने तो जीते-जी ही मार डाला। आप मुझे टटोलकर देख लीजिए कि मैं सशरीर और

जीता-जागता हूँ।" फिर कुछ सोचकर बोले— "इसका तुरन्त प्रतिवाद होना चाहिए, घरवाले और मित्र परेशान हो जाएँगे।" अपने शिष्य को आवाज़ देकर बोले— "सामान उतार लो। अगली बस से जाएँगे।" इतना कहकर उन्होंने एक रिक्शा बुलाया और फिर अपने ठहरने के ठिकाने पर पहुँच गए। वहाँ पहुँचते ही 'जागरण' के स्वामी को फोन किया— "अरे भाई गुप्ता, मैं बोल रहा हूँ सोहनलाल द्विवेदी, यमलोक से नहीं, इसी मृत्युलोक से—आपके कानपुर नगर ही से।" उधर से कुछ कहा गया, राष्ट्रकवि बोले, "अरे भाई, जीते-जी ही मार डाला और अब बातें बना रहे हो ? न होली है, न अप्रैल फूल, यह मजाक का कौन-सा अवसर है ? यदि विश्वास न हो तो यहाँ चले आओ और अपनी आँखों से देख लो कि मैं पूरी तरह 125 पैसे जीवित हूँ। आपका पत्र बिंदकी पहुँचा होगा और मेरे घरवालों और मित्रों पर क्या गुजरी होगी ? उधर से बड़ा खेद प्रकट किया गया, बड़ी क्षमा माँगी गयी। फिर राष्ट्रकवि ने अपने कई फोनालंकृत मित्रों को सूचना दी कि 'जागरण' का समाचार गलत है, मैं जीवित हूँ। आप अन्य मित्रों को सूचित कर दें, फिर वे शिष्य को लेकर बस के अड्डे पर आए और बिंदकी के लिए चल दिए।

बिंदकी में राष्ट्रकवि के घर पर शोक प्रकट करने के लिए आए हुए सैकड़ों लोगों की भीड़ जमा हो गयी थी। घरवाले हक्का-बक्का थे। उन्हें उनकी मृत्यु का कोई समाचार नहीं मिला था। वे न रो सकते थे और न समाचार का खण्डन कर सकते थे। इतने ही में फतेहपुर से एक दरोगा के साथ पुलिस बैंड और पी. ए. सी. की टुकड़ी पहुँच गयी। लोगों को मालूम हुआ कि राजकीय सम्मान से राष्ट्रकवि की अन्त्येष्टि करने वे लोग आए हैं। अब तो लोगों को विश्वास हो गया कि राष्ट्रकवि नहीं रहे। दरोगा ने पूछा, "क्या लाश यहाँ नहीं है ? कानपुर गए थे ? वहाँ से लाश कब तक आएगी ?" पर कौन उत्तर देता ? भीड़ शोक-विह्वल हो गयी।

प्रायः बारह बजे थे। कानपुर की बस बिंदकी के बस के अड्डे पर खड़ी हुई। पंडित सोहनलाल उतरे। उन्हें देखते ही वहाँ उपस्थित बिंदकियन और कनपुरिये पहले तो आश्चर्य चकित रह गए, पर जब सोहनलालजी ने उनसे कहा कि 'जागरण' ने झूठा समाचार छाप दिया, तब उनमें हर्ष की एक लहर फैल गयी। 'सोहनलाल द्विवेदी अमर हों' के नारे लगाये गए, आगे-आगे सोहनलालजी और पीछे नारे लगाती हुई भीड़। राष्ट्रकवि अपने घर पहुँचे। वहाँ एकत्र जन-समूह उन्हें देख प्रसन्नता से उछल पड़ा, घरवालों के आनन्दातिरेक से आँसू निकल आए।

इस बीच तारघर से समवेदना के तार आने लगे। उनका ताँता बँध गया। कानपुर से लोग आए थे, उन्होंने बड़ी-बड़ी बधाइयाँ दीं। उनके छोटे पुत्र को इस प्रसन्नता के अवसर पर उन लोगों के जलपान के लिए मिठाई का प्रबंध करना पड़ा। बिंदकी में इतने लोगों के लिए इतनी और अच्छी मिठाई कहाँ। खैर, जो कुछ मिला उसे चाय के साथ उन्होंने उतार लिया।

इतने ही में बाबू हरप्रसाद गुप्त मित्र-मण्डली समेत लखनऊ से पहुँच गए। राष्ट्रकवि को देखते ही बोले— "अरे, मरे नहीं? जीवित हो? राजकीय सम्मान से अन्त्येष्टि का प्रबंध कराया था, उसका क्या होगा?" एक महाशय बोले— "अजी, उर्दू के कवि तो अपनी कविता में रोज़मर्रा मरते हैं। तब सोहनलालजी भी एक दिन अतिशयोक्ति कर बैठे तो क्या बड़ी बात हुई?"

इतने ही में दरोगा ने आकर फौजी ढंग से सलाम किया और बोला, "मुझे कलेक्टर साहब का हुक्म है कि राजकीय सम्मान से आपकी अन्त्येष्टि करा दूँ। दरअसल यह हुक्म जनाब मुख्यमंत्री का है। हुक्म तो हुक्म है और इस वक्त 'एमरजेंसी' लगी हुई है। हुकुम-उदूली करने पर मेरी नौकरी खतरे में है, इसलिए मुझे हुक्म के मुताबिक काम करना लाजिमी है। मेरे सिपाही और बैंडवाले हुक्म पाते ही एकदम बिना खाए-पिए चल दिए। अब तीसरा पहर हो रहा है। जल्दी तैयार हो जाइए कि मैं सरकारी हुक्म की तामील करके कलेक्टर साहब को जल्द-से-जल्द तामीली की रिपोर्ट दूँ। आप कितनी देर में श्मशान चल सकेंगे?"

यह सुनकर वहाँ सन्नाटा छा गया। कविजी की बोली बंद हो गयी। उन्हें मालूम पड़ा, वे आसमान से गिर खजूर में आ गए हैं। राजकीय सम्मान तो ऊँट के गले की हड्डी हो गयी और वे मन-ही-मन हरप्रसादजी को कोसने लगे कि कहीं सचमुच पुलिस वाले उनकी जीवित ही अन्त्येष्टि न कर दें। यह सोचकर उनके मेरुदंड में सनसनी दौड़ गयी और पाँव काँपने लगे। एक आदमी कुछ कहने को हुआ तो दरोगाजी ने डाँट कर कहा— "आप सरकारी अफसर को अपनी ड्यूटी बजाने में बाधक हो रहे हैं! आपका चालान दफा फ्लाँ में कर दूँगा और अगर बहुत बक-बक की तो 'मीसा' में पकड़कर बन्द कर दूँगा। जी, जनाब द्विवेदीजी साहब, आप जहाँ तक मुमकिन हो, हम लोगों पर रहम करके श्मशान चलने को जल्द तैयार हो जाएँ। हमें अपनी ड्यूटी करके शाम तक फतेहपुर लौट जाना है।"

बाबू हरप्रसाद गुप्त भूदानी नेता हैं। वे आदमी नहीं, सर्वोदयी हैं, अर्थात् एकदम बड़े शान्त और ठंडे लोहे। वे उठे और दरोगा के कंधे पर हाथ रखकर बाहर ले गये। वहाँ उन्होंने न मालूम उन्हें क्या समझाया, थोड़ी देर बाद ही पुलिस बैंड और

पी . ए . सी . का प्लैटून पुलिस ट्रकों में सवार हो रहे थे। इनमें कुछ लोग धीरे-धीरे कुछ बड़बड़ा रहे थे। दरोगाजी का भी मूड बहुत अच्छा नहीं था। पास ही एक उर्दू शायरी के शौकीन खड़े थे। वे इन लोगों के साथ समवेदना प्रकट करते हुए बोले—"आप लोग आज सुबह किसी कमबख्त का मुँह देखकर उठे होंगे कि दिन भर परेशान रहे। यहाँ शोक में आए थे, आपकी खातिर कौन करता ? तिस पर फँस गये शायरों के चक्कर में। जनाब, इनके नखरों से खुदा की पनाह, इनमें एक बड़े शायर गालिब हो गये हैं, उन्हें मरने की बड़ी आदत थी। फरमाया था—

मरते थे आरजू में मरने की।
मौत आती है, पर नहीं आती॥

यही हाल हमारे जनाब सोहनलाल द्विवेदी बिंदकनी का है। आप फरमा चुके हैं और बार-बार इसे शाया करते रहते हैं कि 'एक सिर मेरा मिला लो', यानी मरने को तैयार हूँ। पर जब मौत आयी तो कन्नी काटने लगे।" कलेक्टर और कप्तान साहब के इन पुलिसवालों को इस सहानुभूति से कुछ संतोष मिला। दरोगाजी ने हुक्म दिया तथा गम्भीर गर्जन करते और धूल उड़ाते हुए पुलिस ट्रक फतेहपुर चल दिये। राष्ट्रकवि, उनके घरवालों और मित्रों को राहत मिली।

शायद पहली बार उत्तर प्रदेश में किसी हिन्दी कवि की राजकीय सम्मान से अन्त्येष्टि करने की आज्ञा उत्तर प्रदेश शासन ने दी हो। किन्तु हिन्दी के धुरंधर, धनुर्धर और हिन्दी के राष्ट्रकवि पद्मश्री सोहनलाल द्विवेदी ने हिन्दी का यह सम्मान नहीं होने दिया। जब उनकी तरह के हिन्दी की सेवा का दावा करनेवाले हिन्दी के सम्मान के लिए इतना भी त्याग करने को तैयार नहीं हैं तब हिन्दी की उन्नति कैसे हो सकती है ? यह आलोचना हिन्दी के कई प्रतिष्ठित लोगों ने की। यह दुर्घटना कई समस्याएँ छोड़ गयी है। पहले तो राष्ट्रकवि के लड़कों के पास समवेदना के तार, पत्रों का ताँता लगा, फिर राष्ट्रकवि के पास बधाई के तार और पत्रों का सिलसिला जारी हो गया। इसके अतिरिक्त जो सैकड़ों लोग समवेदना के लिए आए थे, परिवर्तित स्थिति में उनकी खातिर करना सिर-दर्द हो गया। इसमें राष्ट्रकवि के लड़कों को बड़ा खर्चा करना पड़ा। अब समवेदना और बधाई के तारों और पत्रों का उत्तर देना है जिसके लिए एक पैसा भी न देने का निश्चय उनके लड़कों ने कर लिया है, क्योंकि हमारी राष्ट्रीय और गरीब परवर सरकार ने बेकारी हटाने के लिए तार, पोस्टकार्ड, अन्तर्देशीय और लिफाफों के दाम इतने बढ़ा दिये हैं कि इस काम के लिए भी अच्छी-खासी रकम चाहिए। राष्ट्रकवि पैसा छूते नहीं। सुना है कि उनके भक्त और शिष्य इसके लिए उन्हें

कोई मोटी थैली भेंट करने की तैयारी कर रहे हैं तथा बाबू हरप्रसाद गुप्त मुख्य मंत्री के 'डिस्क्रिशनरी फण्ड' से कुछ अनुदान दिलाने का प्रयत्न कर रहे हैं।

दूसरी समस्या यह कि कलक्टर साहब ने राष्ट्रकवि के शव पर अर्पण करने के लिए बड़े प्रेम और श्रद्धा तथा सरकारी व्यय से जो विशाल और सुन्दर शव-माला ('रीद')बनवायी थी, उसका क्या किया जाए। सुना गया है कि उसे गंगाजी में और चिल्लावाले उसे जमुनाजी में प्रवाहित कर देने के लिए प्रयत्नशील हैं। श्री विनोद शर्मा का कहना है कि मेरे और 'जागरण' के कारण राष्ट्रकवि को जो 'पब्लिसिटी' मिली है वह 'मिलियन डालर' की है क्योंकि यदि 'जागरण' वह समाचार न छापता और मैं पी. टी. आई., यू. एन. आई. तथा आकाशवाणी से उनकी यमलोक-यात्रा का समाचार प्रसारित न कराता तो सारे देश में उनका इतना प्रचार न होता। और हरप्रसाद गुप्त ही ने मुख्यमंत्री से राजकीय सम्मान के साथ उनकी अन्त्येष्टि के आदेश निकलवाने का मौका प्राप्त किया, किन्तु राष्ट्रकवि ने इस बहुमूल्य और अभूतपूर्व प्रचार के लिए न 'जागरण' ही को धन्यवाद दिया और न श्री विनोद शर्मा को। शर्माजी का कहना है कि यह कृतघ्नता इस युग का प्रभाव है और कवियों, माशूकों और आजकल के कुछ खास किस्म के लोगों की आदत बन गयी है। पर उन्होंने कहा है कि अवसर मिलते ही इसका बदला लेंगे।

और यह भी रिपोर्ट मिली है कि राष्ट्रकवि के शिष्य, दरबारी और प्रशंसक उनके इस मृत्युंजयी रिकार्ड-तोड़ कार्य, साहस और सफलता के लिए कानपुर में उनका एक विशाल सम्मान और बधाई-समारोह करने का प्रबन्ध कर रहे हैं। कई पूँजीपति इस समारोह के अध्यक्ष और अनेक साहित्यिक महंत मंत्री या संयोजक होने को तैयार हैं। किन्तु श्री विनोद शर्मा उनकी अकृतज्ञता से इतने नाराज हैं कि उन्होंने उस समारोह का बायकाट करने का निश्चय किया है। उन्होंने एक पत्र 'जागरण' को भी लिखा है कि आपने देख लिया कि राष्ट्रकवि-सम्बन्धी समाचार छापना कितना खतरनाक है। एक अकृतज्ञ व्यक्ति के बारे में कोई समाचार छापकर फिर गलती न कीजिएगा। 'एक बार ठगावे जो बावन वीर कहावे, जो बार-बार ठगावे वह अकुआनाथ कहावे।' मैंने तो शुद्ध हृदय से नेक सलाह दे दी, यह आपकी इच्छा है कि उसे मानें या न मानें।

अन्तिम समस्या उस बेचारे प्रत्याशी की है कि जिसने 'जागरण' में नौकरी पाने के लिए राष्ट्रकवि का महीनों चरण-चंपन किया और जिसने बड़ी सद्भावना से 'जागरण' के लिए, यदि इस शतक का नहीं, तो इस दशक का हिन्दी पत्रकारिता का सबसे बड़ा 'स्कूप' जागरण को देकर उसकी ग्राहक संख्या न मालूम कै गुना बढ़ा दी। पर इस संसार में न्याय कहाँ है? गरीब, मेहनती और सद्भावनावाले व्यक्ति को कौन

पूछता है ? वह इस काण्ड को देखकर इतना भयभीत हो गया है कि अब 'जागरण' में नौकरी पाने की आशा छोड़ और राष्ट्रकवि की यमलोक-यात्रा और वहाँ से उनका पुनरागमन देखकर इतना सहम गया है कि अब वह उनकी छाया से भी डरने लगा है। यहाँ निराश होकर वह 26 नवम्बर को झाँसी-मेल से फिल्मों में अपने भाग्य को आजमाने के लिए बम्बई चला गया है।

डॉ० लक्ष्मीशंकर मिश्र 'निशंक' राष्ट्रकवि के मरने-जीने के समाचार से बहुत प्रसन्न हुए। वे 'सुकवि विनोद' के संपादक हैं जिसमें पुरानी प्रथा के अनुसार समस्या-पूर्तियाँ भी दी जाती हैं। वे कह रहे थे कि वे अगले अंक में ये समस्याएँ देंगे :

1. "मरकर भी जो जीता रहता वह सुकवि राष्ट्रकवि हिन्दी का।"
2. 'जागरण' में मरना भी जीने के समान है।
3. बिंदकी में मरने पर कम्पू में जीते हैं।
4. "सिधारि गए के पधारि गए।"

राष्ट्रकवि आजकल लखनऊ गए हुए हैं। सम्भव है कि इस यात्रा के दूरगामी परिणाम हों। उनकी गतिविधियों पर नज़र रखने की आवश्यकता है।

केशवचन्द्र वर्मा

मीरा : प्रगतिशील कवयित्री

अगर हिन्दी भाषा का एक ढाँचा बनाया जाए (जैसा प्रायः हाईजीन की किताबों में ढाँचा दिखाई देता है) तो दिल की जगह मीराबाई को रखना पड़ेगा ताकि ढाँचा धड़क भी सके। मीरा ने हिन्दी भाषा को साहित्य लायक बनाने के लिए उतना ही काम किया है जितना एक माँ अपने नालायक बेटे के लिए करती है। आज जब हिन्दी भाषा के साहित्यकारों का पुनर्मूल्यांकन हो रहा है तब इस बात की जरूरत महसूस की जाती है कि जिस प्रकार अन्य कवियों को उनकी गद्दी दी जा रही है, मीराबाई को भी उचित बैठकी दी जाए। मीराबाई का साहित्य बहुतों ने देखा-भाला है लेकिन फिर भी आज की सामाजिक सापेक्षता और प्रगतिशील तत्वों को ध्यान में रखते हुए किसी ने भी उस पर क़लम न उठायी, सो मैं करता हूँ।

पूर्वाभ्यास

मीरा के बचपन से ही उसके जीवन में एक असन्तोष की भावना जाग्रत हो गयी थी। मीरा एक सामन्तवादी वातावरण में पलकर भी जनजीवन के प्रति आकर्षित हो गयी थी और उसे सबके साथ उठने-बैठने, खेलने-कूदने में मजा आता था। मीरा ने तय कर लिया था कि वह विवाह नहीं करेगी। यहीं हमें उसके भीतर का नारी-विद्रोह जो कि रूढ़िग्रस्त परम्पराओं का विरोधी था, स्पष्ट देखने को मिलता है। वह अपनी जनवादी विचारधारा को किसी भी जड़ता से बाँधना नहीं चाहती थी। महलों की फ्यूडल सभ्यता

उसके लिए खास अहमियत नहीं रखती थी। उसके विचार निश्चय ही भौतिकवादी रहे होंगे।

'सन्तन' पार्टी का विकास और मीरा पर प्रभाव

उन दिनों विश्व में सन्तन आन्दोलन चल पड़ा था और भारत में भी इस पार्टी का विकास-क्रम स्पष्ट दिखाई पड़ता है। ऐतिहासिक तथ्यों से पता लगता है कि कोई 'सेण्ट-एन' साहब थे, जिनके नाम पर इस 'सन्तन' पार्टी का अन्तर्राष्ट्रीय आन्दोलन चल पड़ा था। जनवादी सन्तन पार्टी सदैव साम्राज्यवादी तथा सामन्तवादी शक्तियों से दुर्धर्ष संघर्ष करती रही। भारत के अनेक विचारक और कवि, जिनमें सूरदास, तुलसीदास और कबीरदास भी थे, इसी सन्तन पार्टी की विचारधारा से प्रभावित थे और अपनी कृतियों में प्रायः इस पार्टी का उल्लेख किया करते थे। राजस्थान में सामन्तवादी रजवाड़ों का जोर था अतः सन्तन पार्टी ने अपना एक जोरदार नेता खड़ा करने की बात सोची। पार्टी का संगठन इतना आश्चर्यजनक रूप से सफल था कि उसने उदयपुर के राणा की महारानी मीराबाई को ही अपनी जननायिका बनाया और उसी के नेतृत्व में सामन्तवादी संस्कृति का विनाश प्रारम्भ हुआ। पतनोन्मुख सामन्तवादी संस्कृति के गिरने में मीरा को पूरा विश्वास था अतः मीरा ने सन्तन पार्टी का सदस्य होना स्वीकार किया और इस तरह जनसंघर्ष में पहला मोहरा पीट लिया गया। बताते हैं कि हिमालय के उस पार से कोई प्रसिद्ध योगी साधक जो इस सन्तन पार्टी के हर पहलू से वाकिफ था, भारत आया था, और उसने मीरा को पार्टी कॉमरेड बनाने में बड़ी भारी सहायता की थी। मीरा उसे अपना गुरु मानती थी और वह जब पार्टी का संगठन कर वापस जाने लगा तो मीरा ने उसकी विदाई में सहभोज के अवसर पर जो कविता पढ़ी थी, उसका पाठ हमें यों मिलता है—

"मत जा, मत जा, मत जा जोगी
पाँव पड़ूँ मैं तेरे जोगी ॥ मत जा ॥
अगर चँदन की चिता बनाऊँ
अपने ही हाथ जला जा
अपनी ही गैल बता जा ॥ जोगी ॥"

सन्तन पार्टी होते-करते बहुत मजबूत हो गयी। ऐतिहासिक व्याख्या बताती है कि आगे भी सतनामी विद्रोह और बंकिम बाबू के 'आनन्द मठ' में जिन विद्रोहियों का उल्लेख मिलता है, हो सकता है कि वह सन्तन पार्टी की परम्परा में रहे हों।

मीरा का साम्राज्यवाद और सामन्तवाद से संघर्ष

मीरा को स्पष्ट दिखाई पड़ रहा था कि अगर उसने सन्तन पार्टी के साथ सहयोग नहीं किया तो भारत में शीघ्र ही मुगल बादशाह अपनी साम्राज्यवादी चालों से इन छोटे-छोटे रजवाड़ों को अपने वश में कर लेगा और इस प्रकार सर्वहारा वर्ग के नाश का अध्याय प्रारम्भ हो जाएगा। मीरा ने अपने कार्यक्षेत्र को अध्यात्मवादी रंग दिया लेकिन वस्तुतः उसका 'एप्रोच' बहुत ही पदार्थवादी रहा। रूढ़िवादी परम्परा तथा नारी के सीमित क्षेत्र को छोड़कर वह जनता के बीच आ खड़ी हुई, उसने पीड़ित जनता के दुःख को पहचाना।

"भाई छोड्या, बन्धु छोड्या, छोड्या जग सोई।
मीरा अब लगन लागि होनी हो सो होई॥"

यहाँ यह तथ्य कितना उभरकर सामने आता है कि मीरा ने सबका विरोध करके वह आन्दोलन उठाया था और उसके पीछे वह इतनी दीवानी हो गयी थी कि आगे-पीछे क्या होगा, इसकी उसे कोई चिन्ता नहीं रह गयी थी। मीरा के सामने शासक और शासित का वर्ग-भेद बिलकुल साफ था। वह यह जानती थी कि बिना वर्ग-संघर्ष की भावना पैदा किये हुए सन्तन पार्टी का भविष्य उज्ज्वल नहीं हो सकता। पीड़ितों और शोषितों की बात समझने के लिए स्वयं घायल बनना पड़ता था। यथा—

"घायल की गति घायल जाने कि जिन घायल होय।"

मीरा के कॉमरेड

जैसा कि पहले ही मैं कह चुका हूँ, सन्तन पार्टी उस समय सारे अन्तर्राष्ट्रीय क्षेत्र और विशेषकर भारत में बहुत ही संगठित पार्टी थी। अनेक कवि, विचारक और कलाकार पार्टी कम्यून से सम्बन्धित थे। इतिहास के पन्नों में मीरा के कॉमरेडों का ज़िक्र कहीं नहीं मिलता क्योंकि साम्राज्यवादी इतिहास-लेखकों ने प्रोलेटेरियट वर्ग के इन जननायकों का नाम मिटा देना ही उचित समझा। तो भी मीरा की रचनाओं में ही हमें इतने स्पष्ट ढंग से इन कॉमरेडों का उल्लेख मिल जाता है कि इसी अन्तः साक्ष्य के बल पर हम अपनी बात खड़ी कर सकते हैं—

"जोगी आये जोग करन को तप करने संन्यासी।
हरीभजन को साधू आये वृन्दावन के वासी॥"

सन्तन पार्टी के इस देशव्यापी आन्दोलन के फलस्वरूप सभी स्थान के लोग इसमें सक्रिय सहयोग दे रहे थे। पता चला है कि जोग करन नामक एक पंजाबी जाट था जो इस सन्तन पार्टी का एक प्रमुख कार्यकर्ता था। हिमालय पार से जो जोगी आए थे उनके साथ ही यह व्यक्ति आता-जाता रहता था। तपकर्णे नामक एक महाराष्ट्रीय व्यक्ति भी सन्तन पार्टी का नायक था। तपकर्णे एक विशिष्ट जाति हुआ करती थी। तपकर्णे का पार्टी पर बहुत गहरा प्रभाव था। कुछ विचारकों ने, जिनमें सूरदास भी एक थे, तपकर्णे की हरकतों को नापसन्द किया था और बताते हैं कि ऊधो के रूप में उन्होंने गोपिकाओं से तपकर्णे का ही मजाक बनवाया था। तुलसीदास भी तपकर्णे को बहुत पसन्द नहीं करते थे, फिर भी इन्होंने इसका उपहास नहीं किया। तीसरा और सबसे प्रमुख व्यक्ति था हरिभजन, जो अपने नाम से ही पता देता है कि वह उत्तर प्रदेश के गोरखपुर जिले का रहनेवाला था। हो सकता है कि सन्तन पार्टी का सचेतक वही रहा हो क्योंकि प्रायः हर विद्वान्, विचारक, लेखक और कवि ने हरिभजन की प्रशंसा में बहुत कुछ लिखा है। उन दिनों वृन्दावन सन्तन पार्टी का एक महान् हेडक्वार्टर था और हरिभजन स्वयं अधिकतर वृन्दावन में ही बसा करते थे। समकालीन साहित्य पर विचार करने से पता लगा है कि हरिभजन को इसी पार्टी के काम के लिए पकड़े जाने पर फाँसी हो गयी थी।

"अँखियाँ हरि दर्शन की प्यासी।
नेह लगाय, त्याग गे तृण सम,
डारि गये गल फाँसी।'

इस प्रकार साम्राज्यवादी शक्तियों ने मीरा के कॉमरेडों को मीरा से अलग कर दिया।

लोक-लॉज की स्थापना

मीरा ने इस महान आन्दोलन को सफल ढंग से चलाने के लिए जो योजना बनाई उसमें पहली बात यह थी कि एक लोक-लॉज की स्थापना की। बताया जा चुका है कि सन्तन पार्टी का आन्दोलन एक अन्तर्राष्ट्रीय आंदोलन था। अतः लॉज शब्द जिसे विदेशों में होटल या निवास-स्थान कहते हैं, भारत में प्रचलित हो गया। लॉज (Lodge) की स्थापना के लिए मीरा को राणाजी को बहुत ऊँच-नीच समझाना-बुझाना पड़ा लेकिन अन्ततोगत्वा वह सफल रही। आज हमें अनेक होटलों और स्थानों के नाम 'जनता होटल', 'जनता रेस्तराँ', 'जनता क्लब' आदि मिलते हैं लेकिन इसकी परम्परा मीरा ने

ही शुरू की थी जब उसने अपने लॉज का नाम लोक-लॉज रखा। लोक-लॉज वास्तव में सन्तन पार्टी का पार्टी-ऑफिस था। वहीं सब लोग इकट्ठा होते थे और महत्वपूर्ण निर्णय किए जाते थे। राणा की दमन-नीति जब चली तो सबसे पहले उसने लोक-लॉज में सरकारी ताला डलवा दिया और पार्टी-ऑफ़िस छीन लिया गया। मीरा ने बड़ी वीरता के साथ इसका उल्लेख किया है—

"संतन संग बैठ-बैठ लोक-लॉज खोई !"

राजा की फासिस्ट प्रवृत्तियाँ

शोषित जनता की उभरती हुई आवाज को दबा डालने के लिए ऐसा कुछ भी नहीं बचा, जो राणा ने न किया हो। मन्दिर उड़वाने के लिए तोप चलाने से लेकर मीरा पर 'स्लो प्वाइजनिंग' (क्रमशः विष देने की क्रिया) तक के टेकनिक का प्रयोग राणा ने किया। नाजियों की तरह राणा की निगाहों में सन्तन पार्टी का हर सदस्य एक यहूदी हो उठा। उन्हें हर तरह से दबाने के कुचक्र रचे गए। मीरा को मारने के लिए सर्प भेजा गया, विष दिया गया। लेकिन पार्टी ने अपना भीतरी जाल महल के भीतर ऐसा फैला लिया था कि मीरा के पास पहुँचते-पहुँचते वह चीज शालिग्राम की बटिया या शर्बत बन जाती थी। इस प्रकार दैवी सहायता की आड़ लेकर मीरा को बचाया गया और इसका प्रभाव यह भी हुआ कि राणा मीरा की पार्टी से डरने लगा।

मीरा और गिरधर गोपाल

मीरा का पार्टी-कार्य बिना गिरधर गोपाल की हरकतों पर प्रकाश डाले हमेशा अधूरा ही रहेगा। मीरा की प्रत्येक रचना में इस व्यक्ति का नाम इतने ढंग से आया है कि हर आलोचक ने अपने ढंग से उसका मतलब समझने की कोशिश की है। जहाँ तक अन्तःसाक्ष्य और बहिःसाक्ष्य का मेल खाता है तहाँ स्पष्ट पता चलता है कि गिरधर गोपाल नाम का व्यक्ति अत्यन्त प्रभावशाली व्यक्तित्व रखता था और उसका भी देशव्यापी दौरा हुआ करता था। सन्तन पार्टी के अनेक लोगों ने गिरधर गोपाल को जन-नायक माना है। गिरधर गोपाल हर जगह मौजूद रहता था और एक स्थान का समाचार दूसरी जगह पहुँचाया भी करता था। सम्भव है कि वह एक संवाददाता भी रहा हो। मीरा इस व्यक्ति की प्रतिभा से बहुत अधिक प्रभावित थी और एक तरह से यदि समझा जाए तो उसके प्रति उसकी बड़ी ममता-सी हो गयी थी। बताया जाता है कि आगे चलकर सहसा यह व्यक्ति पार्टी से बिलकुल अलग-सा हो गया और बहुत

गैरज़िम्मेदार तरीके से काम करने लगा। पार्टी से हटकर उसकी तबीयत कलाकारिता की ओर चली गयी और वह नाटक-नौटंकी में भाग लेने लगा। उसने अपनी पार्टी की वेशभूषा भी बदल दी और वह मोर-मुकुट, पीताम्बर और वैजन्ती की माला वगैरह पहनने लगा। उसके भीतर पतनोन्मुख सामन्तवादी जड़ता के अंश एकाएक आ बसे और वह पार्टी के दृष्टिकोण से बिलकुल निकम्मा साबित हो गया। मीरा की ममता फिर भी उस पर बराबर बनी रही और यही कारण था कि बहुत से सन्तन पार्टी के सदस्य मीरा से प्रसन्न नहीं रहते। राणा गिरधर गोपाल को पार्टी का प्रमुख कार्यकर्ता मानता ही था इसलिए एक बार उसने गिरधर गोपाल का मोर-मुकुट छिनवा लिया और महल में जाकर सो गया—

"जाके सिर मोर मुकुट—मेरो पति सोई।"

—अर्थात् जिसके सिर से मुकुट (लेकर) मेरा पति सो गया (है)। मीरा फिर भी बराबर यही कहती रही—

"मेरे तो गिरधर गोपाल दूसरा न कोई।
तात मात भ्रात बन्धु अपना न कोई।"

गिरधर गोपाल के प्रति मीरा का यह दृष्टिकोण कभी भी सफल न हो सका और मीरा के लाख प्रयत्न करने पर भी जिम्मेदार तरीके से गिरधर गोपाल पार्टी का काम दोबारा न चला सका। गिरधर गोपाल वृन्दावन जाकर रहने लगा और मीरा को भी अपने अन्तिम दिनों में उसी के हित वृन्दावन जाना पड़ा। यूँ मीरा में व्यक्तिपरक तत्व इतना नहीं था लेकिन सभी नियमों में अपवाद सदा होते हैं।

मन्दिर मूवमेण्ट और सशस्त्र क्रान्ति

मीरा को ऐसा लगा कि उसका आन्दोलन अब अधिक दिन इन साम्राज्यवादी फ़ौलादी हाथों से बचकर नहीं निकल पायेगा। मीरा के कई कॉमरेड अलग हो गये थे। तपकर्णे ने तो एक अलग पार्टी बनाने की भी कोशिश की थी। गिरधर गोपाल का मन नौटंकी में लग गया था। 'लोकलॉज' पर सरकारी ताला पड़ चुका था। ऐसी हालत में मीरा के सामने बिलकुल अन्धकार था। लेकिन उसने अपनी हिम्मत नहीं हारी। उसने भारत में मन्दिर मूवमेण्ट प्रारम्भ किया। मन्दिर के बहुत-से अर्थ आलोचकों ने किये हैं लेकिन वस्तुतः वह मन्दिर एक भवन का, एक संस्था का प्रतीक था। भारत की जनता को यह मन्दिर मूवमेण्ट बहुत सरलता से ग्राह्य हुआ। मीरा की सूझ बड़ी पैनी थी और उसने सोच लिया था कि इस मूवमेण्ट से वह आसानी के साथ सभी कार्यकर्ताओं और

विचारकों का सहयोग प्राप्त कर सकेगी। सो वही हुआ। भारत के हर भाग में इस मूवमेण्ट को प्रोत्साहन मिला। सन्तन पार्टी के सदस्य एक बार पुनः सक्रिय हो उठे। साम्राज्यवादियों की ओर से ऐसी चाल चली जा रही थी कि उस समय धार्मिक सहिष्णुता का प्रचार किया जा रहा था। लेनिन की जीवनी-लेखिका प्रसिद्ध जर्मन क्लेरा ज़ेटकिन ने लिखा है कि लेनिन का भी मत था कि पार्टी का काम विचारकों और लेखकों के बीच में छिपकर करना चाहिए। (जिसके अनुसार शान्ति-सम्मेलन का कार्यक्रम चल रहा है।) मीरा ने भी वही 'टैक्टिक्स' अख्तियार किया। इस मन्दिर-मूवमेण्ट के द्वारा मीरा ने सशस्त्र क्रान्ति करके प्रोलेटेरियट राज्य कायम करना चाहा। सन्तन पार्टी ने अण्डरग्राउण्ड काम करना शुरू कर दिया। इसके लिए सन्तन पार्टी ने बहुत ही आधुनिक टेकनीक इस्तेमाल की। पार्टी ने रणछोड़जी की उपासना शुरू की और विष्णु के अनेक आयुधों की अर्चना मन्दिर में एकत्र होकर करना प्रारम्भ कर दिया। घंटे ऐसे बनवाये गये जैसे स्कूलों में बजाने के लिए रखे जाते हैं और उन्हें पीटने के लिए लोहे की डेढ़ मन की गदाएँ बनवायी गयी थीं। (मेरा विश्वास है कि आगे के इतिहासकार इस तथ्य को प्रमाणित कर देंगे।) लम्बी-लम्बी पाँच फ़ीट की बाँसुरियाँ बनवायी गयीं, जो बाँसुरी का काम कम, लाठी का काम अधिक देती थीं। झाँझ और करताल भी लोहे और पीतल के बनवाये गये जो वज़न में इतने भारी थे कि अगर किसी के सिर पर पड़ जाते तो चकनाचूर कर देते। मीरा ने इस मूवमेण्ट का संगठन इतना अच्छा किया था कि लोग प्रायः सन्ध्या समय इकट्ठा हो जाया करते थे और मीरा आसानी से फ़ासिस्ट-विरोधी नीतियों का प्रतिपादन किया करती थी। यूँ ये लोग आधी रात को अपने पार्टी-लीडर से मिलकर सलाह-मशविरा भी किया करते थे —

'आधी रात प्रभु दर्शन दीन्हों प्रेम नदी के तीरा।'

इसके पहले कि इस आन्दोलन की एक विशाल प्रतिक्रिया हो सकती, राणा के फ़ासिस्ट गुर्गों ने इसका पता लगा लिया क्योंकि सन्तन पार्टी के कुछ लोग फूट गये थे और नतीजा यह हुआ कि सन्तन पार्टी के सभी आयुध जो पूजा के काम में रखे गये थे, ज़ब्त कर लिये गये। खुफ़िया पुलिस हाथ धोकर पीछे पड़ गयी। सन्तन पार्टी का यह आन्दोलन भी विफल हुआ।

मीरा : क्रान्ति की मूर्ति और जननायिका

मीरा के प्रयत्नों का आकलन करनेवालों ने यही समझा कि मीरा के आन्दोलन विफल रहे लेकिन बात ऐसी नहीं है। भले ही दुर्धर पाशविक फ़ासिस्ट शक्तियों ने

साम्राज्यवादियों से हाथ मिलाकर जनता की उठती हुई वाणी को उस समय दबा दिया हो लेकिन वह आवाज़ मर नहीं सकी। मीरा की वाणी जनवाणी बनी। मीरा क्रान्ति की देवी बनी। मीरा पर लाँछन लगाया जाता रहा है कि वह प्रतिक्रियावादी आध्यात्मिक शक्तियों को प्रोत्साहित करती रही लेकिन वह ठोस भौतिक उपादानों को लेकर जनता को आकर्षित करती रही। वह रूढ़िवादी चिन्तन को तोड़कर पदार्थवादी सर्वहारा वर्ग की भावनाओं को सामने लायी। मीरा ने बुर्जुआ मनोवृत्ति को नहीं पनपने दिया अपितु उसने नारी-विद्रोह, सामाजिक क्रान्ति और प्रजातान्त्रिक ढाँचे को खड़ा करने की पूरी कोशिश की। फ़ासिस्ट एवं सामन्तवादी शक्तियों को, जो अपने वैभव से जनता को खरीदना चाहते थे, मुँह की खानी पड़ी। उसने द्वन्द्वात्मक भौतिकवादी दर्शन का मूल रूप अपनी कार्यनीति के रूप में स्वीकार किया था। सामाजिक परिस्थितियों का जैसा डटकर मुकाबला मीरा ने किया था, वह इतिहास किसी भी प्रगतिशील लेखक के लिए लेनिन के भाषणों से बड़ी धरोहर बन सकता है।

श्रीलाल शुक्ल

एक मुकदमा

बअदालत जनाब तपेशरनाथ साहब बहादुर, ऑनरेरी मजिस्ट्रेट। सिकंड किलास, तज़वीज़ मुक़दमा

सरकार

बनाम

क़ातिल

(दफ़ा 456, ताजीरात हिंद)

कातिल, उम्र 26 साल, साकिन मौज़ा बेज़ारनगर, थाना मंसूबाबाद, दफ़ा 456, ताजीरात हिंद में मुल्ज़िम होकर इस इजलास में उपस्थित है। सबूत पक्ष की ओर से मुल्ज़िम के विरुद्ध निम्न आरोप हैं—

2. 27 और 28 मार्च, 1921 के बीच की रात को मौजा इल्तफ़ात-गंज में, जो बेजारनगर से मील-भर की दूरी पर है, राधाकिशुन (गवाह सबूत नं. 1) अपने घर पर अकेला सो रहा था। लगभग दो बजे उसकी आँख खुली और उसने मुल्ज़िम क़ातिल को अपने आँगन में चलता हुआ पाया। राधाकिशुन ने झपटकर मुल्ज़िम को पकड़ा और शोर मचाया। शोर सुनकर पड़ोस के मकानों से जैकिशुन और रामकिशुन (क्रमशः गवाह सबूत नं. 2 और 3) आ गए। तब तक राधाकिशुन से गुत्थमगुत्थे में मुल्ज़िम का कुरता सामने से फट गया था। उसे कोई अंदरूनी चोट भी आ गयी थी, जिससे वह कराहने लगा था। इन तीनों आदमियों ने बाद में आए हुए लोगों और

चौकीदार फुन्नर (गवाह सबूत नं. 4) की मदद से मुल्ज़िम को थाना मंसूबाबाद पहुँचाया और रिपोर्ट (ऐक्स. पी. 1) लिखा दी। बाद में थानेदार मंसूबाबाद (गवाह सबूत नं. 5) ने मुकदमे की तफ़्तीश की ओर मुल्जिम का चालान दफ़ा 456 ताजीरात हिंद में किया।

3. मुल्ज़िम ने जुर्म से इनकार किया है; पर उसने यह माना है कि वह रात को लगभग दो बजे राधाकिशुन के मकान में पकड़ा गया। उसने यह भी माना है कि उसका कुरता सामने से फट गया था। चोट खाने और कराहने की बात से भी उसे इनकार नहीं है।

4. मुल्ज़िम ने अपने बयान में बताया है कि वह शायर है, और हालाँकि उसका प्रारम्भिक नाम मेहरबान था, शायरी की वजह से अब उसका नाम 'क़ातिल' पड़ गया है। उसका कहना है कि 28 और 29 मार्च की दरम्यानी रात मौसमे-बहार की एक सुहावनी रात थी। उस रात आसमान में पूरा चांद अपने पूरे निखार पर था। हवा भी बह रही थी। मुल्ज़िम का कहना है कि हवा महज बह ही नहीं रही थी, बल्कि बाकायदे कलियों और लतरों से छेड़छाड़ भी कर रही थी। उस वक्त बकौल मुल्ज़िम—

"सारी दुनिया सो रही थी और मैं खामोश था।"

ऐसे आलम में मुल्ज़िम के दिमाग में एक मिसरा उठा। उसे वह बहुत देर तक गुनगुनाता रहा। पर दूसरा मिसरा नहीं उठा। अधूरे शेर की चोट से तिलमिलाता हुआ वह अपने दरवाज़े पर टहलता रहा। बाद में चाँदनी हवा, बहार वगैरह के इस असाधारण वातावरण ने उस पर ऐसा जादू किया, और दूसरे मिसरे की खोज में वह कुछ ऐसा खोया, कि उसके कदम उसे किसी ओर बेसाख्ता खींचने लगे। और बकौल मुल्ज़िम—

"मुझे क्या पता, मैं कहाँ जा रहा था।"

कुछ देर बाद जब मुल्ज़िम को किसी ने झकझोरा तो उसने अपने आपको राधाकिशुन के घर पर पाया। वह पकड़ा तो क्या गया था, बल्कि जैसा कि शायर के साथ प्रायः होता है, ज़माने ने उस पर लानत भेजी थी। उसका कुरता नहीं फटा था, यह शायर का गरेबां चाक हुआ था। राधाकिशुन की चोट खाकर वह कराहा नहीं था, गमे-इश्क़ में उसने आह भरी थी।

5. इसके पहले कि मुल्ज़िम की इस सफ़ाई पर कोई राय कायम की जाए, मैं वकील-सफ़ाई की बहस के एक प्वाईंट को भी निबटा देना चाहता हूँ।

6. अपनी बहस के दौरान वकील-सफ़ाई ने मुझे सूचना दी है कि इस इजलास की कुर्सी पर पहले भी बड़े-बड़े मजिस्ट्रेट शोभायमान हो चुके हैं—जनाब हार्डी

साहब, टामस साहब, डिकिंसन साहब आदि—सब यहीं से तरक्की पाकर ऊपर उठे थे। न्याय करने की यहाँ एक पुरानी परम्परा है, जिसे अब तक काबिल-से-काबिल वकील भी नहीं तुड़वा पाए हैं। वकील-सफ़ाई ने मुझे बताया कि वे मेरे इंसाफ़ पर ही वैसा ही ऐतबार करते हैं जैसा कि पहले वे कभी हार्डी साहब या डिकिंसन साहब जैसे मजिस्ट्रेट में करते थे। बहस में उन्होंने मेरी शायराना तबीयत का भी इज्जत के साथ जिक्र किया है।

7. वकील-सबूत ने इसके जवाब में यह कहा है कि यह बहस अनर्गल है और सिर्फ़ चापलूसी के खयाल से की गयी है।

8. पहले अनर्गल होने की बात पर विचार किया जाय। इसमें सन्देह नहीं कि वकील-सफ़ाई ने मेरी शायराना तबीयत का जिक्र अनर्गल और निरर्थक रूप से किया है। यह समझने के लिए किसी बड़ी अक्ल की जरूरत नहीं कि ऐसा कहकर वह मेरे मन में इस शायर मुल्जिम के लिए हमदर्दी उभारना चाहते हैं। हमें यह न भूलना चाहिए कि शायर के साथ हमदर्दी दिखाना किसी का पेशा नहीं है, बल्कि औरों से हमदर्दी दिखाना शायर ही का पेशा है। इसलिए इस बहस में मेरी शायराना तबीयत का जिक्र अनर्गल और अनावश्यक है। और इसीलिए मैं इस सवाल में भी नहीं पड़ना चाहता कि मैं खुद शायर या शायरे-तबीयत हूँ या नहीं, और हूँ भी, तो उसका इस मुकदमे पर क्या असर होगा।

9. पर बहस में वकील-सफ़ाई ने इस इजलास की न्याय-परम्परा का जिक्र करके कोई अनर्गल बात नहीं की है। अदालतों में न्याय की याद दिलाने के लिए तराजू की तसवीरें, गीता और कुरान से लेकर पुलिस और हथकड़ी तक सभी चीज़ें मौजूद रहती हैं। उन्हें कोई अनर्गल नहीं कह सकता। उसी तरह बहस में हमारी न्याय-परम्परा का जिक्र करना अनावश्यक भले ही हो, अनर्गल नहीं माना जा सकता।

10. दूसरी बात चापलूसी से सम्बन्ध रखती है। यह सच है कि पूरी बहस सुनकर ऐसा लगता है कि वकील-सफ़ाई ने मेरी चापलूसी करने की कोशिश की है। पर इसी वजह से बहस के इस टुकड़े को अनुचित नहीं बताया जा सकता। अभी तक इस देश के क़ानून में अदालत का अपमान करना ही जुर्म माना गया है, अदालत की चापलूसी करना नहीं। बल्कि जहाँ जुर्माना, जेल, मारपीट—इन पर ही घूम-फिरकर बात आती-जाती हो, वहाँ कुछ हद तक चापलूसी का प्रयोग भद्रता का वातावरण बनाए रखने में सहायक भी हो सकता है। खैर, यह तो इस समस्या का एक व्यावहारिक पक्ष है। इस समय हमें देखना यह है कि वकील-सफ़ाई ने मेरी चापलूसी करने की जो कोशिश की है उससे सचमुच में मेरी चापलूसी हुई भी है या नहीं। सभी जानते हैं कि

जनाब हार्डी और डिकिंसन साहब इस इलाके के बड़े ही बाइज़्ज़त मजिस्ट्रेट थे। इस बात को भी सभी जानते हैं कि मैं तपेशरनाथ भी मजिस्ट्रेट हूँ। साथ ही अभी तक ऐसा कुछ नहीं हुआ है जिससे मुझे बाइज़्ज़त न समझा जा सके। अतः जब वकील-सफ़ाई मेरी तुलना इन बाइज़्ज़त मजिस्ट्रेटों से करते हैं तो इस बात को तथ्य की दृष्टि से एकदम गलत नहीं कहा जा सकता, बल्कि अधिक सम्भव तो यही है कि मेरे बारे में उनकी राय बहुत हद तक सच है।

11. इससे सवाल उठता है कि क्या किसी के मुँह पर उसके बारे में सच बात कहना चापलूसी में शुमार किया जाएगा? इस सिलसिले में चापलूसी निकलती कहाँ है, इसे भी देखना होगा। चापलूसी की जड़ में मक्कारी होती है। सच बोलने को अभी तक हमारे समाज में मक्कारी नहीं माना जाता। अतः मक्कारी से पैदा होनेवाली चीज़ सच से पैदा होनेवाली नहीं हो सकती, अर्थात्, जब तक झूठ की तरह सच बोलना भी मक्कारी का एक अंग नहीं हो जाता, तब तक सच बात कहना चापलूसी की परिभाषा में नहीं आ सकता। इसलिए यह लगभग पूरे इत्मीनान से कहा जा सकता है कि उन्होंने मेरे बारे में चापलूसी नहीं की।

12. अब अगर बहस के लिए हम मान लें कि मेरी चापलूसी हुई है तो उसका मुकदमे पर क्या असर पड़ेगा? इस सम्बन्ध में मैं पहले ही कह चुका हूँ कि कानून की निगाह में चापलूसी नाजायज़ चीज़ नहीं है, इसलिए उसका असर मुकदमे पर उलटा नहीं पड़ सकता। नतीजा यह है कि अगर आज वकील-सफ़ाई ने इस इजलास की चापलूसी की भी हो तो इसका उस पर कोई असर नहीं पड़ेगा और मैं मुल्ज़िम के मामले में उसी तरह फ़ैसला करूँगा, और उसे उसी तरह बरी करूँगा जिस तरह मैं उसे चापलूसी न होने की हालत में बरी करता।

13. ऊपर मैंने अपने फ़ैसले का इशारा कर दिया है और उसके समर्थन में अब कुछ कारण भी दे देना आवश्यक समझता हूँ।

14. पहला कारण तो यही है कि मुल्ज़िम शायर है और किसी शायर के बारे में, जिसकी चोरी पुराने शायरों के शेर सफ़ाई से चुराने तक ही सीमित होती है, कोई यह नहीं कह सकता कि वह रात को एक किसान के घर में घुसकर फूहड़ ढंग से चोरी करना चाहेगा।

15. दूसरा मुख्य कारण शायरों के परम्परागत स्वभाव से सम्बन्ध रखता है। मुल्ज़िम ने कहा है कि घटना चाँदनी रात की है और यह बात दोनों पक्षों को स्वीकार है। सबूत को यह भी अस्वीकार नहीं है कि चाँदनी में शायराना जज़्बात हमेशा से भड़कते आए हैं और यह असम्भव नहीं कि मुल्ज़िम के भी जज़्बात भड़क उठे हों। यह

भी लगभग सर्वमान्य है कि ज़ज्बात भड़कने पर शायर दीवानगी पर उतर सकता है और मारा-मारा फिर सकता है। इससे भी इनकार करना मुश्किल है कि भटकने में शायर के कदम कूच-ए-यार पर चल पड़ते हैं और आखिरी हालत में उसका गरेबां चाक होता है। ये सब स्थितियाँ पूरी तरह यथाक्रम तर्कसंगत हैं और सबूत इसे ग़लत नहीं साबित कर पाया है कि शायरों के साथ ऐसा ही हुआ करता है।

16. मैंने ऊपर एक ऐसी बात का जिक्र किया है जो दोनों पक्षों में से किसी ने भी नहीं कही है। मेरा मतलब 'कूच-ए-यार' से है। दोनों पक्षों ने सिर्फ़ मार खाने, आह भरने और कपड़ों के फटने-जैसी बातों का जिक्र किया है। इस इजलास का ऐसा अनुभव है कि उपर्युक्त बातों का जहाँ जिक्र होता है वहाँ 'कूच-ए-यार' का ज़िक्र अपने-आप पैदा हो जाता है। 'कूच-ए-यार' 'चाक गरेबां' वगैरह के पहले की एक अनिवार्य स्थिति है। इसलिए मैंने यह निष्कर्ष निकाला है कि कोई कहे या न कहे, पर सच बात तो यह है कि मुल्ज़िम के क़दम कूच-ए-यार पर थे, जिसके लिए हमारे दण्ड-विधान में, ख़ुदा का शुक्र है कि, अभी तक किसी भी सज़ा की व्यवस्था नहीं है।

17. परिणाम यह है कि मुल्ज़िम क़ातिल को धारा 456 ताजीरात हिंद के आरोप से बरी किया जाता है।

हरिशंकर परसाई

हम बिहार में चुनाव लड़ रहे हैं

पाठको, मैं वह हरिशंकर परसाई नहीं हूँ, जो व्यंग्य वगैरह लिखा करता था। मेरे नाम, काम, धाम, सब बदल गए हैं, मैं राजनीति में 'शिफ्ट' हो गया हूँ। बिहार में घूम रहा हूँ और मध्यावधि चुनाव लड़ने की तैयारी कर रहा हूँ।

अब मेरा नाम है—बाबू हरिशंकर नारायण प्रसाद सिंह।

याद रखियेगा न? नहिं न भूलिएगा?

हँसिएगा नहीं। हम नया आदमी है न। अभी सुद्ध भासा सीख रहे हैं। जैसा बनता है न, वैसा कोहते हैं।

मैं बिहार की जनता की पुकार पर ही बिहार आया हूँ। जनता की पुकार राजनीतिज्ञों को कैसे सुनायी पड़ जाती है, यह एक रहस्य है धंधे का, नहीं बताऊँगा।

जनता की पुकार कभी-कभी मेमने की पुकार जैसी होती है। वह पुकारता है माँ को और आ जाता है भेड़िया। मेमना चुप रहे तो भी कभी भेड़िया पहुँचकर कहता है—तूने मुझे पुकारा था? मेमना कहता है—मैंने तो मुँह ही नहीं खोला। भेड़िया कहता है—तो मैंने तेरे हृदय की पुकार सुनी होगी।

बिहार की जनता कह सकती है—हमने तुम्हें नहीं पुकारा। हमें तुम्हारे द्वारा अपना उद्धार नहीं करवाना। तुम क्यों हमारा भला करने पर उतारू हो?

मैं कहूँगा—मैंने दूर मध्य प्रदेश में तुम्हारे हृदय की पुकार सुन ली थी। वहाँ मध्यावधि चुनाव नहीं हो रहे हैं, इसलिए वहाँ की जनता की सेवा मैं कर नहीं सकता।

और बिना सेवा किए जीवित रह नहीं सकता। तुम राजी नहीं होओगे, तो बलात् सेवा कर लूँगा। सेवा का बलात्कार ! समझे ?

अकेला मैं ही नहीं, भगवान् श्रीकृष्ण भी बिहार की जनता का उद्धार करने आ पहुँचे हैं। बिहार की बाढ़, सूखा और महामारी से पीड़ित जनता ! अकाल से पीड़ित जनता !

एक दिन मेरी कृष्ण भगवान् से भेंट हो गयी। मैंने पहचान लिया—वही मोर-मुकुट, पीताम्बर और मुरली !

मैंने कहा, 'भगवान् कृष्ण हैं न !'

वे बोले, 'हाँ, वही हूँ, पर मेरा नाम अब भगवान् बाबू कृष्णनारायण प्रसाद सिंह हो गया है। कृष्ण बाबू भी कह सकते हैं।'

मैंने कहा, 'भगवान्, क्या गोरक्षा-आंदोलन का नेतृत्व करने पधारे हैं ? चुनाव आ रहा है, तो गोरक्षा होगी ही। आप तो गोरक्षा-आंदोलन के जरिए पालिटिक्स में घुस ही जाएँगे।'

कृष्ण ने कहा, 'नहीं, उस हेतु नहीं आया। गोरक्षा-आंदोलन आम चुनाव के काम का है। मध्यावधि, छोटे चुनाव में तो 'मूषक-रक्षा आंदोलन' से भी काम चल जाएगा। मूषक-रक्षा में गणेशजी की रुचि हो सकती है, अपनी नहीं।'

मैंने कहा, 'तो फिर आपको रामसेवक यादव ने बुलाया होगा—यादवों के वोट संसोपा को दिलवाने के लिए।'

कृष्ण खीझ पड़े। बोले, 'मुझे भी तो बताने दो। मैं बिहार की जनता की पुकार पर आया हूँ।'

मैंने कहा, "आपको भ्रम हो गया, भगवान् ! वे तो कृष्णवल्लभ सहाय के समर्थक थे, जो उन्हें टिकट देने के लिए ऐसी जोर की आवाज़ लगा रहे थे कि दिल्ली में कांग्रेस हाईकमान को सुनाई पड़ जाय। वे कृष्णबल्लभ बाबू का नाम ले रहे थे, आप समझे जनता आपको पुकार रही है।'

कृष्ण ने कहा, 'नहीं, मैंने खुद सुना, जनता कह रही थी—हे भगवान्, अब तो तेरा ही सहारा है ! तू ही उद्धार कर सकता है ! इसी आर्त्तपुकार को सुनकर मैं आ गया।'

'ऐसा हो सकता है। बात यह है कि चौथे चुनाव के बाद सिर्फ़ भगवान् की सत्ता ही स्थिर है। बिहार के मुसीबतजदा लोग पटना में एक सरकार से अपील करते, तब तक दूसरी सरकार आ जाती। हो सकता है, उन्होंने ईश्वर की एकमात्र स्थिर सरकार से गुहार की हो।'

मैंने कहा, 'ठीक किया, जो आप आ गए। अब इरादा क्या करने का है ?'

उन्होंने कहा, 'मेरा तो घोषित कार्यक्रम है, त्रिसूत्री—साधुओं का परित्राण, दुष्कर्मियों का नाश और धर्म की संस्थापना।'

मैंने पूछा, 'कोई आर्थिक कार्यक्रम वगैरह ?'

वह बोले, 'नहीं, बस वही त्रिसूत्री कार्यक्रम है।'

मैंने पूछा, 'यहाँ के राजनीतिज्ञों में कोई साधु मिले ?'

'एक भी नहीं।'

'और असाधु ?'

'एक भी नहीं। हर एक अपने को साधु और दूसरों को असाधु कहता है। किसका नाश कर दूँ, समझ में नहीं आता ?'

इसी वक्त मुझे खयाल आया कि इनके हाथ में सुदर्शन चक्र तो है नहीं, नाश कैसे करेंगे ? मैंने पूछा, तो कृष्ण ने बताया, 'चक्र घर में रखा है, क्योंकि उसका लाइसेंस नहीं है। फिर इधर अभी धारा 144 लगी हुई है।'

मैंने उन्हें समझाया, 'भगवान्, अगर सुदर्शन चक्र का लाइसेंस मिल जाए, तो भी किसी को मारने पर दफा 302 में फँस जाएँगे।'

कृष्ण पशोपेश में थे। कहने लगे, 'फिर धर्म की संस्थापना कैसे होगी ?'

मैंने कहा, 'धर्म की संस्थापना तो साम्प्रदायिक दंगों से हो रही है। आप एक हड्डी का टुकड़ा उठाकर मंदिर में डाल दीजिए और हिन्दू धर्म के नाम पर दंगा करवा लीजिए। धर्म का उपयोग तो अब दंगा करने के लिए ही रह गया है। आपके विचार काफी पुराने पड़ गए हैं। हम लोग तो दुष्कर्मियों का परित्राण करने के लिए ही यह व्यवस्था चला रहे हैं। सबसे असुरक्षित तो साधु ही हैं।'

भगवान् कृष्ण को मैंने समझाया, 'आप संसदीय लोकतन्त्र में घुसे बिना जन-उद्धार नहीं कर सकते। आप चुनाव लड़िए और इस राज्य के मुख्यमंत्री बन जाइए। रुक्मिणीजी को बुला लीजिए। जिस टूर्नामेंट का आप उद्घाटन करेंगे, उसमें वे पुरस्कार-वितरण करेंगी। घर के ही एक जोड़ी 'कर कमलों' से दोनों काम हो जाएँगे।'

बड़ी मुश्किल से उनके सामंती संस्कारों के गले में लोकतन्त्र उतरा। इससे ज्यादा आसानी से तो दरभंगा-नरेश बाबू कामाख्यानारायण सिंह लोकतन्त्री हो गए थे।

कृष्ण को चुनाव के मैदान में उतारने में मेरा स्वार्थ था। राजनीति में नया-नया आया हूँ। पहले किसी बड़ी हस्ती का 'चमचा' बनना ज़रूरी है। 'दादा' को 'चमचा' चाहिए और चमचे को दादा। दादा मुख्यमंत्री, तो चमचा गृहमंत्री। मैंने सोचा, लोग शंकराचार्य को अपनी तरफ ले रहे हैं, मैं साक्षात् भगवान् कृष्ण के साथ हो जाऊँ।

हम लोगों ने तय किया कि पहले अपने पक्ष में जनमत बनाएँ और फिर राजनीतिक पार्टियों से तालमेल बिठाएँ। हम लोगों से मिलने निकल पड़े। मैं तो चमचा था। भगवान् का परिचय देकर चुप हो जाता। जिन्होंने बहस कर-करके अर्जुन को अनचाहे लड़वा दिया था, वे तर्क से लोगों को ठीक कर देंगे—ऐसा मुझे विश्वास था। पर धीरे-धीरे मेरी चिन्ता बढ़ने लगी। कृष्ण की बात जम नहीं रही थी।

कुछ राजनीतिवालों से बातें हुईं। कृष्ण ने बताया कि चुनाव लड़ रहा हूँ।

वे बोले, 'हाँ-हाँ, आप काहे न लड़िएगा। आप भगवान् हैं। आपका नाम है। आपका भजन होता है। आपका आरती होता है। आपका कथा होता है। आपका फोटू बिकता है। आप नहीं न लड़िएगा। तो कौन लड़ेगा? आप तो यादव हैं न?'

कृष्ण ने कहा, 'मैं ईश्वर हूँ। मेरी कोई जाति नहीं है।'

उन्होंने कहा, 'देखिए न, इधर भगवान होने से तो काम नहीं न चलेगा। आपको कोई वोट नहीं देगा। जात नहीं रखिएगा, तो कैसे जीतिएगा?'

जाति के इस चक्कर से हम परेशान हो उठे। भूमिहार, कायस्थ, क्षत्रिय, यादव होने के बाद ही कोई कांग्रेसी, समाजवादी या साम्यवादी हो सकता है। कृष्ण को पहले यादव होना पड़ेगा, फिर चाहे वे मार्क्सवादी हो जाएँ।

कृष्ण इस जातिवाद से तंग आ गए। कहने लगे, 'ये सब पिछड़े लोग हैं। चलो, विश्वविद्यालय चलें। हमें प्रबुद्ध लोगों का समर्थन लेकर इस जातिवाद की जड़ें काट देनी चाहिए।'

विश्वविद्यालय में राजनीति के प्रोफेसर से हम लोग बातें कर रहे थे। उन्होंने साफ़ कह दिया, 'मैं कायस्थ होने के नाते, कायस्थों का ही समर्थन करूँगा।'

कृष्ण ने कहा, 'आप विद्वान् होकर भी इतने संकीर्ण हैं?'

प्रोफेसर ने रामझाया, 'देखिए न, विद्या से मनुष्य अपने सच्चे रूप को पहचानता है। हमने विद्या प्राप्त की, तो हम पहचान गए कि हम कायस्थ हैं।'

कृष्ण घबराकर एक पेड़ की छाँह में लेट गए। कहने लगे, 'सोचते हैं लौट जाएँ। जहाँ भगवान् को भगवान् होने के कारण एक भी वोट न मिले, वहाँ अपने से राजनीति नहीं बनेगी।'

उधर कृष्ण के राजनीति में उतरने की बात खूब फैल गयी थी और राजनीतिक दल सतर्क हो गये थे। जनसंघ का खयाल था कि गोपाल होने के कारण बहुत करके कृष्ण अपना साथ देंगे, पर अगर विरोध हुआ, तो उसकी तैयारी कर लेनी चाहिए। उन्होंने कथावाचकों को बिठा दिया था कि पोथियाँ देखकर कृष्ण की पोलें खोजो। गड़बड़ क़रेंगे, तो चरित्र-हनन कर देंगे।

चरित्र-हनन शुरू भी हो गया था। कानाफूसी चलने लगी थी। कृष्ण शीतल छाँह में सो गए थे। मैं बैठा था। तभी एक आदमी आया मेरे कान में बोला—

'यह भगवान् श्रीकृष्णन् हैं न ?'

मैंने कहा, 'हाँ। देखो, क्या रूप है !'

उसने कहा, 'एक बात बताऊँ, किसी से कहिएगा नहीं। इनकी 'डब्ल्यु' का मामला बड़ा गड़बड़ है। भगाई हुई है। रुक्मिणी नाम है। बड़ा दंगा हुआ था, जब इन्होंने रुक्मिणी को भगाया था। सबूत मिल गए हैं। पोथी में सब लिखा हुआ है। जो किसी की लड़की को भगा लाया, वह अगर शासन में आ गया, तो हमारी बहू-बेटियों की इज्ज़त का क्या होगा ?'

कृष्ण उठे, तो मैंने कहा, 'प्रभू, आपका 'करेक्टर एसेसिनेशन' शुरू हो गया। अब या तो आप चुनाव में हिम्मत से कूदिये, या मुझे छोड़िए। मैं कहीं अपना तालमेल बिठा लूँगा। आप के साथ रहने से मेरा भी राजनीतिक भविष्य खतरे में पड़ जाएगा।'

कृष्ण का दिमाग सो लेने से खुल गया था। वे बड़े विश्वास से बोले, 'एक बात अभी सूझी है। यहाँ मेरे कई हज़ार पक्के समर्थक हैं, जिन्हें मैं भूल ही गया था। मेरे हज़ारों मन्दिर हैं। उनके पुजारी तो मेरे पक्के समर्थक हैं ही। मैं उन हज़ारों पुजारियों के दम पर सारी सीटें जीत सकता हूँ। चलो, पुजारियों से बात कर लें।'

हम एक मन्दिर में पहुँचे। पुजारी ने कृष्ण को देखा, तो खुशी से पागल हो गया। नाचने लगा, बोला, 'धन्यभाग ! जीवन भर की पूजा सफल हो गयी। भगवान् को साक्षात् देख रहा हूँ !'

कृष्ण ने पुजारी को बताया कि वे चुनाव लड़नेवाले हैं। वोट दिलाने की जिम्मेदारी पुजारी की होगी।

पुजारी ने कहा, 'आप प्रभु हैं, वोट की आपको कौनो कमी है !'

कृष्ण ने कहा, 'फिर भी पक्की तो करनी पड़ेगी, तुम तो वोट मुझे ही दोगे न ?'

पुजारी ने हाथ मलते हुए कहा, 'आप मेरे आराध्य हैं, प्रभु ! वोट का ऐसा है कि वह तो जातवाले को ही जाएगा। जात से कोई खड़ा न होता, तो हम ज़रूर आपको ही वोट देते।'

कृष्ण की इतनी दीन हालत तब भी नहीं हुई होगी, जब शिकारी का तीर उन्हें लगा था। कहने लगे, 'अब सिवा भूदान-आन्दोलन में शामिल होने के कोई रास्ता नहीं है। जिसका अपना पुजारी धोखा दे जाए, ऐसे पिटे हुए राजनीतिज्ञ के लिए या तो भारत सेवक समाज है, या सर्वोदय। चलो बाबा के पास।'

मैंने कहा, 'अभी वह स्टेज नहीं आयी। अभी तो हम एक भी चुनाव नहीं हारे। पाँच-पाँच बार चुनाव हारकर भी लोग सर्वोदय में नहीं गए। चलिए, राजनीतिक दलों से बातचीत करें।'

पहले हम कांग्रेस दफ्तर गए। वहाँ बताया गया कि यहाँ कांग्रेस है ही नहीं। मंत्री ने कहा, 'इधर तो कृष्णवल्लभ बाबू हैं, महेश बाबू हैं, राम-खिलावन बाबू हैं, मिसरा बाबू हैं, कांग्रेस तो कोई नहीं है। और फिर कांग्रेस से मिलकर क्या करिएगा। जो गुट सरकार में चला जाता है, वह कांग्रेस रह जाता है। जो सत्ता में नहीं रहता, वह कांग्रेस भी नहीं रहता। कांग्रेस कौन है, यह तो चुनाव के बाद ही मालूम होगा। कांग्रेस अब सरकार नहीं बनाती, सरकार गिराती है। आप चुनाव लड़िए। अगर आपके साथ चार-पाँच विधायक भी हों, तो हमारे पास आइए। आपको ही 'मेजॉरिटी' बनाकर आपकी सरकार बनवा देंगे। हमने मंडल की सरकार बनवाई थी न।'

हम संसोपा के पास गए। उन लोगों ने पहले परीक्षा ली। जब हमने कहा कि जवाहरलाल जो गुलाब का फूल शेरवानी में लगाते थे, वह कागज़ का होता था, तो वे लोग बहुत खुश हुए। कहने लगे, 'बड़े क्रांतिकारी विचार हैं आपके। देखो, यह नेहरू देश को कितना बड़ा धोखा देता रहा।'

मैंने कहा, 'हम लोग समाजवादी होना चाहते हैं।'

वे बोले, 'समाजवादी होना उतना ज़रूरी नहीं है, जितना गैर-कांग्रेसी होना। डाकू भी कांग्रेस-विरोधी है, तो बड़े-से-बड़े समाजवादी से श्रेष्ठ है।'

कृष्ण ने कहा, 'लेकिन कोई आइडियालॉजी तो होगी ही?'

संसोपाई बोले, 'गैर-कांग्रेसी वाद एक आइडियालॉजी तो है ही। इस आइडियालॉजी के कारण सबसे तालमेल बैठ जाता है, गोरक्षा में जनसंघ के साथ, पूँजी की रक्षा में स्वतन्त्र पार्टी के साथ, जनतांत्रिक समाजवाद में प्रसोपा के साथ, जनक्रान्ति में कम्युनिस्टों के साथ।'

मैंने पूछा, 'डॉक्टर लोहिया ने कहा था कि जनता का विश्वास प्राप्त करने के लिए गैर-कांग्रेसी सरकारें छह महीने के भीतर कोई एक चमत्कारी काम करके बताएँ। ऐसा हुआ था क्या?'

उन्होंने कहा, 'हाँ, एक नहीं, कितने ही चमत्कारी काम हो गए। हमारे मंडल बाबू ने ही कितना बड़ा चमत्कारी काम किया।'

हम दोनों साम्यवादी दलों के पास भी गए। दक्षिणपंथी साम्यवादी दल ने कहा, 'तो कॉमरेड कृष्ण, आपकी हिस्ट्री हमने पढ़ा है। आपमें वामपंथी दुस्साहसिकता और

वामपंथी भटकाव दोनों हैं। आपने इस तरह के काम किए थे। आप मार्क्सवादियों के पास जाइए।'

मार्क्सवादियों ने कह दिया, 'तुम तो संशोधनवादी हो। तुम्हारा सारा वर्गचरित्र प्रतिक्रियावादी है।'

जनसंघ ने खुले दिल से स्वागत किया। कहा, 'आप तो द्वापर से हमारी पार्टी के सदस्य हैं। सुभाष बाबू और स्वामी विवेकानन्द भी हमारी पार्टी के सदस्य थे। आइए, आपका 'बौद्धिक' हो जाय।'

उन्होंने एक कागज़ की पर्ची पर लिखा—हिन्दू राष्ट्र, गोरक्षा, भारतीय संस्कृति। पर्ची को एक छपे हुए कागज़ में रखा। फिर अलमारी से ताला-चाबी निकाले।

वे एक औजार से कृष्ण का सिर खोलने लगे। कृष्ण चौंककर हट गए। बोले, 'यह क्या कर रहे हो ?'

उन्होंने समझाया, 'आपका बौद्धिक संस्कार कर रहे हैं। सिर खोलकर ये विचार आपके दिमाग में रखकर ताला लगा देंगे और चाबी नागपुर गुरुजी के पास भेज देंगे। न वहाँ से चाबी आएगी, न आपका दिमाग खुलेगा, न परकीय और अराष्ट्रीय विचार आपके दिमाग में घुसेंगे।'

कृष्ण आतंकित हो गए। वे एक झटके से उठे और बाहर भागे। पीछे से वह आदमी चिल्लाया, 'रुकिए, हमारे स्वयंसेवकों को एक-एक सुदर्शन चक्र तो देते जाइए।'

हम भागे, तो सीधे शोषित दलवालों के पास पहुँचे। उन्होंने कहा, 'अभी से आप शोषित कैसे हो सकते हैं ? शोषित तो तब होता है, जब विधायक तो हो जाय, पर मंत्री न हो। आप मंत्री नहीं बन सके, तभी तो शोषित होंगे। तब हमारे साथ हो जाइए।'

क्रांति दल के महामाया बाबू से मिलने का भी इरादा था, पर सुना कि जब से उन्होंने कामाख्या बाबू के खिलाफ़ दायर 218 मुकदमे उठाए, तब से उनकी खदान में ही गुप्त-वास कर रहे हैं।

खदान के बाहर ही राजा कामाख्यानारायण सिंह मिल गए। उन्होंने कहा, 'मेरे साथ होने से आप लोगों को राजनीति की दुनिया की पूरी सैर करनी पड़ेगी। आप थक जाएँगे। हर आदमी में मेरे जैसी फुरती नहीं है। देखिए न, मैंने जनता पार्टी बनायी। फिर मैं स्वतन्त्र पार्टी में चला गया। फिर कांग्रेस में लौट आया। फिर मैं भारतीय क्रांति दल में चला गया। फिर भारतीय क्रांति दल से निकलकर जनता पार्टी बना ली। मेरे लिए राजनीतिक दल अंडरवीयर है; ज्यादा दिन एक ही को नहीं पहनता, क्योंकि बदबू

आने लगती है। अपने पास कुल सत्रह विधायक होते हैं, पर कोई भी सरकार मेरे बिना चल नहीं सकती। आप लोग तो अपनी अलग पार्टी बनाइये, अपने कुछ लोगों को विधान सभा में ले आइये और फिर सिंहासन पर बैठकर कांग्रेसवाद, संघवाद, क्रांतिवाद, समाजवाद, साम्यवाद सबसे चरण दबवाइए। सिद्धांत पर अड़ेंगे, तो मिटेंगे। सबसे बड़ा सिद्धांत सौदा है।'

हमें भी बोध हुआ कि किसी दल से अपनी पटरी पूरी तरह बैठेगी नहीं। अपना अलग दल होना चाहिए। अगर अपने चार-पाँच विधायक भी रहे, तो जोड़-तोड़, उठा-पटक और उखाड़-पछाड़ के द्वारा प्रदेश की सरकार हमेशा अपने कब्जे में रहेगी।

हमने एक नयी पार्टी बना ली है। अभी यह पार्टी सिर्फ़ बिहार में कार्य करेगी। यदि मध्यावधि चुनाव में इसे जनता का समर्थन अच्छा मिला, तो अखिल भारतीय पार्टी बना देंगे।

इस पार्टी का संक्षिप्त मेनिफेस्टो यहाँ दे रहे हैं—

भारतीय राजनीति में व्याप्त अवसरवाद, मूल्यहीनता और अस्थिरता को देखकर हर सच्चे जनसेवक का हृदय फटने लगता है। राजनीतिक भ्रष्टाचार के कारण आज देश के करोड़ों मानव भूखे हैं, नंगे हैं, बेकार हैं। वे अकाल, बाढ़, सूखा और महामारी के शिकार हो रहे हैं। असंख्य कंठों से पुकार उठ रही है—हे भगवान्, आओ और नयी राजनीतिक पार्टी बनाकर सत्ता पर कब्जा करो और हमारी रक्षा करो। जनता के आर्त्तनाद को सुनकर भगवान् कृष्ण बिहार में अवतरित हो गए हैं और उन्होंने हरिशंकर नारायण प्रसाद सिंह नाम के विश्वविख्यात जनसेवक के साथ मिलकर एक पार्टी की स्थापना कर ली है।

पार्टी का नाम—'भारतीय जन मंगल कांग्रेस' होगा।

नाम में 'जन' या 'जनता' या 'लोक' रखने का आधुनिक राजनीति में फैशन पड़ गया है। इसीलिए हमने भी 'जन' शब्द रख लिया है। जनता से प्रार्थना है कि 'जन' को गम्भीरता से न ले, इसे वर्तमान राजनीति का एक मज़ाक समझे।

पार्टी के नाम में 'भारतीय' इसलिए रखा है कि आगे ज़रूरत हो, तो भारतीय जनसंघ के साथ मिलकर सत्ता में हिस्सा बँटा सकें।

'कांग्रेस' हमने इसलिए रखा है कि अगर इंदिराजी वाली कांग्रेस को अल्पमत सरकार बनाने की ज़रूरत पड़े, तो पहले हमें मौका दें।

'जनता' शब्द की व्याख्या किसी दल ने नहीं की है। हम पहली बार ऐसा कर रहे हैं। जनता उन मनुष्यों को कहते हैं, जो वोटर हैं और जिनके वोट से विधायक तथा मन्त्री बनते हैं। इस पृथ्वी पर जनता की उपयोगिता कुल इतनी है कि उसके वोट से मंत्रिमंडल बनते हैं। अगर जनता के बिना सरकार बन सकती है, तो जनता की कोई जरूरत नहीं है।

जनता कच्चा माल है। इससे पक्का माल विधायक, मन्त्री आदि बनते हैं। पक्का माल बनने के लिए कच्चे माल को मिटना ही पड़ता है।

हम जनता को विश्वास दिलाते हैं कि उसे मिटाकर हम ऊँची क्वालिटी की सरकार बनाएँगे। हमारा न्यूनतम कार्यक्रम सरकार में रहना है।

हम इस नीति को मानते हैं—यथा राजा तथा प्रजा। राजा अगर ठांठ से ऐशो-आराम में रहेगा, तो प्रजा भी वैसी ही रहेगी। राजा अगर सुखी होगा, तो प्रजा भी सुखी होगी। इसलिए हमारी पार्टी के मन्त्री ऐशो-आराम से रहेंगे। जनता को समझना चाहिए कि हमें मजबूर होकर सुखी जीवन बिताना होगा, जिससे जनता भी सुखी हो सके। यथा राजा तथा प्रजा।

हमारे उम्मीदवार विधायक होने के लिए चुनाव नहीं लड़ेंगे। वे मन्त्री बनने के लिए वोट माँगेंगे। हमारी पार्टी के उम्मीदवार को जब जनता वोट देगी, तो मन्त्री को वोट देगी। हम अपनी पार्टी के हर विधायक को मन्त्रिमण्डल में लेंगे, जिससे कोई दल न छोड़े।

यदि हमारे किसी मन्त्री को दल छोड़ना है, तो उसे पहले हमसे पूछना होगा। वह तभी दल छोड़ सकेगा, जब हम उसकी माँग पूरी न कर सकेंगे।

सरकार का काम राज करना है, रोज़ी-रोटी की समस्या हल करना नहीं है।

सरकार किसान नहीं है, इसलिए वह अन्न उत्पादन नहीं करेगी। जिस कम्पनी को अन्न उत्पादन करना हो, उसे बिहार की ज़मीन दे दी जायेगी।

हम जाति के हिसाब से अलग-अलग जिले बना देंगे ब्राह्मणों के जिले में क्षत्रिय नहीं रहेगा। जिलाधीश की नियुक्ति जाति-पंचायत करेगी।

बिहार में भूख और महामारी से बहुत से लोग मरते हैं। पर काशी बिहार में नहीं है। गया यहाँ श्राद्ध के लिए है। हम आंदोलन करके काशी को बिहार में शामिल करेंगे, जिससे बिहार का आदमी यहीं काशी में मर कर गया में पिंडदान करवा ले।

हम जनता को वचन देते हैं कि जिस सरकार में हम नहीं होंगे, उस सरकार को गिरा देंगे। अगर हमारा बहुमत नहीं हुआ, तो हम हर महीने जनता को नयी सरकार का मजा देंगे।

घोषणा-पत्र की यह रूपरेखा ही है। विस्तार से आगे बताएँगे।

जनता हमारी पार्टी की विजय के लिए प्रार्थना करे।

ठेकेदार, उद्योगपति, दंगा करनेवाले शर्तें तय करने के लिए अभी सम्पर्क करें।

हमारे भाई, भतीजे, मामा, भौसा, फूफा, साले, बहनोई, जो जहाँ भी हों, बिहार में आकर बस जाएँ और रिश्तेदारी के सबूत समेत जीवन सुधारने की दरख्वास्त अभी से दे दें। देर करने से नक्सल फायदा उठा लेंगे।

शरद जोशी

वर्जीनिया वुल्फ से सब डरते हैं

कुछ दिन हुए हमारे शहर में वह मशहूर पिक्चर लगी, जिसका नाम है हू इज़ अफ्रेड ऑफ़ वर्जीनिया वुल्फ'। सभी शहरों में पिछले बरसों में चल चुकने के बाद यह हमारे शहर में आयी थी और उसका सिर्फ़ एक शो हुआ था। काफी था। अच्छे चित्र जिस प्रकार बेआबरू होकर यहाँ से निकलते हैं उसे देखते हुए इस फ़िल्म का सिर्फ़ एक शो लगाना ही उचित था। भीड़ थी। मैनेजर को भीड़ देख शायद लगा हो कि दो शो भी चल जाते पर दूसरा शो खाली रहता। हमारे शहर के सारे स्नॉब्स्, बुद्धिवादी और एलिज़ाबेथ टेलर के प्रेमी यदि एकत्र किए जाएँ तो एक हॉल से अधिक नहीं होते।

हुआ यों कि एक पहले दोपहर एकाएक सचिवालय में यह अफवाह फैल गयी कि कतिपय सचिवों के परिवार 'वर्जीनिया वुल्फ' देखने जा रहे हैं। किस्सा यों शुरू हुआ कि एक छोटा अधिकारी जब सचिव के कमरे में गया और बोला, "सर, अगर आपको टाइम हो तो कल बँगले पर आ जाऊँ, सारी फाइलें लेकर, हालाँकि संडे है, फिर आप जैसा मुनासिब समझें।" पर बड़ा अफसर कमर पर हाथ रखे कुछ देर सोचता रहा। फिर बोला, "कल तो, भई हम पिक्चर देखने जा रहे हैं। वह कौन-सी लगी है, 'हू इज़ अफ्रेड आफ वर्जीनिया वुल्फ'।"

यह एक ऐसा क्षण था जब मुसकराया जा सकता था। छोटा अफसर हल्के से मुसकराया। पर ठीक उसी क्षण बड़े अफसर के चेहरे पर गंभीरता आ गयी। वह सोचने लगा कि उसे क्या पोज़ लेना चाहिए। प्रशासन के जिस ऊँचे दायित्व को वह कंधे पर रखे था उसे ध्यान में रख दो रास्ते अपनाए जा सकते हैं। बताए कि आखिर

वह भी सामान्य मनुष्य है, उसे भी यदा-कदा मनोरंजन अच्छा लगता है। दूसरा यह कि वह तो इस सिनेमा वगैरह देखने के छुकरपन से ऊपर उठ चुका है पर क्या करे, मजबूरी है, जाना पड़ रहा है। वह बोला, "बेबी बहुत पीछे पड़ रही है, डैडी चलो, अच्छी पिक्चर है।" फिर उसने कंधे उचकाए, "ठीक है भाई, चलेंगे।" कुछ रुककर उसने छोटे अफसर से आँख मिलाकर कहा, "वाकई अच्छी पिक्चर है !"

छोटा अफसर, जिसके चेहरे पर वह मुसकराहट अभी भी अटकी हुई थी, एकाएक घबरा गया। फिर सिर झुकाकर बोला, "सुना तो मैंने भी है, सर ! कोई बता रहा था कि अच्छी पिक्चर है !"

"हूँ, देअर इज़ दैट फेमस, क्या नाम है उसका, एलिज़ाबेथ टेलर और दूसरा एक्टर भी मशहूर है। आह . . . क्या . . . मैं नाम भूल रहा हूँ? बड़े अफसर ने प्रश्नवाचक आँखों से छोटे अफसर को देखा।

छोटे अफसर ने सिर झुकाकर बालों पर हाथ फेरा जैसे वह याद कर रहा हो। फिर कुछ शर्मिन्दा होकर बोला, "मैं मालूम करके बताऊँगा, सर !"

बड़े अफसर ने बिना कुछ कहे पास की रेक से एक स्थानीय अंग्रेज़ी अखबार उठाया और उसके आखिरी पृष्ठ पर नज़र डाल विज्ञापन खोज लिया और बोला, "रिचर्ड बरटन, रिचर्ड बरटन, यस !"

"यस सर, रिचर्ड बरटन !" छोटे अफसर ने उसी शर्मिन्दगी से कहा, जैसे एक्टर का नाम न जानना मूलतः उसका कसूर हो।

बड़े अफसर के कमरे से आकर छोटे अफसर ने सबसे पहले गुप्ता को फोन लगाया, "क्या कर रहे हो ?"

"मक्खियाँ मार रहे हैं।"

"कल वह पिक्चर देखने चल रहे हो—हू इज़ अफ्रेड ऑफ वर्जीनिया वुल्फ ?"

"हू इज़ अफरेड ऑफ क्या ?"

"वर्जीनिया वुल्फ !"

"क्या नाम रखते हैं साले ! अपन नहीं चल रहे भैया। कल मिसेज़ का करवाचौथ का व्रत है तो घर पर ही ड्यूटी देनी पड़ेगी।"

"अरे, चल यार, सब जा रहे हैं।"

"कौन जा रहा है ?"

"अपना साहब जा रहा है विथ फेमिली !"

"अच्छा !" अब गुप्ता नरम पड़ा, "क्या वाकई में अच्छी फ़िल्म है ?"

जवाब में गुप्ता को एलिज़ाबेथ टेलर और रिचर्ड बरटन के नाम सुनने को मिले। वह तैयार हो गया। वह सचिबालय की किसी रेस में पीछे नहीं रहना चाहता था। उसने त्रिवेदी को बताया। त्रिवेदी ने शर्मा को। शर्मा के कमरे में दासगुप्ता बैठा था जिससे जौहरी और आगाशे को पता चला। धीरे-धीरे सचिवालय के सारे कोनों से एक ही बात सुनाई देने लगी, "हू इज़ अफ्रेड ऑफ वर्जीनिया वुल्फ, हू इज़ अफ्रेड ऑफ वर्जीनिया वुल्फ। बड़ा साहब जा रहा है विथ फेमिली। विथ फेमिली। साहब जा रहा है। हू इज़ अफ्रेड ऑफ वर्जीनिया वुल्फ। एलिज़ाबेथ टेलर। एलिज़ाबेथ टेलर। सब जा रहे हैं। हू इज़ अफ्रेड ऑफ वर्जीनिया वुल्फ। विथ फेमिली।"

सचिवालय से यह खबर छनकर हेड ऑफ दि डिपार्टमेंट्स के दफ्तरों में पहुँच गयी कि सचिवालय में सब लोग कल दिखाए जानेवाले किसी अंग्रेज़ी सिनेमा की बात कर रहे हैं। डिप्टी और असिस्टेंट डायरेक्टरों तक खबर पहुँची। राजधानी में सरकारी दौरे पर आए ज़िले के अफसरों ने भी तय किया कि सभी बड़े लोग जिस काम में शुमार हैं, हमें भी हो जाना चाहिए। शाम को बँगलों के ड्राइंगरूमों में इस पर चर्चा होती रही। सुना, अच्छी पिक्चर है। रात के दस बजे तक शहर के पुलिस अफसरों को पता चल गया कि कल आला अफसरान वह अंग्रेज़ी फिल्म देखने जा रहे हैं जो फलां टाकीज़ में लगी है। उन्होंने गालियाँ बकीं, "साली रविवार की सुबह भी वर्दी कसनी पड़ेगी।" तय हुआ कि इन्तज़ाम लगेगा। चार कांस्टेबलों, एक सब-इंस्पेक्टर और दो अनुभवी ट्रेफिक मैनों को सुबह नौ बजे सिनेमा पर हाजिर रहने के आर्डर मिले। उन्होंने एड़ी ठोंककर जवाब दिए, "जी हुजूर !"

अफसर लोग आए। एक के बाद एक कारें धीरे-धीरे रेंगती हुई सिनेमा के अहाते में घुसने लगीं। कुछ स्कूटरों पर थे और कुछ परायी कारों में घुस लिये थे। होम सेक्रेटरी की गाड़ी आती देख पुलिस का सब-इंस्पेक्टर, जो सिनेमा मैनेजर के कमरे में घुस फोकट का कोकाकोला पी रहा था, अधूरी बोतल छोड़ बाहर आ गया। अंग्रेज़ी के कुछ लेक्चरर बस से उतरे और दो रुपये वाला टिकट खरीद अन्दर जाने लगे, तभी उन्होंने कॉलेजिएट ब्रांच के एक उपसचिव की कार अंदर आती देखी और वे ठिठक गए। तबादलों के मामले में डरे हुए ये लोग उसे मक्खन लगाते क्योंकि यह रविवार की मुक्त सुबह थी और ऐसा वक्त इन कामों के लिए उपयुक्त होता है ; पर वह उपसचिव अपनी पत्नी को साथ ले कमिश्नर की तरफ चला गया जो अकेले खड़ा चुरुट पी रहा था। वे लेक्चरर उन छात्रों से बातें करने लगे जो एलिज़ाबेथ टेलर को देखने आए थे।

धीरे-धीरे जमघट बढ़ा। हाथ मिलने लगे। सजी-सँवरी अफसरों की पत्नियाँ साड़ी का पल्लू समेट परस्पर नमस्ते करने लगीं। बॉलकनी के टिकट बेचनेवाली

खिड़की के सामने क्यू बढ़ता गया। राजधानी में सरकारी काम से आए ज़िले के वे दोनों अफसर जो चौड़े पाँयचे के पतलून और बन्द गले के कोट पहने थे, अपनी बढ़ी हुई तोंदों के बावजूद झुके-झुके जा रहे थे। उनके लिए यह दिव्य अवसर था, जब सारे बड़े अफसर एक जगह अच्छे मूड में उपस्थित थे और उन्हें सबको सलाम करने का मौका मिल रहा था। कुछ अफसर सचमुच अच्छे मूड में थे, पर सभी नहीं। सामान्य रूप से वातावरण गम्भीर था। कमिश्नर ने किसी सेक्रेटरी की बात पर ठहाका लगाया था तो सब चौंक पड़े थे। कोई हँस नहीं रहा था। पीस कोर वाली दो अमरीकी छोकरियाँ जब बहुत घुल-मिलकर संचालक कृषि विभाग से बातें करने लगीं तो युवा अफसरों का ध्यान उस ओर गया। जब बड़े अफसर की कार आयी और वह अपनी पत्नी, लड़के और दो लड़कियों के साथ उतरा तब सब बातें बन्द कर उस ओर देखने लगे। उसने घूम-घूमकर सबको देखा, हाथ मिलाए कुछ से, कुछ की ओर देख सिर्फ़ मुस्कराया और बोला, "जब सभी लोग यह पिक्चर देखने आए हैं तो यह ज़रूर अच्छा पिक्चर होगा।"

सबके चेहरों पर मुसकराहट तैर गयी।

बड़ा अफसर अँधेरे ठंडे कमरों में जीवन-भर बैठा रहा है। उसके लिए वह दस बजे की धूप सहन करना कठिन था। उसने घड़ी देखी और कमिश्नर से कहा, "अभी वक्त है, क्यों नहीं हम लोग हॉल में चलकर बैठें !"

इस पर सब लोग हॉल में जाने लगे। लोगों ने जल्दी से अपनी सिगरेटें बुझाईं और अन्दर चले। बड़े अफसर के अन्दर जाने के बाद अब बाहर रहने का कोई धर्म नहीं रह गया था। क्यू ज्यों का त्यों बना हुआ था क्योंकि लोग देर से भी आ रहे थे। पर अब सबको जल्दी थी। वे हॉल में अच्छी सीट चाहते थे जो असम्भव थी, क्योंकि टिकट पर नम्बर थे। बैठने के बाद वे इधर-उधर देख पता लगा रहे थे कि कौन-कौन आया है। जिनकी लाइन के पीछे या आगे सुन्दर लड़कियाँ बैठी थीं वे परस्पर ज़ोर-ज़ोर से बातें कर रहे थे और बिला वजह छोटी-छोटी बातों पर हँस रहे थे। उनका खयाल था कि उनकी बातों से लड़कियाँ प्रभावित हो रही हैं। शायद वे हो भी रही हों क्योंकि वे अपने चेहरे और कपड़ों पर बहुत ज्यादा ध्यान देनेवाली मूर्ख लड़कियाँ थीं जो रिचर्ड बरटन को देखने और एलिज़ाबेथ टेलर से नयी अदाएँ सीखने आयी थीं।

पिक्चर शुरू हुई। मार्था और जार्ज धीरे-धीरे पार्टी से लौट रहे हैं। वे घर में घुसते हैं। तब पहली बार एलिज़ाबेथ टेलर का चेहरा स्क्रीन पर आता है।

"यह है वर्जीनिया वुल्फ !" अंडर सेक्रेटरी मिस्टर पंत ने धीरे से पास बैठी अपनी मोटी-सी पत्नी से कहा।

"हमें तो 'वरजिन' नहीं लगे।" पत्नी ने कहा।

"अरे, नाम है वर्जीनिया वुल्फ इसका। 'वरजिन' से क्या सम्बन्ध।" मिस्टर पंत ने कहा।

"तो अपने को मिसेज़ वुल्फ कहे ना सुसरी। वर्जीनिया काहे को लगाती है जब है नहीं।"

"अच्छा, चुप रहो।" मिस्टर पंत नज़रें गड़ाकर सामने स्क्रीन पर वर्जीनिया वुल्फ को देखने लगे।

इधर डिप्टी डायरेक्टर रामकरण जैन की पत्नी ने अपने पति से झुककर कहा, "हमें तो यह खेल सायको जैसा लगे।"

"नहीं, सायको जैसा नहीं। मज़ाकिया खेल है।"

"हाँ भाई, खून-खच्चर हो तो हमें बता देना। हम बाहर जाकर बैठ जाएँगी।" वह बोली और फिर पास बैठी गुप्ताजी की पत्नी को बताने लगी कि सायको देखने के बाद उन्हें कैसे नींद नहीं आयी थी पूरी रात।

मोयटे साहब स्वभाव से मसखरे हैं। वे, आनन्दस्वामी और बंसीधर अलग ग्रुप बनाए कोने में बैठे थे। मोयटे ने बंसीधर के कान में कहा, "कुछ भी कहो, अब यह एलिज़ाबेथ टेलर बुढ़िया लगने लगी।"

"हूँ, वह बात नहीं प्यारे जो पहले थी !" बंसीधर ने एक रसिक की पीड़ा से उत्तर दिया।

"पहले क्या जलवा था इसका !"

"आय-हाय !"

इसी समय मार्था को दिए जार्ज के किसी उत्तर पर डिप्टी सेक्रेटरी मेहता ज़ोर से हँस दिए। मेहता दो बार यूरोप का दौरा कर चुके हैं। एक बार अमरीका भी हो आए हैं। उन्हें अंग्रेज़ी समझ में आती है। ज़ाहिर था कि वे हँसे हैं तो ज़रूर कोई मज़ाक की बात होगी। उन्हें हँसता देख कुछ और लोग भी हँसने लगे। कुछ लोगों को अफसोस हुआ कि उनसे कोई मज़ेदार डायलॉग मिस हो गया। वे कान खड़े कर डायलॉग पकड़ने की चेष्टा करने लगे। पर शीघ्र ही उन्हें थकान अनुभव होने लगी।

कतार में बैठी उन मूर्ख लड़कियों में से एक ने पासवाली से कहा, "बरटन कितना हैंडसम लगता है ना !"

"तुझे लगता होगा, मुझे नहीं लगता।"

"कैसी है, सुना ! " उसने दूसरी लड़की से कहा, "कहती है, मुझे बरटन हैंडसम नहीं लगता।"

"हाय रे ! उसने ताज्जुब से देखकर कहा, "क्यों री, तुझे बरटन हैंडसम नहीं लगता ?"

"यह कह रही है कि मुझे बरटन हैंडसम लगता है तो मैंने कहा—तुझे लगता होगा, मुझे नहीं लगता।"

"मैंने ऐसा थोड़े कहा। मैंने कहा, बरटन हैंडसम लगता है।"

"वही मतलब, वही मतलब।"

"वही मतलब कैसे ? मैंने ऐसा थोड़े कहा कि सिर्फ़ मुझे ही हैंडसम लगता है। सबको लगता है।"

"इसको तो शशधर सबसे हैंडसम लगता है।"

"चुप।" उसने चिकोटी काटी।

"उई ! "

कॉलेजिएट ब्रांच के मिस्टर पई ने गर्दन घुमाकर पीछे की सीट पर बैठी इन लड़कियों को देखा, जिनके शोर के कारण वे पिक्चर समझ नहीं पा रहे थे। बदले में मिस्टर पई की ओर उन लड़कियों ने घूरकर देखा और मुँह बिचका दिया। मिस्टर पई सामने देखने लगे। लड़कियाँ चुप हो गईं। अब लड़कियाँ चुप थीं मगर मिस्टर पई अभी भी कुछ समझ नहीं पा रहे थे। वे सचिवालय के उन चन्द लोगों में से थे जिनका इंग्लिश ड्राफ्टिंग श्रेष्ठ माना जाता था और चीफ भी जिसमें कभी हेर-फेर नहीं करता था।

अजीब स्थिति थी। चित्र अंग्रेज़ी में था पर वे सब कथा का सूत्र पकड़ नहीं पा रहे थे। वे सब अपने ढंग से आधुनिक थे। देशी भाषा के लिए नफरत रख अंग्रेज़ी की मदद से उन लोगों ने अपना व्यक्तित्व बनाया था। फिर भी चित्र समझ नहीं आ रहा था। पर वे उठकर बाहर नहीं जा सकते थे। वे सब एक-दूसरे को देखते हुए बैठे थे। दर्शकों का एक बहुत छोटा प्रतिशत कहानी को समझ रहा था। बाकी सब यह अपेक्षा कर रहे थे कि बरटन बार-बार टेलर को चूमेगा। वह चूम नहीं रहा था। वह उसे तलाक भी नहीं दे रहा था, गोली भी नहीं मार रहा था। ऐसा कुछ नहीं हो रहा था जिसकी वे सब उम्मीद करते थे। चित्र रविवार के रंगीन बुश्शर्ट, नैरो पतलून की मखौल उड़ाता चल रहा था। वे सब चित्र देख रहे थे। उनका चीफ देख रहा था, वे देख रहे थे। इसी बीच कॉलेज का एक लड़का अपनी सीट से उठा और जेब में हाथ

डाले धीरे-धीरे बाहर निकल गया। उसे जाता देख सब हँसे। हँसकर उन लोगों ने यह सिद्ध किया कि वे चित्र को समझ रहे हैं और यह लड़का नहीं समझ रहा।

इण्टरवल में वे सब उठे और बाहर आए। वे कोकाकोला पीने लगे और एक-दूसरे से हाथ मिलाने लगे। वे सब अंग्रेज़ी में बातें कर रहे थे और बहुत बुद्धिमान लग रहे थे। उनके उच्चारण सुधर गए थे। वे कन्धे उचकाकर, हाथ फैलाकर बहुत अच्छी फ्रेजेज बोल रहे थे। चित्र न समझ पाने के हीन भाव से मुक्ति के लिए वे खूब ठहाके लगा-लगाकर बातें कर रहे थे। उस समय उन पर गर्व किया जा सकता था। स्मार्ट, इंटेलिजेण्ट, शार्प, आधुनिक और सुन्दर पत्नियों के साथ वे लोग बहुत अच्छे लग रहे थे।

चित्र में जैसे-जैसे तनाव बढ़ा वे लोग एलिज़ाबेथ टेलर की एक्टिंग के कायल होते गए। शब्द नहीं, मात्र अभिनय-कला प्रभाव छोड़ रही थी। वे देख रहे थे और चित्र के समाप्त होने की प्रतीक्षा कर रहे थे।

चित्र समाप्त हुआ। वे उठे। उनके चेहरों पर प्रसन्नता थी। एक अच्छा चित्र देखने का संतोष लिये वे उठे। किसी को देख ऐसा नहीं लगता था कि उसे कुछ समझ नहीं आया। वे संतुष्ट थे। वे जो अपेक्षा करते थे मानो वही उन्हें मिला हो। वे धीरे-धीरे एक-दूसरे की पत्नियों को सम्मान से मार्ग देते, मुसकराते बाहर आए। आते ही उनमें स्फूर्ति आ गयी। लंच का वक्त हो रहा था। इसमें देर करना आधुनिकता और अफसरी के खिलाफ है। वे अपनी कारों में घुस हॉर्न बजाते एक-दूसरे से रास्ता माँगने लगे। सिनेमाघर का अहाता जल्दी खाली हो गया। ज़िले से दौरे पर आए वे दोनों अफसर सबसे बाद में निकल पूरी-साग की दुकान की ओर बढ़े।

"यह बड़ा अच्छा रहा। सबसे मुलाकात हो गयी। बड़े अफसरान के दर्शन हो गए। कुछ खबरें पता लग गयीं।"

"कौन-सी खबरें?"

वे सचिवालय के तबादलों की ताज़ी खबरें सुनाते दुकान में घुस गए।

सोमवार को फाइल बगल में दाबे छोटा अफसर बड़े अफसर के कक्ष में घुसा और 'गुड मार्निंग' करने के बाद बोला, "कल की पिक्चर कैसी लगी, सर?"

बड़ा अफसर एक मिनट गंभीर रहा। सोचता रहा कि क्या कहे। फिर उसने कंधे उचकाए और बोला, "इट वाज़ ए नाइस मुवी ऑफ कोर्स।"

दोपहर को छोटे अफसर ने आगाशे को बताया कि बड़े साहब को पिक्चर पसंद आयी। वे कह रहे थे कि इट वाज़ ए नाइस मुवी।

दोपहर बाद एकाएक सभी लोग 'हू इज़ अफ्रेड ऑफ वर्जीनिया वुल्फ' की तारीफ करने लगे।

"क्यों भई, कल की पिक्चर कैसी लगी ?"

"इट वाज़ ए नाइस मुवी।" जवाब मिलता।

शाम तक उन लोगों को जो पिक्चर जा नहीं सके थे, अफसोस होने लगा कि उनसे एक ऐसा चित्र छूट गया जिसकी सब प्रशंसा कर रहे हैं।

रात को गुप्ताजी की पत्नी ने पति से कहा, "दस रुपये का नोट उड़ गया उस अंग्रेज़ी फिलम के पीछे। उसकी बजाय 'पड़ोसन' देखते।"

"अब क्या बताएँ ! सब देखने जा रहे थे तो हम भी चले गए।" कुछ देर रुककर बड़बड़ाने लगे, "हू इज़ अफ्रेड ऑफ वर्जीनिया वुल्फ। वर्जीनिया वुल्फ से कौन डरता है ? सब डरते हैं साले, सब डरते हैं। किसी के बाप में हिम्मत नहीं कि ज़रा बोल दें।" फिर वह ज़ोर-ज़ोर से हँसने लगा।

रवीन्द्र नाथ त्यागी

कर्मों का बन्धन और गीत गोविन्द

आज का दिन बड़े सुख से बीता। पन्तजी ने एक जगह 'सोने के तार-सा खिंच गया है दिन' वाली जो बात कही है, वह हमारे साथ आज सार्थक हो गयी। हमारा दिन तो सोने के एक तार क्या, दो तार-सा खिंच गया। हुआ यह कि आज सुबह ही सुबह अखबार में पढ़ने को मिला कि एक प्रदेश के मंत्री ने किसी फ़ाइल पर विचार करने को इस कारण मना कर दिया कि वह हिन्दी में न होकर अंग्रेज़ी में थी। इस क्रिया से हमें बड़ा बल मिला। महाजनो येन गतः स पन्थाः। जैसा बड़े लोग करें, वैसा ही छोटे लोगों को करना चाहिए। उत्तर राज्यों में यदि सारे कर्मचारी अंग्रेज़ी की फ़ाइल पढ़ना बन्द कर दें और दक्षिण के कर्मचारी हिन्दी वाली फ़ाइल, तो फिर देखिए दफ्तरों में कैसा सुखद वातावरण बनता है। न घेराव रहेंगे, न महँगाई-भत्ते का आन्दोलन। लोग ग्यारह बजे दफ्तर आएँगे, गप्पे मारेंगे, कहकहे लगाएँगे और चर्चे और चरखे करेंगे। कोई-कोई सज्जन फाउन्टेन पेन की जगह एक अदद गुलेल लेकर जाएँगे ताकि तीसरे पहर कुछ नाश्ते का प्रबन्ध हो सके। लॉन पर बैठकर शेर कहे जाएँगे, मालिश होगी और शतरंज जमेगी। दूसरे शब्दों में, ज़िन्दगी का लुत्फ़ आ जाएगा। सारे पापों की जड़ तो कर्म है ; कर्मों का बंधन काट दीजिए, बस सुख ही सुख है।

फ़ाइल निबटाने की चिंता से मुक्त होकर जैसे ही मैंने खिड़की से बाहर लॉन पर खड़े अशोक के लंबे वृक्षों पर निगाह डाली, मुझे जयदेव की कुछ पंक्तियाँ याद आ गयीं—

सा ससाध्यवससानन्दं गोविन्दे लोल लोचना
सिज्जाना मंजुमंजीरं प्रविवेश निवेशनम्

चंचलनयनी वह राधा, लज्जा और आनन्द के साथ अपने पाज़ेब की मनोहर ध्वनि करती हुई उस लता-कुंज में चली गयी। राधा कौन से लताकुंज में गयी, क्यों गयी, अब कब वापस आएगी, लज्जा और आनंद के साथ क्यों गयी, पाजेब बजाती हुई क्यों गयी—इन प्रश्नों का उत्तर देना बेकार है। गौतम बुद्ध इस प्रकार के प्रश्नों को अतिप्रश्न कहा करते थे। जिन लोगों की जिज्ञासा इसी प्रकार के प्रश्नों का उत्तर जानने की दिशा में तीव्र है वे 'गीत गोविन्द' पढ़ें। उसमें इन प्रश्नों के अतिरिक्त और भी कुछ प्रश्नों के उत्तर काफ़ी खुलासा तौर पर दिए गए हैं। यहाँ तो सिर्फ़ इतना ही ध्यान देने योग्य है कि राधाजी लताकुंज में गयीं। लताकुंजों से राधाजी का बड़ा घनिष्ठ सम्बन्ध है और इस सम्बन्ध का निर्वाह जयदेव, चंडीदास और गोविन्ददास से लेकर रत्नाकर और धर्मवीर भारती तक सभी कवियों ने किया। राधा और लताकुंजों के संबंध का शुरू-शुरू में तो कुछ ऐसा असर मेरे मन पर पड़ा था कि पूछिए नहीं। बीस साल की उम्र में जब 'गीत गोविन्द' पहली बार पढ़ने को मिला तो स्थिति यह हो गयी कि जहाँ कहीं लताकुंज दिखाई पड़े वहीं राधाजी को ढूँढने की तबीयत हो। वैष्णव कवियों ने राधा का अर्थ सीमित सन्दर्भ में नहीं किया, वह तो प्रेम में डूबी सारी सुन्दर लड़कियों की प्रतीक है। मेरे साथ यह सिलसिला काफ़ी दिनों तक चलता रहा। कई बार यह भी अखबार में पढ़ा कि कुछ लता-गुल्मों और बकुलमण्डपों से पुलिस को लाश बरामद हुई। इसी तरह एक बार एक माधवीमण्डप से एक कटखना कुत्ता मुझे भी प्राप्त हुआ जो कि कुछ व्यक्तिगत कारणों से मुझसे भेंट करने को काफ़ी व्याकुल दिखाई पड़ता था। पर इन हादसों के बावजूद लताकुंजों का जादू मुझ पर अभी तक बरकरार है। आज काम नहीं है (क्योंकि कोई फ़ाइल हिन्दी में नहीं है) और मुझे 'गीतगोविन्द' याद आ रहा है। काम न करने और जयदेव के याद आने में बड़ा घनिष्ठ संबंध है। मनुष्य का मन भी क्या जादूघर है—बुरे विचार निकाल दीजिए, भले विचार अपने आप चुपचाप चले आते हैं—ठीक उसी तरह जैसे लताकुंजों में राधा आया करती थी।

कर्म का बन्धन बड़ा विचित्र है। गीता में भगवान् ने स्वयं कहा है कि मनुष्य को चाहिए कि समत्व बुद्धियोग के द्वारा अपने को कर्मों के बन्धन से मुक्त करने की चेष्टा करे। बिना इस बन्धन से मुक्त हुए न 'गीत गोविन्द' पढ़ने की फ़ुरसत है और न लताकुंजों में प्रवेश करने की। इस संदर्भ में कुछ लोग जो भ्रमवश ऐसा समझते हैं कि काम न करेंगे तो अकर्मण्य कहलाएँगे—वह भी गलत है। गीता में भगवान् स्वयं कहते हैं कि 'हे पार्थ ! कर्मों का स्वरूप से सर्वथा त्याग तो कभी हो ही नहीं सकता।' प्रकृति का शाश्वत नियम है कि बिना कुछ किए तो प्राणी रह ही नहीं सकता। अरे, और कुछ नहीं तो प्राणी जम्हाई ही लेगा; वह भी तो कर्म ही है। भगवान् आगे चलकर

फिर कहते हैं कि जितने भी कर्म हैं वे तो प्रकृति के गुणों द्वारा स्वतः ही किए जाते हैं ; यह तो मनुष्य का अहंकार मात्र है कि वह स्वयं को कर्ता मानता है। इन बातों से प्रकट हो जाता है कि करने और न करने की स्थिति में कोई मौलिक अन्तर नहीं है। और यह तो बहुत ही गलत है कि आप सिर्फ अच्छे काम ही करें और बुरे काम दूसरों के लिए छोड़ दें। भगवान् स्वयं कहते हैं कि कर्म, अकर्म, दुष्कर्म—सभी का स्वरूप जानना ज़रूरी है क्योंकि कर्म की गति गहन है—

कर्मणो ह्यपि बोद्धव्यं बोद्धव्यं च विकर्मणः
अकर्मणश्च बोद्धव्यं गहना कर्मणो गतिः

बुनियादी सवाल यह है कि काम किया ही क्यों जाए? भाग्य-देवता क्या रसातल को चले गए? मलूकदास क्या झूठे सिद्ध हो गए? पंछी और अजगर ने क्या कहीं चाकरी करनी शुरू कर दी? मेरे खयाल में जितना नियमित राशन इन्हें पहले मिलता था, उतना ही अब भी मिलता है। हमें देखिए, फ़ाइल पढ़ें या न पढ़ें, तनखाह फिर भी मिलेगी। इन्क्रीमेंट भी मिलेगी और प्रोमोशन भी होगा। इन चीज़ों को हम कैसे रोक सकते हैं? मनुष्य का अधिकार तो सिर्फ़ कर्मों पर है—उन्हें वह चाहे करे, चाहे न करे। फलों पर उसका अधिकार नहीं है। जो होना बदा है वह तो होकर ही रहेगा। हम क्या, देश के हज़ारों सरकारी अफसरों के साथ यही स्थिति है। भर्तृहरि कहते हैं कि कितने ही हाथ-पैर मार लो, होता वही है जो ललाटपट्ट नाम के स्थान पर लिखा है। यह बात उन्होंने यूँ ही नहीं कह दी—काफी अनुभव और प्रयोगों के आधार पर कही है। इस दिशा में भर्तृहरि ने तीन विशिष्ट प्रयोग किए थे। एक तो यह कि कवि ने कहीं से एक अदद बाल्टी ली और पहले उसे कुएँ में डुबोया और फिर समुद्र में। कवि ने देखा कि बाल्टी को कहीं भी डुबोइए—पानी उसमें उतना ही आता है। इस प्रयोग से सिद्ध हो गया कि यदि आपके भाग्य में चपरासी ही होना बदा है तो चाहे आप तहसील में काम करें, चाहे केन्द्रीय सचिवालय में—आप चपरासी ही रहेंगे। दूसरे, भर्तृहरि ने एक ऐसे आदमी को लिया जो गंजा था। पहले तो ये हज़रत धूप में चले जिससे इनके सिर को काफ़ी कष्ट पहुँचा। इसके बाद छाया लेने के लिए जब ये एक पेड़ के नीचे खड़े हुए तो ऊपर से एक बड़ा फल गिरा जिससे इन गंजे महोदय का सिर और वह फल दोनों एक साथ फट गए। सिद्ध हो गया कि भाग्यहीन व्यक्ति जहाँ कहीं भी जाता है, विपत्ति भी साथ ही साथ जाती है। तीसरा प्रयोग भर्तृहरि ने एक साँप के साथ किया। उन्होंने एक साँप को लिया और उसे पिटारे में बंद कर दिया। कई दिनों तक वह वहाँ भूखा कैदखाने में पड़ा रहा। भर्तृहरि बाहर बरामदे में मूढ़े पर बैठे देखते रहे। साँप का भाग्य देखिए कि एक चूहा (जो गणेश जी की सेवा से मुक्त होकर शायद छुट्टी

पर घर आया था।) उस पिटारे के पास आया और उसे सूँघने लगा। उसने उस पिटारे में छेद किया और भीतर चला गया। साँप ने उस चूहे का भोजन किया और फिर उसी छेद के सहारे बाहर की राह भी पकड़ी। इन तीन प्रयोगों के बाद कवि भर्तृहरि को भाग्य पर इतनी आस्था हो गयी कि उन्होंने लिखा कि मनुष्य की न तो शक्ल-सूरत फलती है, न कुल, शील, विद्या और न सेवा। सिर्फ़ पूर्वजन्म के कर्म फलते हैं और बस कर्म भी फलते हैं तो पिछले जन्म के। यही बात स्त्रियों के साथ भी है। हाँ, अलबत्ता उनकी शक्ल-सूरत भी कभी-कभी फल जाती है। और यदि पिछले जन्म के कर्म न भी फले तो क्या हो गया ? कवि कहता है कि यदि कथरी जीर्ण हो गयी, शाम का भोजन न भी मिला, वस्त्र सादे ही रहे और स्त्री एक ही रही (इस कष्ट पर वैराग्यशतक में विशेष जोर दिया गया है) तो क्या ? यदि हृदय में ब्रह्मतेज नहीं है तो यह सब व्यर्थ है। इस संदर्भ में आगे चलकर कवि यह भी कहता है कि हालाँकि कमलनयनी से बढ़कर काम की चीज़ और कोई है नहीं पर यह भी सत्य है कि सारे दुःखों का मूल भी सुन्दर स्त्री ही है। यदि ये सुन्दर स्त्रियाँ न होतीं तो भवसागर को पार करना बड़ा सरल हो जाता। भर्तृहरि काफ़ी विवशता के साथ स्वीकार करते हैं कि मनुष्य तभी तक अपने को सन्मार्ग में लगा सकता है, तभी तक इंद्रियाँ वश में रहती हैं, तभी तक नम्रता और विवेक साथ देते हैं, जब तक कि धैर्य हरनेवाली कामिनियाँ अपने बाण उस पर नहीं छोड़तीं। इसी कारण मनुष्य या तो वन में जाकर रहे या सुन्दर स्त्रियों के पास—

अभिनवमदलीला लालसं सुन्दरीणां
स्तनभगपरिखिन्नं यौवनं वा वनं वा

आज दफ्तर का काम नहीं करना, आज तो मुझे 'गीत गोविन्द' की पक्तियाँ याद आ रही हैं। दोनों स्थितियाँ भगवान् के ही रूप हैं —कर्मों का बन्धन काटने को भी कृष्ण ही कहते हैं और 'गीत गोविन्द' में भी कृष्ण की ही कथा है। फिर संकोच कैसा ?

नरेन्द्र कोहली

सार्थकता

मेरी पत्नी ने बड़े जतन से अपने बाल धोए, झाड़े, पोंछे और फिर यहाँ, बालकनी में, जहाँ मैं बैठा हूँ, सूखने के लिए उन्हें तार पर टाँग गयी।

पिछले वर्ष जब हम हनीमून की दसवीं एनिवर्सरी मनाने के लिए कश्मीर गए थे, तो लौटते हुए उसने ये बाल दिल्ली से खरीदे थे। बहुत देर तक हम घूमते रहे थे, दिल्ली के बाज़ार में। पर उसकी पसंद के बाल नहीं मिल रहे थे। मैं बाज़ारों में इस प्रकार घूमने का आदी नहीं हूँ। आदी होऊँ भी तो कम-से-कम इस प्रकार की हेयर-हंटिंग मैं बरदाश्त नहीं कर सकता। पर कोई अपनी पत्नी की इच्छा का विरोध कैसे कर सकता है, जबकि वह हनीमून से लौट ही रहा हो, चाहे वह दसवाँ हनीमून ही क्यों न हो।

हम इन बालों के लिए काफी भटके थे। जो बाल मेरी पत्नी अपने मायके से अपने सिर के साथ लायी थी, वे बहुत छोटे थे। अतः पूरक बाल काफी लंबे चाहिए थे। फिर, उसके बाल जड़ों की ओर से घने काले थे (अब भी हैं) और पूँछ तक पहुँचकर भूरे हो गए थे; शायद बहुत घिस जाने के कारण। उसके मल्टी-शेड बालों के कारण काफी कठिनाई हुई थी हमें। जैसे-तैसे हमने ये बाल खरीद लिये थे जो लंबे तो काफी थे, पर न तो एकदम काले थे, न एकदम भूरे। इसीलिए इन बालों से उसे बहुत प्रेम था। लगाव मुझे भी कम नहीं था, बहुत भटकना पड़ा था उनके लिए।

और अब वह उन्हें यहाँ टाँग गयी थी। यह बात खतरे से खाली नहीं थी।

हमारा यह फ्लैट इस बिल्डिंग की छठी मंज़िल पर है। बस, छह ही मंज़िलें हैं इस बिल्डिंग में। अंग्रेज़ी के अक्षर 'एल' की आकार की इस बिल्डिंग में अठारह फ्लैट हैं। हर मंज़िल पर तीन। दो साथ-साथ और तीसरा आमने-सामने।

इस ऊँचाई पर जहाँ हम हैं, बहुत हवा चलती है। और जब चलती है तो वहशियों की तरह चलती है। खिड़कियाँ बंद कर ली जाएँ तो सारी-सारी रात खिड़की के शीशों पर सिर पटकती रहती है। आती है और बार-बार समुद्र की लहरों के समान, गुर्राती, चिंघाड़ती हुई लौट जाती है। जब कभी कोई खिड़की पूरी तरह बंद न हो और कोई कोना-खूंजा खुला रह जाए तो किसी बहुत भारी ट्रक के चलने की-सी आवाज़ करती हुई भीतर घुस आती है।

पर मेरी पत्नी ये बाल यहाँ क्यों डाल गयी। अभी हवा चलेगी तो उड़ जाएँगे और जाने किसके घर जा गिरेंगे। या शायद किसी के भी घर न गिरें, नीचे जा पड़ें। फिर चौकीदार उन्हें लिये-लिये हर फ्लैट में पूछता फिरेगा, "मेम साहब ! ये बाल आपके हैं ?"

अभी उस दिन मेरी पत्नी ने बताया था, कि किसी की ब्रेसियर्स उड़कर नीचे जा पड़ी थी और चौकीदार अपनी ईमानदारी में उसे लिये हर द्वार फिरा था, "मेम साहब ! यह बनियान आपकी है ?"

हर स्त्री एक बार ब्रेसियर्स को देखकर संकुचित होती और फिर झूठे क्रोध से चौकीदार को घूरती और दरवाज़ा ज़ोर से उसके मुँह पर बंद कर देती—फटाक्! बदतमीज़ चौकीदार ! अफसरों की पत्नियों से कोई ऐसे सवाल करता है।

थोड़ी ही देर में सब के दरवाज़े बंद थे और सारी महिलाएँ बालकनियों पर टँगी हुई देख रही थीं कि कौन उस ब्रेसियर्स को स्वीकार करता है।

जब चौकीदार नीचे की मिसेज़ सिंह के पास पहुँचा तो उसने झपटकर उसके हाथ से ब्रेसियर्स छीन ली और बिना कुछ कहे दरवाज़ा बंद कर दिया। चौकीदार ने बंद दरवाज़े को अपने पीले दाँत दिखाकर चिढ़ाया और छड़ी हिलाता हुआ लौट गया।

मेरी पत्नी फिर बालकनी पर आती है, यह देखने के लिए कि बाल सूखे हैं कि नहीं।

जी में आता है कि उससे कहूँ कि बाल यहाँ न टाँगे, हवा चली तो उड़ जाएँगे। पर कहता नहीं हूँ। वह बाल देखकर जल्दी से अपने गाउन को सँभालती हुई ड्रेसिंग टेबुल की ओर लौट जाती है। वह शायद नहाकर आयी है। इसीलिए गाउन पहन रखा है उसने। पर केवल बेल्ट के सहारे बँधा हुआ गाउन पहनकर बालकनी में आना और

भी खतरनाक है। हवा चल पड़े तो गाउन अपनी जगह टिककर नहीं रहता। और फिर सामने के छहों फ्लैटों के बेडरूमों से देखा जा सकता है कि गाउन के नीचे किसी ने क्या पहन रखा है, कुछ है भी कि नहीं। पर हवा नहीं चलती और मेरी पत्नी भीतर लौट जाती है। मेरा ध्यान फिर ब्रेसियर्स की ओर लौट जाता है।

मिसेज़ पांडेय की ब्रेसियर्स के भी बहुत सारे किस्से हवा के साथ इन फ्लैटों में उड़ते फिरते हैं।

मेरी पत्नी ने बताया था कि जब सवेरे पांडेय साहब आफिस जाते हैं और मिसेज़ पांडेय उन्हें लिफ्ट तक छोड़ने आती है तो उसके ब्रेसियर्स के दोनों स्ट्रेप पीठ पर ब्लाउज़ के बहुत नीचे तक झूल रहे होते हैं और स्तन ब्लाउज़ से नीचे पेट तक लटक आए होते हैं। सब लोग अपने-अपने फ्लैटों से मिसेज़ पांडेय को देखकर एंजॉय करते हैं और मिसेज़ पांडेय नीचे धँसती हुई लिफ्ट की ओर देखकर हाथ हिलाती है—'टा-टा . . .'

इस विषय में मिसेज़ पांडेय से कोई नहीं पूछता, पर अपनी ओर से सब ही उस दृश्य के कारण-स्वरूप कोई न कोई कहानी सुना देते हैं। नीचेवाली मिसेज़ दास का कहना है कि मिसेज़ पांडेय लेट राइज़र है। पांडेय जब आफिस जाने लगते हैं तो बेचारी सीधे बिस्तर से उठकर, बिस्तर समेत ही लिफ्ट तक आ जाती हैं। कपड़े ठीक करने का समय ही नहीं मिलता।

मिसेज़ शर्मा इस बात को नहीं मानतीं। उनका विचार है कि मिसेज़ पांडेय बच्चे को फीड करती-करती पति को सी-ऑफ करने के लिए आ जाती है। पर कौन जाने ऑफिस जाने से पहले खुद पांडेय साहब ही फ़ीड लेते हों। बेबी-फूड की कमी आखिर वयस्क लोगों के कारण ही हो गयी है इस देश में।

मेरी पत्नी फिर बालकनी में लौट आती है, बालों को देखने के लिए। पर अब वह गाउन उतारकर साड़ी पहन आयी है। हवा से कोई खतरा नहीं है।

बाल भी शायद सूख गए हैं या शायद गीले ही उतार लिये गए हैं; उसे जूड़ा करना होगा, बाल तो चाहिए ही—सूखे हों या गीले।

जाते-जाते वह सैकंड फ्लोर की बालकनी में खड़े बच्चे की ओर इशारा कर जाती है। मैं मुड़कर देखता हूँ। बच्चे ने सिर्फ़ छोटी-सी एक बुश्शर्ट पहन रखी है। उसकी माँ ने उसे निकर नहीं पहनाई है। यह मिसेज़ कालरा का चौथा बच्चा है—तीन लड़कियों के बाद पहला लड़का। मिसेज़ कालरा इसे कभी भी निकर नहीं पहनातीं। वह चाहती हैं कि सब लोग देख लें कि तीन लड़कियों के बाद उसने लड़का

पैदा किया है। मेरी पत्नी झपटकर फिर बालकनी में आ जाती है। उसके दो प्रकार के बाल उसके दोनों हाथों में हैं। जूड़ा अभी बना नहीं है।

"आप अभी बैठे ही हैं ?" वह मुझसे कहती है।

"तो ?"

"तो क्या ? वर्मा-वर्मी के घर नहीं जाना क्या ?"

वह मिसेज़ वर्मा को वर्मी, मिसेज़ शर्मा को शर्मी तथा मिसेज दास को दासी कहती है।

मैं सोचने लगता हूँ और मेरी पत्नी झपटकर भीतर चली जाती है।

वर्मा-वर्मी के घर जाने से मैं बहुत कतराता हूँ। छुट्टी के दिन तो और अधिक घबराहट होती है।

पिछली बार हम गए थे तो नौकर ने दरवाज़ा खोला था।

"साहब हैं ?" मैंने पूछा।

"नहा रहे हैं।" नौकर ने बताया।

"मेम साहब ?" मेरी पत्नी ने पूछा।

"नहा रही हैं।" नौकर ने फिर बताया।

हम दोनों ने एक-दूसरे की ओर देखा। हम जानते थे कि इन फ्लैटों में बाथरूम एक ही है। नौकर ने हमें देखा—"जी, वे दोनों इकट्ठे नहाते हैं।" उसने दाँत दिखाए।

वर्मा के घर जाने का कोई मतलब नहीं।

मेरी पत्नी फिर बाहर आ जाती है। वह जूड़ा कर आयी है और शायद मुझे दिखाने आयी है। जब कभी भी बाहर जाना होता है, वह जूड़ा करके एक बार मेरे सामने से गुजर जाती है जैसे कोई मॉडल अपने आप को प्रदर्शित करती है, ताकि यदि मुझे कुछ कहना हो तो कह दूँ। यह न हो कि लिफ्ट में जाते समय मैं उसका जूड़ा देखूँ और अपने कठमुल्लापन के कारण उसे फिर से लौटा लाऊँ, ताकि वह नये सिरे से मेरी पसंद का जूड़ा बनाए।

पर मैं उसे जूड़े के विषय में कुछ नहीं कहता हूँ। मैं सामने थर्ड फ्लोर के बेडरूम में बैठी एक लड़की के प्रतिबिंब को उनकी खिड़की के शीशे में देख रहा हूँ।

"यह कौन है ?" मैं अपनी पत्नी से पूछता हूँ।

"कौन ?" वह घूरकर देखती है, "ओह ! वह मिसेज़ घोष की देवरानी है। नर्स है।"

"तुम्हें कैसे मालूम हुआ कि वह नर्स है ?" मैं खिड़की के शीशे को घूरता रहता हूँ।

"लो ! " मेरी पत्नी को मेरे अज्ञान पर तरस आता है, "सब जानते हैं कि वह नर्स है। फर्स्ट नाइट में ही उसने अपने पति को यौन-विज्ञान पर ऐसा भाषण दिया था कि वह बेचारा नर्वस होकर चुपचाप लेट गया था।"

"आपको यह सब कैसे मालूम हो गया ?" मैं और अधिक जानने के लिए अपनी पत्नी को घूरकर इस प्रकार देखता हूँ, मानो मुझे विश्वास नहीं हो रहा हो।

उसे मेरी अविश्वास की मुद्रा अच्छी नहीं लगती। वह सबूत पर सबूत देने लगती है, "उनकी पहली रात थी। भीतर सुहाग दीप सारी रात जलता रहा। मिसेज़ घोष ने की-होल से सबकुछ देखा और हम सबको स्वयं बताया था।"

" तुम सब बहुत गंदी हो।" मैं उसकी बात का मज़ा लेते हुए कहता हूँ, "किसी के बारे में ऐसी बातें नहीं करनी चाहिए।"

"लो ! " वह मेरे भोलेपन का मज़ाक बनाती है, "यहाँ लोगों को एक दूसरे के संबंधों की फ्रीक्वेंसी तक का पता होता है। लोगों को सबकी वाइफों के पीरियड की डेट तक मालूम है। तुम हो संत। चलो, उठो।"

उसके तैयार होने के बाद मैं उसे पहली बार गौर से देखता हूँ। वह पूरे मेक-अप में है। और जब भी वह पूरे मेक-अप में होती है, उसके चेहरे पर से वे सारी रेखाएँ मिट जाती हैं, जो शादी के बाद के इन दस वर्षों में बन गयी हैं। ऐसी हालत में वह मुझे उतनी ही अच्छी लगती है, जितनी शादी के समय लगती थी और तब मेरा मन कहीं भी जाने को नहीं होता।

"कहाँ चलना है आखिर ?" मैं उसे निहारते हुए पूछता हूँ।

मेरे निहारने का अर्थ वह समझती है और मुसकराने लगती है, "वर्मा-वर्मी के घर।"

"वहाँ नहीं जाएँगे।" मैं कहता हूँ, "आज छुट्टी का दिन है। वे नहा रहे होंगे।"

वह शरमाकर कहती है, "तो वडेरास को विज़िट कर आते हैं।"

"वडेरास के घर इस समय ! " मैं भी मुसकराता हूँ, "वे इस समय मैटिनी शो कर रहे होंगे। वडेरा कहता है कि उसे छुट्टी के दिन ऐक्स्टरा शो करना पड़ता है।"

"तो फिर ?" वह पूछती है।

"हम कहीं भी नहीं जाएँ।" मैं कहता हूँ।

"तो मैं बेकार ही तैयार हुई ?" वह अपने तैयार होने की सार्थकता चाहती है।

" नहीं व्यर्थ क्यों हुई ! " मैं उठकर बैडरूम में चला जाता हूँ।

"अच्छा, तो फिर मैं बाल सूखने डाल दूँ ? मैंने गीले ही लगा लिये थे।" वह जूड़े में से अपने बाल निकालकर सुखाने के लिए बाहर बालकनी में टाँगने चली जाती है।

मैं बेड-रूम की खिड़कियाँ बंद करने लगता हूँ। मैं नहीं चाहता कि सामने के फ्लैट वाले औरों के समान हमारा भी मैटिनी शो देखें।

मेरी पत्नी आती है और धड़ाम से मेरे बगल में पलँग पर गिर पड़ती है। वह बहुत खुश है।

"डार्लिंग ! ऐसे नहीं।" मैं उसे समझाता हूँ, "नीचे के फ्लोर पर सबको मालूम हो जाएगा।"

"होने दो।" वह दुष्टता से मुसकराती है, "नीचेवाली बहुत शेखी बघारती थी। कहती थी—आपकी शादी को तो बहुत देर हो गयी है। हमें तो रोज़ रात को डोज़ न मिले तो नींद ही नहीं आती। साली हमें बूढ़ा समझती है।"

"समझने दो।" मैं उसे प्यार से समझाता हूँ, "बूढ़ी होगी वह। होगा उसका बाप। तुम भी उसे अपने मैटिनी शो के बारे में बता देना।"

वह मुझे देखकर खुशी और शरारत से मुसकराने लगती है।

तभी हवा का ज़ोर का झोंका आता है और मेरी पत्नी के बाल उड़कर भीतर आ गिरते हैं। वह उन पर नाराज़ होती हुई उन्हें फिर से टाँगने के लिए बाहर चली जाती है और मैं सोचता हूँ कि अच्छा हुआ हवा का झोंका इस ओर का था; विपरीत दिशा का होता तो बाल उड़कर नीचे जा गिरते और चौकीदार उन्हें लिये द्वार-द्वार फिरता, "मेम साहब, ये बाल आपके हैं क्या ?"

लतीफ घोंघी

मेरी मौत के बाद

यह मेरा दुर्भाग्य था कि मैं मरा भी तो इतवार के दिन। खामखां एक दिन की छुट्टी बेकार हो गयी।

मुहल्ले की औरतें जमा हो गयीं। मैं दुःखी हो गया। जीते-जी जिन महिलाओं के दर्शन न कर सका वे आज बेपरदा होकर खड़ी थीं।

मेरी पत्नी जनाजा देखकर रोने लगी। मुहल्ले की जवान औरतों ने समझाया—पगली, मरनेवाले के पीछे नहीं रोते। अभी तुम्हारी उम्र ही कितनी है।

मेरी पत्नी ने पानी पिया, फिर आदतन मेरी जेबें टटोलने लगी। कमीज़ की जेब से तीस पैसे निकले। फुलपैंट की जेब टटोलकर उसने पासबुक निकाली। बैंक का ब्याज जोड़कर कुल पाँच रुपये चालीस पैसे जमा थे। वह दहाड़ मारकर बेहोश हो गयी। एक अधेड़ औरत ने कहा— "बेचारी पति की मौत का सदमा बर्दाश्त नहीं कर पा रही है।"

मेरी मौत का सबसे अधिक दुःख मौलाना सैफुद्दीन की लड़की को हुआ था जिसे मैं अंग्रेज़ी की ट्यूशन पढ़ाता था। वह मुझसे अकसर पूछा करती—"सर, क्या मैं पहले से मोटी हो गयी हूँ!" और मैं बेवकूफ मास्टर की तरह उसे जूलियस सीजर पढ़ाने लगता था।

मेरी मौत की खबर सुनकर सबसे पहले मेरे घर पहुँचनेवाला आदमी मेरे स्कूल का हेडमास्टर था। वह खूब रोया। मैंने उससे सौ रुपये उधार ले रखे थे। पड़ोसी बहुत

समझाते लेकिन वह आखिर तक मेरी लाश से लिपट-लिपटकर रोता रहा। लोगों ने कहा—"हेडमास्टर हो तो ऐसा। अपने मातहत के लिए कितनी हमदर्दी है। शायद इससे अधिक सदमा तो किसी नज़दीकी रिश्तेदार को भी नहीं होगा।"

इसके बाद दहाड़ मारकर रोनेवालों में मेरा मकान-मालिक और वह दुकानदार था जहाँ से मैं चावल और गेहूँ खरीदता था।

मेरे लिए सवा रुपये मीटर का कफन खरीदा गया। पत्नी ने रोते हुए कहा —"मेरे मियाँ की आखिरी ख्वाहिश थी कि उन्हें सादगी से दफनाया जाए।" उसने रोते हुए चोरी से इकट्ठा किये पैसों से कफन का बिल चुकाया। लोगों ने बहुत समझाया लेकिन वह सिर धुन-धुनकर रोती रही। कफन के बिल के साथ उसकी हिम्मत टूट चुकी थी। वह बिलखती रही और मेरा जनाजा आँगन से उठाकर सड़क पर रख दिया गया।

जनाजे को कंधा देनेवालों में सबसे पहला आदमी मेरा धोबी था। उसने कहा—"भाई, होनी को कौन टाल सकता है। मरनेवाला तो मर गया लेकिन मुझे हमेशा याद रहेगा। एक कुर्ते में पूरा एक बट्टी साबुन लगता था। उसका उजला कफन देखकर मुझे भी रोना आ रहा है।"

दूसरे कन्धे के नीचे मेरे ही स्कूल का मास्टर था जो मन-ही-मन मुझे गालियाँ दे दे रहा था—"साले को इतवार को ही मरना था। या खुदा, सब-कुछ करना लेकिन किसी की इतवार को मौत मत देना।"

तीसरे कंधे पर मौलाना सैफुद्दीन थे जो बीड़ी का तम्बाकू मलकर दबाये हुए जनाजा ढो रहे थे। वे ऊपर से दुःखी थे लेकिन अन्दर से बड़े खुश थे। मुझे उनसे एक माह की ट्यूशन के पैसे लेने थे।

चौथे कंधे के नीचे मेरा एक विद्यार्थी था। उसे मेरी मौत का कोई दुःख नहीं था। चूँकि कोई चौथा आदमी हट्टा-कट्टा नहीं था इसलिए लोगों ने उसे जनाजे का चौथा कंधा टिका दिया था।

रेलवे क्रॉसिंग का गेट बन्द था इसलिए जनाजा थोड़ी देर के लिए नीचे उतार दिया गया। जनाजे में शामिल लोगों में से एक ने कहा—"खुदा की कुदरत है। मरने के बाद आदमी कितना भारी हो जाता है।" फिर उन्होंने रूमाल निकालकर पसीना पोंछा और बोले—"या परवरदिगार, मरने के बाद किसी को इतना भारी मत करना कि दूसरों को तकलीफ हो।"

जनाजे के पीछे एक छोटा-सा जुलूस था। जिसमें सौ-डेढ़ सौ विद्यार्थी थे, जिन्हें हेडमास्टर साहब ने एक्सट्रा क्लास के लिए बुलाया था। मुझे अब महसूस हो रहा था कि ऐजुकेशन डिपार्टमेंट का जनाजा किसी राजनीतिक जनाजे से कम नहीं होता। अपने पीछे चलता हुआ जुलूस देखकर मुझे खुशी हुई। इतना लम्बा जुलूस तो अच्छे-अच्छे नेताओं के पीछे नहीं होता।

कब्रिस्तान पहुँचने के बाद मुझे पता चला कि शहर में मरनेवालों की संख्या बहुत अधिक है। पूरा कब्रिस्तान 'थ्री टायर' के डिब्बे की तरह कब्रों से ठसाठस भरा हुआ था।

जनाजा ज्योंही कब्रिस्तान के अहाते के भीतर दाखिल हुआ, लोगों ने संतोष की साँस ली, बीड़ियाँ सुलगाईं, तम्बाकू रगड़ी और हाथ-पैर सीधे किए।

एक सज्जन बोले—"यह कब्रिस्तान हमारे शहर के लिए छोटा पड़ने लगा है। सीलिंग में बहुत से लोगों की ज़मीन जा रही है। हमें इसका फायदा उठाना चाहिए और कब्रिस्तान के लिए दो-चार एकड़ ज़मीन एलॉट करवा लेनी चाहिए।"

दूसरे ने कहा—"कब्र कहाँ खोदी जाए ! मुझे तो कोई खाली जगह नज़र नहीं आती।"

बहुत तलाश करने के बाद जो जगह पसन्द की गयी, उसके दाहिनी ओर जनाब इनायत अली 'जख्मी' की कब्र थी। 'जख्मी' हिन्दी के कवि थे जिनकी कविताओं से घबराकर मैं घर में छिप जाया करता था। लेकिन लगता है उनकी सशक्त रचनाएँ जिन्हें जीते-जी सुनने का सौभाग्य मुझे नहीं मिला, मरने के बाद सवक्तव्य सुननी पड़ेंगी।

उनकी कविताएँ तो मैं मरने के बाद सुन ही लेता लेकिन मुझे अफसोस था कि मेरी कब्र के बायीं और डॉक्टर जाफरअली हैदरी लेटे थे जो हिन्दी के बड़े आलोचक और प्रगतिशील साप्ताहिक के सम्पादक थे। वे जब तक पत्रिका निकालते रहे, जख्मी साहब की रचनाएँ सधन्यवाद लौटाते रहे। मुझे क्या पता था कि मरने के बाद मैं धुरन्धर साहित्यकारों के बीच फँस जाऊँगा जो मुझे रात में एक घंटा भी सोने न देंगे।

मुझे यह जगह बिलकुल पसन्द नहीं थी कि कब्र पर फातिहा पढ़नेवाले साहित्यकार पूरे शहर में यह कहते फिरें कि दो प्रतिभाशाली लोगों के बीच एक बेवकूफ मास्टर घुस गया है।

कब्र खोदी गयी और खोदते समय वहाँ एक हड्डी का टुकड़ा निकल आया। मौलाना साहब बोले—"बन्द करो ! लगता है यहाँ किसी की कब्र है।"

खुदा ने मेरी सुन ली और मुझे साहित्यिक गोष्ठियों से बचा लिया।

लोग दूसरी जगह तलाशने लग गए और अबकी बार जो जगह चुनी गयी वहाँ मेरे बाजू से मेरे शिक्षा अधिकारी लेटे थे, जिन्होंने हाल ही में कुएँ में कूदकर आत्महत्या कर ली थी। आत्महत्या का कारण अज्ञात था। लेकिन लोगों ने यह अफवाह उड़ा दी थी कि मास्टरों के तबादलों में की गयी गड़बड़ी के कारण वे गिरफ्तार होनेवाले थे इसलिए कुएँ में कूदे थे।

ज़िन्दगी भर वे अपने मातहत काम करनेवाले मास्टरों को नालायक समझते रहे थे। मैं नहीं चाहता था कि मेरी कब्र किसी ऐजुकेशन डिपार्टमेंट के आदमी के पास हो क्योंकि मरने के बाद मैं डिपार्टमेंटल जेलेसी से दूर रहना चाहता था।

दूसरी कब्र तैयार हो गयी। कब्र खोदनेवाले पसीना पोंछते रहे और आखिर तक डरते रहे कि कहीं कोई हड्डी का टुकड़ा न निकल जाए। कहीं ऐसी स्थिति आ जाती तो मेरी कब्र के साथ दो-चार कब्रें और खुद जातीं।

लोग जनाजे की नमाज के लिए लाइन लगाकर खड़े हो गए। नमाज जल्दी से पढ़ी गयी और मुझे कब्र में उतारा गया। लोग कहने लगे—कब्र बहुत संकरी है, इससे मरनेवाले को तकलीफ होगी। लेकिन मैं किराए के मकान में रहने का आदी था, लोग बेकार मेरी चिन्ता कर रहे थे। मौलाना बोले—"देखो, मय्यत को तकलीफ न हो। धीरे-धीरे नीचे उतारो।" लेकिन लोग इतने थक गए थे कि उनके हाथों से मेरा शव ही छूट गया और मैं तीन फुट ऊपर से कब्र में अमोनियम सल्फेट के बोरे की तरह पटक दिया गया।

मौलाना बड़े नाराज हुए। बोले—"इस्लाम इसकी इजाजत नहीं देता कि मरने के बाद उसकी मय्यत के साथ ऐसा सलूक किया जाए। खुदा हम सबको माफ करे।"

मेरा मुँह कफन से खोल दिया गया। मौलाना साहब ने ऐलान किया कि जो मेरा मुँह आखिरी बार देखना चाहते हैं, वे कब्र के करीब आ जाएँ।

कोई भी नहीं आया।

एक बच्चा दौड़कर आया जिसे मैंने अंग्रेजी में फेल कर दिया था। वह मुझे देखकर खूब रोया। अपनी छोटी-छोटी हथेलियों से आँसू पोंछता रहा और मेरी कब्र पर मिट्टी डाल दी गयी।

मरने के बाद नेक इंसान के चेहरे पर खुदा का नूर बरसता है लेकिन मुझे इस बात का शक था कि ज़िन्दगी भर दो सौ पाँच रुपया कमानेवाले मास्टर के चेहरे पर मौत के बाद कभी खुदा का नूर बरस सकता है।

दूसरे दिन स्कूल में शोक-सभा हुई । हेडमास्टर ने अध्यक्षता करते हुए कहा—"उपस्थित शिक्षकगण तथा बच्चो, मैं बहुत दुःखी हूँ कि आज हमारे बीच से भगवान ने एक ऐसे शिक्षक को उठा लिया जिसका जीवन मेरे लिए, मेरे स्कूल के विद्यार्थियों के लिए और नयी पीढ़ी के प्रगतिशील विकास के लिए कितना आवश्यक था, इसे मैं ही जानता हूँ। उसकी मौत से जो क्षति हमें हुई है उसकी पूर्ति असम्भव है। परमात्मा उनकी आत्मा को शांति दे।"

दूसरे दिन मेरी क्षतिपूर्ति के लिए डी . एस . ई . साहब ने एक ट्रेण्ड मास्टर को पोस्ट कर दिया।

एक दैनिक अखबार में मेरी मृत्यु का समाचार इस प्रकार छपा था :

"पिछले रविवार को हृदय-गति रुक जाने से श्री लतीफ घोंघी का देहावसान हो गया। वे इतने लोकप्रिय थे कि जिन लड़कियों को ट्यूशन पढ़ाते थे उन्होंने शादी करने से इनकार कर दिया। उनकी शव-यात्रा में विद्यार्थियों की संख्या अधिक थी, वे अपने पीछे पाँच रुपये का प्राविडेण्ट फण्ड और एक खूबसूरत बीवी छोड़ गए हैं।"